L'INGÉNU
LA PRINCESSE DE BABYLONE

VOLTAIRE

L'INGÉNU
LA PRINCESSE DE BABYLONE

Introduction, notes, bibliographie, chronologie

par
René Pomeau
de l'Institut

GF Flammarion

INTRODUCTION

Voltaire, 1760-1768

Voltaire s'est affirmé le champion de la philosophie par une suite de brillants succès. En 1760, une campagne inspirée par le pouvoir menaçait de déroute l'*Encyclopédie* et les encyclopédistes. Lefranc de Pompignan avait transformé son discours de réception à l'Académie (10 mars 1760) en une diatribe contre « une littérature dépravée », « une morale corrompue » et « une philosophie altière qui sape également le trône et l'autel ». Succès en séance. Louis XV approuve. C'est Voltaire qui, depuis Ferney, contre-attaque. Pompignan, personnage gonflé de suffisance, s'exposait à des représailles. Soudain s'abat sur lui une grêle de *Quand* (« Quand on a l'honneur d'être reçu dans une compagnie respectable »...), de *Pour*, de *Que*, de *Qui*, de *Quoi*..., lancés par le malin vieillard. Des satires de même provenance, *Le Pauvre Diable*, *La Vanité*, achèvent la déconfiture du prétentieux Pompignan. Accablé, il s'enfuit en sa ville de Montauban, et n'en reviendra plus.

Une autre offensive antiphilosophique a pour théâtre la Comédie-Française. On y joue, le 2 mai 1760, la pièce de Palissot, *Les Philosophes*. Opération plus dangereuse que la précédente : les spectacles de la capitale française sont, dans l'ancienne société, au centre de la vie culturelle. La comédie de Palissot tourne en ridicule un groupe d'encyclopédistes s'agitant dans un salon parisien. Le principal se nomme Dortidius : tous reconnaissent Diderot, présenté ici comme un bouffon odieux. D'autres, sous des noms à l'antique, sont facilement identifiés par le public : Grimm (Valère), Marmontel (Carondas), Duclos (Théophraste). Les spectateurs prennent un malin plaisir à reconnaître ces gens célèbres, qu'on rencontrait fréquemment dans les rues, dans les salons, aux spectacles. On nota l'absence de Voltaire, que Palissot ménage, et de d'Alembert qui vient d'abandonner l'*Encyclopédie*. Pièce diffamatoire. La morale des encyclopédistes est dénoncée comme encourageant le vol. Ces « philosophes » sont accusés d'« avilir leur patrie », au moment où dans la guerre de Sept Ans les troupes françaises, mal commandées, mal entraînées, mal payées essuient défaites sur défaites : c'est évidemment la faute des encyclopédistes. La « Loi naturelle » des « philosophes » est tournée en dérision. A la première, un certain Crispin (on reconnaissait Rousseau) faisait son entrée à quatre pattes, broutant une laitue. La comédie, visant ces personnages à la mode, obtint un plein succès de scandale. Elle eut quatorze représentations en un bref laps de temps : résultat remarquable à cette date. On la savait appuyée en sous-main par Choiseul : le puissant ministre voulait détourner l'attention, quand s'ouvrait en Allemagne une campagne militaire difficile. Fréron amplifia le succès par les comptes rendus de son périodique, *L'Année littéraire*.

Il fallait répondre, et là où avait été portée l'attaque : à la Comédie-Française. On se tourna vers Voltaire, seul recours possible. Le vieil homme de Ferney écarta une démarche préventive de Palissot. Il se trouvait qu'il avait une pièce toute prête, *L'Écossaise*, une sorte de drame situé dans une auberge de Londres : pour se venger d'une attaque de Fréron contre l'une de ses pièces, il stigmatisait dans *L'Écossaise* un per-

sonnage de journaliste, espion, forban... La pièce fut
montée rapidement à la Comédie-Française, sans
opposition du pouvoir. La première, le 26 juillet 1760,
devant une salle quadrillée par les partisans des philosophes, fut un triomphe. L'affront de Palissot était
vengé — grâce à Voltaire.

Celui-ci confirma la victoire par l'extraordinaire
succès de sa nouvelle tragédie, *Tancrède* (3 septembre
1760). La scène venait d'être débarrassée des rangées
de spectateurs qui l'encombraient. Voltaire en profita
pour déployer « le spectacle, le fracas », dont il rêvait
depuis longtemps. Aménaïde (Mlle Clairon) mar-
chant au supplice au milieu d'un déploiement d'ori-
flammes, de chevaliers, est sauvée au dernier instant
par Tancrède. Ce spectacle pathétique, si neuf, boule-
versa des salles combles. La pièce fit pleurer même
Choiseul, qui n'était pas un tendre.

**
*

Ainsi s'affirmait, par Voltaire, la suprématie, en fait
de talent, du parti philosophique. L'air du temps
devenait d'ailleurs favorable à des changements. La
guerre de Sept Ans s'achevait, sur une humiliante
défaite de la France. L'opinion aspirait à un renou-
veau. Une évolution s'annonçait. Les parlements, jan-
sénisants, venaient enfin à bout de leurs vieux ennemis les jésuites. Exploitant la faillite du P. La Valette,
ils ordonnèrent la fermeture de tous leurs collèges
(août 1761). Sur le conseil de Choiseul, Louis XV se
résigna : les jésuites ne peuvent plus vivre en France
qu'à titre individuel (novembre 1764). Puis ils sont
purement et simplement bannis du royaume : nous
sommes en 1767 ; c'est le moment de *L'Ingénu*.

Le parti philosophique était ainsi débarrassé d'un
puissant adversaire. La Société de Jésus, riche en
hommes de talent, disposant de périodiques prestigieux (*Les Mémoires de Trévoux*, les *Lettres édifiantes et
curieuses*), avait combattu non sans efficacité les idées
nouvelles. Le champ paraissait dégagé pour un changement des esprits. Depuis son exil de Ferney, Vol-

taire perçoit donc l'approche de temps nouveaux. Et précisément au printemps de 1762, la nécessité de rompre avec des pratiques aussi cruelles qu'injustes lui est démontrée par de dramatiques affaires.

Pour comprendre ces affaires — Calas, Sirven, du pasteur Rochette — qui éclatent presque simultanément dans la région languedocienne, il faut se rappeler la législation inique, restant encore en vigueur vers 1760, contre la minorité protestante. Louis XIV, en révoquant l'édit de Nantes (1685), se flattait d'éliminer totalement du royaume la « religion prétendue réformée » (R.P.R.). Les protestants émigreraient ou seraient convertis, de gré ou de force. L'opération avait manifestement échoué. La sanglante guérilla des camisards dans les Cévennes ne l'avait que trop prouvé. Pourtant en 1724 le jeune Louis XV (il a quatorze ans), à l'instigation de ses conseillers et sous la pression du clergé, avait de nouveau édicté, par une déclaration, tout l'arsenal répressif de 1685 : interdiction de tout culte, public ou privé ; obligation aux « nouveaux catholiques » (ainsi nommait-on les protestants) de se marier à l'église, sans quoi leurs enfants ne posséderaient aucun état civil ; obligation de les faire baptiser par le curé sans délai, de les instruire dans la foi catholique ; interdiction à ces « nouveaux catholiques » d'exercer un certain nombre de professions ; en cas d'infraction, les galères pour les hommes, la prison perpétuelle pour les femmes ; pour les pasteurs la peine de mort : ainsi le pasteur Rochette, sous ce chef d'accusation, fut pendu en place publique à Toulouse, peu avant le supplice de Jean Calas. Une telle législation entretenait dans l'opinion, du moins dans les régions comme le Languedoc où la minorité protestante restait dense, une hostilité de principe contre les réformés. Dans la ville de Toulouse le gros de la population fut d'emblée convaincu que le vieux marchand de tissus Jean Calas et les siens avaient assassiné le fils aîné Marc-Antoine pour l'empêcher de se convertir. Pourtant aucune preuve ne put être apportée de l'intention de Marc-Antoine d'abjurer la R.P.R. Et le crime familial, étant données les circonstances, paraissait invraisemblable. Néanmoins le parlement de Toulouse, après avoir beaucoup hésité, condamne le vieil homme à périr sur la roue. On espère qu'au cours du supplice enfin il avouera. Mais Jean Calas meurt en affirmant son innocence. Erreur judiciaire manifeste. Elle aurait pu, comme tant d'autres, être oubliée le temps passant, si Voltaire ne s'était emparé du procès pour en faire une « affaire ».

Informé à Ferney par des parlementaires de Dijon, une dizaine de jours après l'exécution, il avait cru d'abord à la culpabilité de Jean Calas. Mais Genève et les milieux financiers protestants, dont l'influence grandit en cette fin de la guerre de Sept Ans, l'éclairent sur le drame. Il est sensible à ce que lui dit son ami Audibert, négociant protestant de Marseille, qui connaît bien les Calas. Il est bouleversé par la visite du plus jeune des fils Calas, Donat, réfugié à Genève. Dès lors il est convaincu de l'innocence du supplicié. Il entreprend non seulement de le faire réhabiliter, mais d'obtenir l'acquittement des membres de la famille (la mère, les deux filles, le fils Pierre, la vieille servante Jeanne Viguière, et un ami de passage Gaubert Lavaysse), que le parlement n'avait pas osé condamner à la peine capitale, comme il l'aurait dû, en bonne logique.

Au départ, l'entreprise paraît avoir peu de chances de réussir. Contre un arrêt d'un parlement, il n'existe ni appel ni pourvoi en cassation. Le seul recours est de saisir l'instance suprême, le Conseil du roi, présidé par Louis XV lui-même. Seul un personnage disposant du prestige, des relations de « Monsieur de Voltaire » a quelque chance de se faire entendre d'une aussi haute autorité. Par une campagne acharnée, mettant en mouvement les têtes couronnées (il lance une souscription européenne), et le monde des « honnêtes gens » sollicité par d'innombrables lettres en provenance de Ferney, au bout de trois années Voltaire a réussi. L'arrêt de Toulouse est cassé. Une autre juridiction déclare Jean Calas et les siens innocents. Voltaire revêt alors aux yeux du public une tout autre dimension. Il devient le redresseur de torts, auquel on demande de corriger de scandaleuses injustices. Bientôt, il fera acquitter Sirven, protestant de Mazamet, accusé d'avoir assassiné pour l'empêcher de se convertir sa fille (malade mentale qui s'était suicidée). Voltaire acquiert une immense popularité dans le petit peuple, qui n'a guère lu ses œuvres. La rue, à son retour à Paris en 1778, l'ovationnera comme « l'homme aux Calas ». Voltaire pense alors que le moment est enfin venu de faire aboutir son grand dessein, c'est-à-dire substituer au christianisme un simple théisme. La religion chrétienne serait allégée de ce qu'elle a de proprement chrétien. Plus de péché originel, ni d'Incarnation, ni de Rédemption, ni de Révélation. Le théisme se réduit à l'essentiel : la croyance en un Dieu rémunérateur et vengeur, révélé par l'ordre du cosmos ; la loi morale, universelle, inscrite de toute éternité en chaque conscience par cet Être suprême.

Pour cette nouvelle « évangélisation », Voltaire compte sur un « petit troupeau », à l'imitation des Douze. Le précédent évangélique démontre que quelques hommes, résolus et actifs, peuvent réaliser une « révolution dans les esprits ». Les moyens ? Des écrits, mais courts, s'insinuant partout, et convaincants dans leur forme ramassée. Aussi prodigue-t-il lui-même ce genre d'ouvrages, inondant le public, inlassablement, malgré les obstacles, de ces productions fabriquées à Genève, dont la plupart sont nées de sa plume. Il ne veut pas s'en tenir aux plaisanteries mordantes qui ont eu raison de Pompignan, ni à la campagne satirique anti-Fréron. Il affirme dans une lettre à d'Alembert son dessein de traiter les questions par des ouvrages de fond, tel le *Traité sur la tolérance* (1763). Il fait porter sa critique sur les fondements historiques de la religion. Sa *Philosophie de l'histoire* (1765) entend restituer la vérité sur l'hébraïsme, comme sur les origines chrétiennes, contre la présentation apologétique de « l'histoire sainte ». Bizarreries, difficultés, invraisem-

blances des récits de l'Ancien Testament, monstruo-
sité des massacres voulus par le « cruel Dieu des
Juifs », et perpétrés par ses serviteurs : voilà ce que
mettent en lumière, non seulement la *Philosophie de
l'histoire*, mais l'*Examen important de milord Bolingbroke* (août 1766), et la diatribe enragée intitulée le
Sermon des cinquante datant peut-être de 1749, mais
diffusée dans les années 1760. Voltaire souvent dans
ses envois joint au *Sermon* le *Testament* de Meslier, cet
humble curé des Ardennes, ayant après sa mort laissé
un long manuscrit pour désavouer ce qu'il avait, sa vie
durant, enseigné à ses paroissiens : Voltaire récrit
l'opus lourd et répétitif du curé de campagne, trans-
formant au passage l'athéisme du bonhomme en un
théisme voltairien. Ainsi débarbouillé (et trahi) Meslier est enrôlé dans la campagne contre l'Infâme.

Parmi tant d'écrits, se distingue le *Dictionnaire philosophique* (1764), le plus brillant, le plus riche, qui
demeure aujourd'hui l'une des plus vivantes des
œuvres voltairiennes. L'ordre, ou désordre, alphabé-
tique permet d'attaquer sur tous les points, à l'impro-
viste. Ici triomphe l'esthétique voltairienne de la surprise. A partir d'une érudition étourdissante (non
toujours très sûre), Voltaire fait pétiller tous les feux
de son esprit, abordant toutes sortes de sujets dont
certains demeurent aujourd'hui fort actuels (fanatisme, superstition, torture...). Succès inouï de ce petit
livre « portatif ». Le voltairisme militant a manifestement le vent en poupe. Voltaire a donc confiance que
dans la bonne société la disposition des esprits est en
train d'évoluer. Ainsi il croit pouvoir constater que
près de lui, à Genève, il n'y a plus que quelques gredins qui « croient encore au consubstantiel ».

⁂

Nous sommes au début de 1766. Alors une sinistre
affaire vient entamer l'optimisme du philosophe. Que
l'Infâme conserve tout son pouvoir, c'est ce que
semble prouver l'affaire La Barre. A Abbeville, un
jeune orphelin (vingt ans) avait été recueilli par sa

tante Mme Feydeau, abbesse de Villancourt. Le chevalier s'était intégré à la bande joyeuse de cette petite
ville dévote : jeunesse dorée qui s'amusait à scandali-
ser les bonnes âmes par des beuveries et des propos
impies. Un jour ils avaient dépassé en courant, cha-
peau sur la tête, une procession du Saint-Sacrement.
Peu après, on découvre mutilé un crucifix érigé sur un
pont de la ville. Le responsable était sans doute d'Étallonde, fils d'un notable. Il se hâta de s'enfuir (il
deviendra officier de l'armée prussienne). Le chevalier
de La Barre cette nuit-là dormait sagement dans un
local annexe du couvent de sa tante. Son alibi ne sera
pas détruit. C'est lui cependant qu'on jette en prison.
Nous découvrons ici une province pré-balzacienne,
sordide et féroce. Deux personnages influents ont à se
venger de Mme Feydeau : l'un lui reproche d'avoir
fait manquer le mariage de son fils avec une héritière,
pensionnaire du couvent ; l'autre, vieux beau, poursuivait l'abbesse de ses assiduités, et avait été
éconduit. Ils vont l'un et l'autre faire payer au neveu
leurs déconvenues. Le chevalier passe en jugement : il
est condamné à être décapité, après avoir eu la langue
arrachée. Parmi ses livres, on avait trouvé le *Dictionnaire philosophique* de Voltaire. La sentence ordonne
que le volume soit jeté sur le bûcher où l'on brûlera le
corps du chevalier. Le tribunal d'Abbeville relève du
parlement de Paris, au ressort démesurément étendu
(Angoulême, Lyon dépendent aussi de Paris). Le
jugement pour devenir exécutoire doit être ratifié par
le parlement de Paris. La Barre est donc transféré
dans une prison de la capitale. Il y attend trois mois.
Les ordres du jour étant surchargés, quand le chevalier comparaît devant vingt-cinq magistrats l'inter-
rogatoire est expédié. Très intimidé, le jeune accusé
répond par oui et par non. Les avocats ne sont pas
sous l'Ancien Régime admis à assister leur client en
séance. Les juges siègent à huis clos, sans la présence
du public. On avait joint les pièces se rapportant à la
mutilation du crucifix, où pourtant le chevalier n'était
pas inculpé. Ce qui faisait une masse énorme :

5 346 pages. Le rapporteur a-t-il vraiment pris connaissance d'un dossier aussi volumineux? Il incline à l'indulgence, mais faiblement. Maupeou, qui préside, ne dit rien : il est brouillé avec le président d'Ormesson, apparenté à La Barre. Soudain s'élève la voix tonitruante de Pasquier, gros homme passionné. Il dénonce tous ces « philosophes » qui sapent la société. Qu'on confirme la sentence d'Abbeville : ce sera une bonne leçon pour ces gens-là et pour ceux qui les écoutent. Une majorité le suit : par quinze voix contre dix le supplice du chevalier de La Barre est confirmé. Dernier recours : une grâce du roi. Malgré de multiples interventions, dont celle de l'évêque d'Amiens, Louis XV s'obstine à refuser sa grâce. Le jeune garçon est donc décapité, le 1er juillet 1766, sur la place publique d'Abbeville, aux applaudissements d'une foule accourue par villages entiers des environs : on voulait voir le bourreau trancher la tête d'un gentilhomme. Sur le bûcher, où se consumaient les restes de cette malheureuse victime, on ne manqua pas de lancer, conformément à la sentence, un exemplaire du *Dictionnaire philosophique*.

Le jour même, 1er juillet 1766, où sur la place d'Abbeville le chevalier de La Barre était exécuté, Voltaire à Ferney espérait encore la grâce du roi. Telle était au XVIIIe siècle la lenteur des communications. Informé avec retard, Voltaire n'avait rien pu faire. D'ailleurs, il restait confiant. Il n'était pas possible qu'on soumît à un supplice aussi atroce ce jeune homme pour de simples peccadilles. Le président d'Ormesson pensait de même : il comptait régler l'affaire de son parent dans la discrétion.

Consternation quand l'affreuse nouvelle parvient à Ferney. Voltaire se sent personnellement visé, sous les espèces de son *Dictionnaire philosophique*. Pasquier l'avait nommément mis en cause, précisant qu'il fallait brûler non les livres mais les hommes. Au moment du succès du *Portatif*, le roi ne s'était-il pas écrié : « Ne pourrait-on faire taire cet homme-là ? » Le supplice de La Barre annonçait-il une « Saint-Barthélemy des phi-

losophes »? Voltaire le craint. Il préfère mettre une
frontière entre lui et les gendarmes du roi. Il va
prendre les eaux à Rolle, station vaudoise sur le
Léman. Puisque ce sont tous les philosophes, croit-il,
qui sont visés, il leur propose une riposte collective.
Que les principaux d'entre eux — Diderot, d'Holbach, d'Alembert, Damilaville... — émigrent à Clèves,
ville prussienne de Rhénanie. De là, ils continueront le
combat, par des écrits, sous la houlette de Voltaire.
Frédéric II a donné son accord (non sans conditions
restrictives). Mais le projet fut reçu par les intéressés
avec une froideur équivalant à un refus. A Paris, dans
le même temps, un retournement de l'opinion, y
compris parlementaire, fit apparaître l'affaire La Barre
pour ce qu'elle était réellement : non le signal d'une
persécution, mais un raté — sinistre — de la machine
judiciaire.

Voltaire en tira pourtant de graves conclusions. Il
avait pris l'habitude de conclure ses lettres à ses principaux affidés, notamment Damilaville, par la formule
« Écrasez l'Infâme ». Il l'abrégeait même, avec un
étonnant pressentiment du slogan publicitaire :
« Écrelinf ». Après l'affaire La Barre, « Écrasez
l'Infâme », « Écrelinf », disparaissent de sa correspondance. Ce drame l'a ramené à la réalité. Peut-être a-
t-il pressenti que les croyances religieuses, inscrites
dans le cœur des hommes, n'évoluent que très lentement. Changer en quelques années la religion :
chimère ! Et que penser de ces « honnêtes gens » éclai-
rés, sur lesquels il comptait ? L'aristocratie parlementaire, dont beaucoup de membres étaient acquis aux
Lumières (tels Maupeou, d'Ormesson), comme elle
s'était montrée faible dans ce drame ! Ses partisans
mêmes l'ont bien déçu, en refusant son projet de
Clèves. Voltaire se sent bien seul en son combat. Au
cours de l'année 1766, l'attitude d'un Beccaria a
confirmé que certains gardaient envers lui leurs dis-
tances. Beccaria, juriste milanais, révolté par les scan-
dales de la justice et de l'administration pénitentiaire,

avait publié un écrit vengeur, *Dei Delitti e delle pene*[1], immédiatement traduit en français, et honoré d'un *Commentaire* de Voltaire. Beccaria plaidait pour la suppression des châtiments inutilement cruels et pour que la peine soit proportionnée au délit : l'affaire La Barre venait de démontrer l'urgence d'une telle réforme. Pendant l'été de 1766, Beccaria fait un voyage à Paris : accueil triomphal dans les salons et auprès des « philosophes ». Voltaire l'a invité à s'arrêter à Ferney, à l'aller ou au retour. Mais Beccaria ne s'est pas rendu à l'invitation. Malgré la communauté d'idées, une incompatibilité d'humeur l'éloigne du grand homme : il craint sans doute lui, homme sensible, assez replié sur lui-même, de ne pouvoir tenir sa partie dans la conversation étincelante du seigneur de Ferney.

Ses contemporains, Beccaria et les autres, ont donc déçu Voltaire, dans cette affaire La Barre. Au lieu de prendre feu et flamme, ils se sont en définitive résignés. Il en résultera le diagnostic sévère porté, dans *La Princesse de Babylone*, sur la bonne société parisienne. La plupart sans doute adhèrent à la « bonne cause », mais du bout des lèvres. En réalité, on ne pense qu'au plaisir, par exemple aux spectacles divertissants de l'Opéra, et à ce qui s'ensuit : les soupers, et le reste.

*
**

Voltaire pourtant ne renonce pas, bien au contraire. Il se manifeste plus actif que jamais, en ces années 1767-1768. Qu'il croit toujours à la propagande par l'écrit clandestin, l'affaire Lejeune le révèle en décembre 1766. En même temps est mis au jour l'un des circuits par lesquels les livres interdits passaient de Genève et Ferney jusqu'à Paris. Pour les distributeurs de la capitale, la femme Lejeune est venue en chercher une cargaison chez Voltaire. Tout un lot

---

1. *Des Délits et des peines*, préface de Robert Badinter, GF-Flammarion, 1991.

de l'ouvrage intitulé *Le Recueil nécessaire*, incluant quelques-uns des écrits les plus incendiaires, a été dissimulé dans des malles. Les volumes restent à l'état de feuilles imprimées, plus faciles à dissimuler. Sur le dessus ont été disposés de vieux habits de théâtre. Le tout est chargé dans le carrosse de Mme Denis. La femme Lejeune y prend place, flanquée d'un agent des douanes : le passage de la frontière devrait s'effectuer sans encombre. Mais l'agent a trahi. Les douaniers ouvrent les malles et découvrent les feuilles du *Recueil nécessaire*. Affolée, la femme Lejeune s'enfuit à pied à travers les champs enneigés. Elle vient frapper en pleine nuit à Ferney à la porte du château. De nouveau, Voltaire est dans les transes. Certainement l'affaire va remonter jusqu'au roi. Par chance, dans les allées du pouvoir des personnages l'aident à l'étouffer. La « bonne société », à Paris et à Versailles, n'est pas aussi évaporée que le prétend *La Princesse de Babylone*, chapitre X. Elle sait aussi, le cas échéant, rendre de bien utiles services.

Une autre affaire de plus de portée, où Voltaire s'implique publiquement, laisse percevoir que certains articles du programme philosophique sont, plus ou moins tacitement, acceptés par l'autorité. Marmontel avait publié un roman, *Bélisaire*, nullement subversif. Le héros, général de l'empereur Justinien (VIe siècle après J.-C.), prodiguait aux souverains de sages conseils. L'œuvre était considérée comme « le bréviaire des rois », notamment par la tsarine Catherine II, qui entreprit de la traduire en russe. Mais la Faculté de théologie de la Sorbonne y subodora des tendances déistes. Elle entreprit d'en rédiger une censure, en latin : un *Indiculus*. En principe secret, l'*Indiculus* fut vite divulgué : *Indiculus ridiculus*, qui souleva un tollé. En effet, parmi les propositions censurables, la Sorbonne avait épinglé celle-ci : « La vérité luit de sa propre lumière, et ce n'est pas avec des bûchers qu'on éclaire les esprits. » On demanda donc à la Sorbonne s'il fallait tenir pour « orthodoxe » la sentence : « La vérité ne luit pas de sa propre lumière, et c'est avec des bûchers qu'on éclaire les esprits. » Ce qui aura un écho dans le chapitre XI de l'*Ingénu*. Les plus ardents théologiens de la Sorbonne entendaient réaffirmer le principe d'une intolérance dure. L'autorité à Versailles était dans des dispositions toutes contraires. Elle obligea les censeurs à édulcorer leur texte. Simultanément Marmontel négociait avec l'archevêque de Paris Christophe de Beaumont, lequel joua les intermédiaires avec les tenants de la censure, Riballier et surtout Coger. Voltaire appuya Marmontel, son disciple, par plusieurs pamphlets, *Anecdote sur Bélisaire*, entre autres. Finalement *Bélisaire* fut tout de même censuré. Mais le pouvoir n'en tint aucun compte. Le volume continua à se vendre publiquement, ce qui ne s'était jamais vu.

Voltaire se trouve alors dans la phase peut-être la plus créative de sa vie. Sa verve facétieuse se donne carrière par une épopée comique, dans le goût de *La Pucelle*, *La Guerre de Genève*. Il s'amuse à caricaturer des personnalités genevoises, qui le prirent fort mal. Autre facétie : *La Défense de mon oncle*, réponse aux critiques, le plus souvent fondées, de l'helléniste Larcher contre *La Philosophie de l'histoire*. Voltaire doit sauver sa réputation scientifique. Sous le masque d'un prétendu neveu de l'abbé Bazin, lui-même auteur supposé de *La Philosophie de l'histoire*, il prend le parti de tourner en dérision Toxotès (nom grec de « l'archer »). Le scrupuleux et sérieux Larcher ne pouvait guère le suivre sur le terrain de la bouffonnerie satirique. Aussi le savant helléniste laissera-t-il sans réponse, en ce qui le concerne, la charge savoureuse concluant *La Princesse de Babylone*. Voltaire va jusqu'à imaginer une mise en scène comique pour relater les expériences auxquelles il procède sur les limaces « coques ou incoques ». Ayant coupé la tête des unes et des autres, il constate qu'une tête repousse à certaines et non à d'autres. Observation tout à fait fondée, d'un point de vue scientifique. Voltaire la publie sous la forme d'une farce : *Les Colimaçons du R.P. L'Escarbotier* (septembre 1768).

Depuis toujours, la création chez Voltaire privilégie le genre qu'il juge supérieur à tous autres : la tragédie. Depuis des mois il travaille à une nouvelle pièce dont il attend beaucoup, *Les Scythes*. L'œuvre a du rapport avec les deux contes presque contemporains, *L'Ingénu*, *La Princesse de Babylone*. Elle n'en illustre que mieux les aboutissements différents du génie voltairien. Le dramaturge tente ici d'éveiller l'intérêt par des allusions. En ce peuple scythe, rustique et pacifique, on reconnaît les Suisses. A la frontière s'étend une puissante monarchie, la Perse, c'est-à-dire la France. Un bon vieillard persan, nommé Sozame, victime d'intrigues calomnieuses, a trouvé refuge parmi les « Scythes ». La tragédie de Voltaire prend alors un tour autobiographique. Sozame a, non pas une nièce, mais une fille, Obéide, jeune et svelte (ce que n'était certes pas Mme Denis). Il va marier cette enfant à Indatire, fils d'Hermodan, un autre bon vieillard son ami. La noce va se célébrer. Ici, le coup de théâtre attendu. Révolution dans l'empire « perse ». Le pouvoir est passé aux mains du fougueux Athamare, naguère aimé par Obéide. Il surgit pour enlever la jeune fille. Duel avec son rival Indatire, qui est tué. Athamare est fait prisonnier. Pour s'assurer un cinquième acte à effet, Voltaire a inventé une bizarre loi « scythe » : la veuve doit exécuter elle-même sur l'autel le meurtrier de son mari. Voici donc Obéide poignard en main, près d'Athamare. Mais c'est en son propre cœur qu'elle enfonce le fer, en déclarant son amour pour cet Athamare.

Tancrède en 1760 avait été le dernier triomphe de la tragédie voltairienne : la nouveauté de la mise en scène, un pathétique adroitement ménagé (au prix d'invraisemblances), des rôles supérieurement interprétés par Mlle Clairon et Lekain, avaient subjugué les foules. Mais depuis lors Voltaire a perdu le contact avec le public parisien. Obtenue non sans peine la première des *Scythes*, le 26 mars 1767, ne fut suivie que de trois autres représentations. Une reprise en 1770 n'aura pas plus de succès. Même l'immolation d'Obéide au cinquième acte ne fit guère d'effet. On avait assisté déjà à pareil suicide de l'héroïne de *Tancrède* (mais porté par un puissant mouvement dramatique). Même genre de dénouement dans *Olympie* (à ceci près que l'héroïne se jette dans un brasier allumé). On le retrouvera dans la *Sophonisbe* de Voltaire et jusque dans l'ultime *Irène*. De sensationnel et inattendu, le sacrifice de la jeune héroïne tourne ainsi au procédé. Et le goût du public a changé, à l'insu de Voltaire, depuis trop longtemps absent de Paris. Ces conversations en nobles alexandrins, émaillées de réminiscences cornéliennes et raciniennes, ce confinement de l'action, ces péripéties plus ou moins attendues, sont ressentis comme des vieilleries, dépassées. Voltaire lui-même, très attaché à ce grand art de sa jeunesse, peine à confectionner ces œuvres, selon des canons rigoureux. Par un réflexe qui lui est habituel, il faut que sa fantaisie s'échappe, sans contrainte, dans la création de contes.

Il voulait, dans ses *Scythes*, mettre en valeur l'« opposition perpétuelle d'un peuple libre aux mœurs des courtisans ». Au moment où il s'exprime ainsi, il a commencé *L'Ingénu*. Le Huron, fils d'un « peuple libre » aux prises avec d'autres « mœurs », en Bretagne, puis à Versailles : ce sera le thème dominant, traité avec une liberté à laquelle ne peut prétendre la tragédie. Les Scythes, nous les retrouvons ensuite dans *La Princesse de Babylone*, mais non plus déguisés en Suisses. Ce roi des Scythes chevauchant un tigre énorme, à la tête de trois cent mille guerriers, illustre dans l'imagination de Voltaire et dans la nôtre tout le prestige de l'Orient fabuleux.

Parmi l'intense production voltairienne de ces mois, émergent pour nous, outre *La Défense de mon oncle*, chef-d'œuvre de verve satirique (sinon d'érudition), nos deux contes bientôt suivis de *L'Homme aux quarante écus*. Entre ces deux contes même, *L'Ingénu* et *La Princesse de Babylone*, l'écart quant à la manière paraît considérable. Par là se manifeste la fécondité du conteur. *L'Ingénu*, une fois dépassée la légende de

saint Dunstan, nous donne à lire un roman où, croi-
rait-on, tout est vrai, jusque dans l'ajustement, fort
soigné, des lieux et des dates. Au contraire, dans *La
Princesse de Babylone* rien n'est crédible, ni cette capitale de Bélus, ni ce concours nuptial, ni les prodiges
du phénix, ni les licornes, ni le paradis terrestre des
Gangarides. Mais tant de merveilles enchantent le lecteur, avide de dépaysement. Un seul conte peut-être,
dans le corpus voltairien, va plus loin que *La Princesse*
dans le sens du merveilleux oriental : c'est *Le Blanc et
le noir*, cette fantaisie où Voltaire s'est donné les facili-
tés de raconter ce qu'on découvrira en définitive
n'être qu'un songe.

Que nos deux contes, chronologiquement si
proches, se situent à deux extrêmes opposés, justifie
leur réunion dans un même volume. On relèvera
cependant que, partis si loin l'un de l'autre, ils
finissent par rencontrer les mêmes thèmes : thèmes du
combat que Voltaire persiste à mener, après la déception majeure de 1766 dont nous avons parlé. Il révisait
son *Siècle de Louis XIV*, pour une nouvelle édition,
quand il rédigea *L'Ingénu*. « L'histoire véritable » du
conteur, sans renier le « grand siècle », dira son désen-
chantement. Si tant d'éclat s'accompagna de tant
d'ombre, à qui s'en prendre ? Aux jésuites, bien sûr.
Et à la bureaucratie d'une monarchie administrative.
Aux hommes surtout, légers plutôt que méchants,
insoucieux du mal qu'ils font. Au « grand roi » même,
cet absent.

Quand Formosante, princesse de Babylone, et son
Amazan quittent leur Orient fabuleux, que
découvrent-ils ? Une Europe qui tente de devenir
« philosophe », et y parvient avec des succès inégaux.
Un succès en tout cas bien peu probant en la capitale
des Gaules. L'épisode parisien de *La Princesse* se
trouve alors assez proche des chapitres parisiens de
L'Ingénu. Autres thèmes récurrents : l'Infâme et ses
sbires, la superstition incarnée dans le roi d'Égypte
vont reparaître aux dernières pages de *La Princesse de
Babylone*.

Ainsi Voltaire, prodigieux conteur, quelque carrière qu'il donne à l'imaginaire, n'oublie jamais ses éternels ennemis.

L'Ingénu

L'Ingénu fait exception parmi tous les contes de Voltaire : il est le seul pour lequel nous soit parvenu un résumé préparatoire. A la mort de l'écrivain, cette note était conservée parmi ses papiers à Ferney. Après l'achat de sa bibliothèque et de ses manuscrits par la tsarine Catherine II, le tout fut transféré à Saint-Pétersbourg. La note s'y trouve toujours, dans le département Voltaire de la Bibliothèque nationale Saltuikov-Chtchédrine.

Voici ce texte (nous complétons les abréviations et ajoutons quelques signes de ponctuation) :

> « Histoire de l'Ingénu, élevé chez les sauvages, puis chez les Anglais, instruit de la religion en Basse-Bretagne, tonsuré, confessé, se battant avec son confesseur. Son voyage à Versailles chez frère Le Tellier son parent. Volontaire deux campagnes, sa force incroyable, son courage. Veut être capitaine de cavalerie, étonné du refus. Se marie, ne veut pas que le mariage soit un sacrement. Trouve très bon que sa femme soit infidèle, puisqu'il l'a été. Meurt en défendant son pays. Un capitaine anglais l'assiste à la mort, avec un jésuite et un janséniste. Il les instruit en mourant. »

Un tel texte confirme ce qu'on sait déjà. Voltaire n'improvise pas ses récits, épisode par épisode, au gré de son invention. La création théâtrale l'a entraîné à prendre d'abord une vue d'ensemble de son sujet, avant de l'articuler acte par acte. Il conçoit ses contes selon la même méthode. Cette « histoire de l'Ingénu », il en a tracé la courbe entière, celle d'une vie : depuis l'éducation première « chez les sauvages », jusqu'à la mort de son héros sur le champ de bataille, entre un capitaine anglais, un jésuite et un janséniste.

Appelons *L'Ingénu I* cette esquisse initiale et *L'Ingénu II* le roman définitif, tel que nous le lisons, si différent du premier projet.

Les épisodes successifs de *L'Ingénu I* sont nettement indiqués. Une double éducation : par « les sauvages », puis par « les Anglais ». En Basse-Bretagne, le voici « instruit de la religion ». Il paraît promis à une carrière ecclésiastique. Il reçoit la tonsure, cérémonie qui l'engage à devenir prêtre. Un incident survient : une bagarre avec son confesseur, apparemment au confessionnal, où se manifeste la violence de sa nature. Pour régler l'affaire, il se rend à Versailles. Il possède à la cour un puissant appui : il est en effet un parent non pas d'un prieur breton comme dans *L'Ingénu II* mais du père Le Tellier, confesseur de Louis XIV depuis 1709, très influent personnage. Le père jésuite lui conseille-t-il une nouvelle orientation ? L'Ingénu devient militaire. Nous sommes à la phase ultime de la malheureuse guerre de Succession d'Espagne commencée en 1701. Il accomplit comme « volontaire » deux campagnes (1710 et 1711 ?). « Sa force incroyable, son courage » font merveille. Il demande une récompense : un grade de capitaine (à titre gratuit, apparemment), dans l'arme noble qu'est la cavalerie. Il essuie un refus. Il revient pour un temps à la vie civile. Il se marie. Mais l'homme de la nature qu'il est ne considère pas le mariage comme un sacrement. Il trompe sa femme, en est trompé, sans en être le moins du monde ému. Néanmoins il retourne à l'armée, pour « défendre son pays » qui est menacé d'invasion (1712 ?). Il meurt, non sans avoir eu le temps de prêcher, avec l'aide d'un capitaine anglais, ces deux égarés, ennemis l'un de l'autre, que sont un jésuite et un janséniste. Au total, Voltaire avait conçu l'histoire d'un homme de la nature, confirmé dans sa philosophie naturelle par l'éducation anglaise, passant ensuite du « noir » au « rouge » : de l'Église à l'armée, un « militaire philosophe [1] ». Mais la partie militaire aurait occupé une bonne moitié du récit.

Les transformations que va subir l'esquisse feront que *L'Ingénu II* va traiter un sujet presque totalement différent.

L'action d'abord est transférée des dernières années de Louis XIV à une période encore faste du règne : le milieu de 1689. La carrière militaire du héros, pendant plusieurs campagnes, est résumée en quelques mots aux dernières lignes. Le récit se partage entre trois lieux successifs : la Bretagne, Paris et Versailles. Un personnage apparaît, au premier plan : Mlle de Saint-Yves. L'épouse légère, figure épisodique de *L'Ingénu I*, est éliminée. En sa place, le roman raconte l'histoire dramatique d'une amoureuse. C'est Mlle de Saint-Yves et non plus l'Ingénu qui meurt, au dénouement, victime de sa passion et de sa vertu. Le conte voltairien rejoint ainsi le ton alors à la mode. Comme les Paméla et Clarisse Harlowe de Richardson, comme aussi la Julie de Rousseau dans *La Nouvelle Héloïse*, l'héroïne sensible traverse une suite d'épreuves jusqu'à l'issue fatale. Disons en outre que Mlle de Saint-Yves meurt en une sorte de cinquième acte, comme tant d'héroïnes des tragédies de Voltaire, aujourd'hui oubliées.

Le changement d'époque fait qu'en la fonction de confesseur du roi, le père de La Chaise prend la place du père Le Tellier. Le père jésuite dans *L'Ingénu I* ne semblait guère persécuteur. Tout au contraire, et en contradiction avec la vérité historique, le père de La Chaise est montré comme le chef d'un réseau d'espionnage et de persécution, appuyé par « mons de Louvois », et d'une effrayante efficacité. Ce qui fait que le Huron-Breton de *L'Ingénu II*, à peine arrivé à Paris, est appréhendé et jeté à la Bastille. Ainsi se développe un épisode central, ignoré de l'esquisse première : grâce aux livres de sa cellule (qui s'avère

---

1. Selon le titre qu'on donnera à l'édition des *Difficultés sur la religion* de Robert Challe, publiée en 1767.

être en dépit des vraisemblances une véritable bibliothèque), et avec l'aide de son codétenu, le vieux prêtre
janséniste Gordon, « l'Ingénu développe son génie »
(titre du chapitre onzième). L'incarcération du jeune
homme, au secret, a d'autres conséquences. Le prieur
breton et sa sœur (personnages non mentionnés dans
L'Ingénu I) viennent à Paris aux nouvelles, bientôt suivis de Mlle de Saint-Yves et de son frère l'abbé.
Mlle de Saint-Yves apprend du sous-ministre Saint-
Pouange ce qu'on exige d'elle pour la liberté de celui
qu'elle aime. Encouragée par l'odieux père Tout-à-
tous, elle se résigne et le paie de sa vie. A la succession
lâche d'épisodes de *L'Ingénu I*, Voltaire a substitué
une action solidement liée, resserrée dans le temps
(moins de deux années) : en dramaturge qu'il est, il a
construit une intrigue suscitant un intérêt croissant
jusqu'au drame final.

⁎⁎

Quand s'opéra la mutation ? Il est impossible de
dater *L'Ingénu I*. L'analogie du début de *L'Ingénu II*
avec un passage de la douzième *Lettre sur les miracles*
(voir la note 3) ne prouve évidemment pas que
l'esquisse remonte à 1765. Il est possible que Voltaire
ait réemployé l'anecdote au début de *L'Ingénu II*, où
elle est mieux à sa place. La *Correspondance littéraire*
de Grimm, à la date du 1er novembre 1766, publie
une information, provenant sans doute des observa-
teurs dont le périodique disposait à Ferney : « On dit
[...] que le patriarche travaille à un roman théologique ; et pour peu qu'il ressemble au roman théologique de *Candide*, il ne manquera pas d'être édifiant. »
L'allusion vise manifestement *L'Ingénu*, qui sera présenté comme « tiré des manuscrits du P. Quesnel »,
théologien janséniste. On ne peut cependant préciser
s'il s'agissait alors seulement de l'esquisse initiale ou
de la rédaction du texte révisé. Mais lorsque d'Alembert, le 21 juillet 1767, de Paris mande à Voltaire
qu'« on parle d'un roman intitulé *L'Ingénu* », et qu'il a
« grande envie » de le lire, c'est bien de l'œuvre défini-

tive qu'il s'agit. Le patriarche informe Cramer, vers le mois de juillet, qu'il en tient des exemplaires à sa disposition. Ce qui indique que la première édition ne fut pas imprimée par Cramer, mais sans doute pour lui, par son sous-traitant Chirol de Genève.

En août, Voltaire joue le jeu habituel des démentis-confirmations. Il sait très bien qu'on ne se trompera pas sur l'auteur de cette histoire, prétendument « tirée des manuscrits du P. Quesnel ». Il s'en plaint, ou feint de s'en plaindre :

> « S'il paraît quelque brochure avec deux ou trois grains de sel, même du gros sel, tout le monde dit : C'est lui, je le reconnais, voilà son style ; il mourra dans sa peau comme il a vécu. »

Il continue :

> « Quoi qu'il en soit, il n'y a point d'*Ingénu*, je n'ai point fait *L'Ingénu*, je ne l'aurai jamais fait. J'ai l'innocence de la colombe, et je veux avoir la prudence du serpent. » (A d'Alembert, 3 août 1767.)
>
> « Il est très triste, gémit-il, qu'on m'impute tous les jours non seulement des ouvrages que je n'ai point faits, mais aussi des écrits qui n'existent point. » (A Damilaville, ce même 3 août 1767.)

Pour le cas où, tout de même, *L'Ingénu* existerait, il lui a trouvé un auteur : l'abbé Dulaurens (1719-1793), un aventurier des lettres réfugié en Hollande, auteur de maints écrits licencieux, qui vient de publier *Imirce ou la fille de la Nature* et *Le Compère Mathieu ou les bigarrures de l'esprit humain* (1766). Non seulement Voltaire assure que son *Ingénu* est de ce Dulaurens, mais il ajoute : « il faut qu'il le soit » (à Damilaville, 22 août 1767). Quand il envoie des exemplaires à tel ou tel de ses amis, il précise bien : cet *Ingénu* « est, dit-on, de l'auteur du *Compère Mathieu* » (à Charles Bordes, 30 août 1767).

Cependant il s'occupe d'en procurer une édition parisienne. Il s'adresse à son correspondant habituel, Marin, bien introduit dans le monde de la librairie. Ce Marin est censé tenir le texte de Dulaurens par l'intermédiaire de Voltaire (il « m'est venu voir avant de repartir pour la Hollande »). L'édition parisienne est confiée au libraire Lambert (2 septembre 1767). Marin a tellement d'entregent qu'il réussit à obtenir dès le lendemain, 3 septembre, ce qu'on appelait une « permission tacite ». L'autorité permettait l'impression et la distribution, sans pour autant approuver le livre. Voltaire en est le premier surpris : « cela me passe », avoue-t-il à Damilaville (12 septembre 1767). En tout cas le subversif ouvrage s'est vendu librement pendant deux semaines. Il s'en est débité trois ou quatre mille en quatre ou cinq jours : succès considérable, si l'on se rappelle qu'alors les techniques de l'imprimerie limitaient les tirages à deux ou trois mille exemplaires. La police du livre ne tarda pas à s'alarmer : le 17 septembre la « permission tacite » est annulée. L'Ingénu n'en continua pas moins à se vendre. Mais le prix fut multiplié par huit (passant de trois livres à un louis). On compte, jusqu'à la fin de l'année 1767, au moins dix éditions de l'œuvre, totalisant quelque vingt mille exemplaires, chiffre pour nous fort modeste, mais pour l'époque très élevé, comparable à cet autre grand succès de librairie que fut *Candide* en 1759.

*
**

La comparaison des deux œuvres s'imposa très vite. Voltaire la fait lui-même. Il estime que « *L'Ingénu* vaut mieux que *Candide* en ce qu'il est infiniment plus vraisemblable » (à Gabriel Cramer, juillet 1767).

« Plus vraisemblable » ne veut pas dire que le narrateur se soit ici efforcé de se faire oublier. Plus encore que dans *Candide* sa présence dans *L'Ingénu* se manifeste par nombre de réflexions d'auteur. L'Ingénu fait-il, en langue huronne, des vers pour Mlle de Saint-Yves, notre auteur glisse une remarque : « il faut savoir qu'il n'y a aucun pays dans la terre où l'amour n'ait rendu les amants poètes » (p. 92). La belle Saint-Yves particulièrement sollicite son attention. La jeune fille ayant « adouci » par son charme un bureaucrate versaillais, il commente : « il faut convenir que Dieu

n'a créé les femmes que pour apprivoiser les
hommes » (p. 119). Et quand la fiancée de l'Ingénu
s'accuse d'avoir cédé au Saint-Pouange, il se hâte de
la justifier : « elle ne savait pas combien elle était vertueuse dans le crime qu'elle se reprochait » (p. 130).
La mort surtout de l'héroïne, médicalement si peu jus-
tifiée, a besoin d'explication. Les deux médecins, par
leurs ordonnances contradictoires, n'auraient sans
doute pas suffi à tuer cette jeune fille en pleine santé.
Il faut que le narrateur désigne du doigt la cause véritable : « son âme tuait son corps ». Suivent des considérations que nous dirions psychosomatiques :
« quelle mécanique incompréhensible a soumis les
organes au sentiment et à la pensée ? », et la suite
(p. 138). Même si l'auteur, après coup, pour la vraisemblance, attribue « au bon Gordon » cette
« réflexion si naturelle », on sent bien qu'elle est
sienne. Comme lui revient ce qu'il dit de l'agonie de
Mlle de Saint-Yves. « Elle sentait toute l'horreur de
son état »... Mais « que d'autres cherchent à louer les
morts fastueuses de ceux qui entrent dans la destruction avec insensibilité » (p. 141). Puis lorsque l'Ingénu
désespéré est tenté de mettre fin à ses jours, si Gordon
s'abstient de « lui étaler ces lieux communs fastidieux » contre le suicide, le narrateur, quant à lui,
n'omet pas de les rappeler et de les discuter (p. 142).

L'*Ingénu* demeure donc bien un conte, dans la
mesure où la voix du conteur ne cesse de s'y faire
entendre. L'œuvre s'affirme pourtant un roman, et
soucieux de vraisemblance, par d'autres aspects.
Notamment par un souci de la cohérence chronologique. Voltaire a fait en sorte d'ajuster soigneuse-
ment les dates. L'action commence le 15 juillet 1689
au soir. Il y a donc vingt ans que le frère de l'abbé de
Kerkabon partit avec sa femme pour le Canada.
L'Ingénu, s'il est bien leur fils, a dix-huit ou dix-neuf
ans. La saison explique aussi que, quelques semaines
plus tard, dans l'épisode du baptême, l'Ingénu ait pu
s'immerger dans les eaux de la Rance et y rester quelque temps sans être saisi par le froid.

En cet été de 1689, après l'accession de Guillaume
d'Orange au trône d'Angleterre, la Ligue dite d'Augsbourg, contre la politique d'annexion de Louis XIV,
est en cours de constitution. La paix n'est pas encore
rompue. Entre les deux rives de la Manche, les
bateaux continuent à circuler librement, comme le
navire anglais qui dépose l'Ingénu à l'embouchure de
la Rance. Mais déjà des escarmouches peuvent éclater, comme la tentative de débarquement près de
Saint-Malo que Voltaire imagine au chapitre septième
(sur le modèle de l'incursion anglaise qu'au début de
la guerre de Sept Ans, dans les mêmes lieux, le duc
d'Aiguillon, gouverneur de Bretagne, eut à repousser). A cette même date de 1689, l'exode protestant, à
la suite de la révocation de l'Edit de Nantes (1685)
s'achève, mais n'est pas terminé. Il est donc vraisemblable que l'Ingénu à Saumur ait rencontré des
huguenots se préparant à partir. Nous sommes à la fin
de l'été 1689 ou au début de l'automne. C'est alors
qu'à son arrivée à Paris notre héros est embastillé. Il
reste incarcéré « près d'un an » (p. 119). Il est donc
libéré à la fin de l'été de 1690. Dans les jours qui
suivent se produit le drame final : l'agonie et la mort
de Mlle de Saint-Yves. En Europe la guerre de la
Ligue d'Augsbourg a déjà commencé. « Mons de
Louvois » trouvera sans peine à employer « dans les
armées » les aptitudes militaires de l'Ingénu (p. 144).

On le voit : dans ce roman (le mot ici s'impose)
Voltaire se montre attentif à insérer son « histoire véritable » dans les événements du temps. Ce qui
contraste avec son insouciance dans *Candide*, où les
impossibilités chronologiques étaient nombreuses. On
sait aussi que dans *Candide* les aventures des personnages se succédaient dans une durée imprécise. Entre
l'expulsion du héros du château de Thunder-ten-
Tronckh et son installation dans son « jardin » de la
Propontide, combien de temps s'est écoulé ? Assez
pour que Candide devienne sage et Cunégonde bien
laide. Ce qui peut demander plusieurs mois ou bon
nombre d'années. Au contraire l'action de *L'Ingénu*

est resserrée, selon une technique dramatique, en quinze ou seize mois. Et elle se limite aussi, comme l'exige l'esthétique théâtrale, à deux « lieux » : la Bretagne et Versailles-Paris.

Ici et là le romancier évoque des traits réalistes, qui font vrai. C'est particulièrement remarquable dans le cas de la Bretagne : Édouard Guitton l'a remarqué naguère. Certes Voltaire a connu des Bretons : Maupertuis, La Mettrie, Duclos, La Chalotais, pour ne rien dire de Fréron. Mais fort loin de la Bretagne : à Paris, voire en Prusse, ou par correspondance (La Chalotais) et dans des relations qui ne se prêtaient nullement aux évocations bretonnes. Comment peut-il donc imaginer dans son récit une ambiance assez authentique de cette province où il n'est jamais allé ? Il faut accuser ici l'une des nombreuses lacunes de sa correspondance, pourtant si abondante.

Voltaire avait rencontré, en 1740, à Amsterdam, Jacques Le Brigant, par la suite avocat à Tréguier. Ils restèrent en relations épistolaires, à l'initiative vraisemblablement du Breton. De cet échange ne subsistent plus que deux lettres de Le Brigant, très postérieures à *L'Ingénu*, mais dont la teneur permet de supposer l'existence d'une correspondance suivie. L'avocat de Tréguier était à sa manière « philosophe ». Il éclaira Voltaire sur une prétendue apparition de Jésus dans la cathédrale de Paimpol. Il était lié avec le libraire de Tréguier, qui n'était autre que le « bonhomme Système » que Renan connaîtra dans sa jeunesse, le « Système » du personnage étant celui du baron d'Holbach : on sait quel fut en 1770 le retentissement du *Système de la nature*, exposé d'un athéisme méthodique et cohérent. Le Brigant a lui aussi son « système » : la celtomanie. Ce Breton est persuadé que la langue celtique fut la langue primitive de l'humanité. Étrange idée à laquelle fait écho un passage de *L'Ingénu* : lorsque, autour du Huron, on dispute sur « la multiplicité des langues », Mlle de Kerkabon affirme que, si le français est « la plus belle de toutes », c'est seulement « après le bas-breton ».

Certes, depuis si longtemps qu'il est éloigné de Paris, Voltaire connaît bien le petit monde des sociétés provinciales, parmi lesquelles il vit. Les ridicules de leurs notables, tel « l'interrogant bailli », les petits calculs d'intérêt (ce bailli voulant marier Mlle de Saint-Yves à un benêt de fils, l'abbé de Kerkabon rêvant de « résilier son bénéfice » à son neveu l'Ingénu, de peur que ledit bénéfice ne sortît de la famille), les idées étroites, le libertinage discret : ces divers traits de la vie de province sont malicieusement croqués dans les premiers chapitres. Mais cette province se caractérise comme étant la Bretagne. L'épisode merveilleux de saint Dunstan, aux premières lignes, évoque les légendes bretonnes (bien qu'apparemment celle-ci soit inventée par Voltaire). Grâce en particulier à ce début, le récit impose au lecteur l'image d'une mer toute proche, si caractéristique de la Bretagne. Saint Dunstan y navigue sur une montagne. Sur ces mêmes flots, sont partis pour les Amériques Kerkabon et sa femme vingt ans plus tôt. Par cette mer débarquent et l'Ingénu et plus tard le commando anglais. Les idées toutes faites de la bonne Mlle de Kerkabon, qui n'a jamais voyagé, sont influencées par la proximité maritime. Que les pères jésuites aient converti tous les sauvages Hurons du Canada, que « ces maudits Anglais » fassent « plus de cas d'un plum-pudding et d'une bouteille de rhum que du *Pentateuque* », voilà ce dont est bien persuadée la vieille demoiselle[1].

Dans ce monde étroit, sur les bords de l'immense océan, on coule des jours heureux. Tel était pareillement le cas dans le beau château de Thunder-ten-Tronckh, avant l'expulsion de Candide et le séisme guerrier qui va détruire ce petit univers westphalien. La précarité des bonheurs confinés apparaît comme l'un des thèmes de l'imaginaire voltairien, et le jardin de Candide n'y ferait sans doute pas exception si le conte avait une suite. Dans *l'Ingénu* la menace surgit,

---

1. Voltaire se trahit en ajoutant « une pièce de Shakespeare ». En 1689, il est très invraisemblable que Mlle de Kerkabon connaisse la moindre pièce et même le nom de Shakespeare.

moins dévastatrice d'abord que la guerre des Abares et des Bulgares, sous les traits sympathiques du jeune Huron. Cet « homme de la nature », ayant en outre bénéficié d'une rapide éducation anglaise, agit comme un révélateur dans la petite société « bas-bretonne ». Relevons un seul trait, parmi beaucoup d'autres : le Huron, habitué à la vie naturelle des sauvages, se lève avec le jour. Il part pour la chasse, parcourt une dizaine de kilomètres, tue trente pièces de gibier, et revient alors que le prieur et sa sœur en sont encore à se promener dans leur jardin « en bonnet de nuit ». Ce qui donne à Voltaire l'occasion de nous faire la morale (p. 81) :

> « Il n'était pas comme la bonne compagnie, qui lan-guit dans un lit oiseux jusqu'à ce que le soleil ait fait la moitié de son tour, qui ne peut ni dormir ni se lever, qui perd tant d'heures précieuses dans cet état mitoyen entre la vie et la mort, et qui se plaint encore que la vie est trop courte. »

La « nature » prend une valeur plus critique lorsqu'on entreprend l'instruction religieuse du Huron, afin de le baptiser. Dénoncer comme anti-naturelle la religion catholique, voilà qui assurément n'avait rien de nouveau, en 1767. Le plus original est que l'Ingénu voltairien oppose à la religion telle qu'elle est pratiquée non seulement la nature mais les textes néotestamentaires, sur lesquels, en principe, elle se fonde. On a commis l'imprudence de faire lire au Huron le Nouveau Testament. Le jeune sauvage « le dévore avec beaucoup de plaisir ». Bientôt il sait « presque tout le livre par cœur » (p. 86). Il prétend imiter ce qui est rapporté en celui-ci, et n'y rien ajou-ter. D'où les péripéties cocasses : la tentative de cir-concision, la confession selon saint Jacques le Mineur, le baptême par immersion. Les choses se gâtent tout à fait lorsqu'il tente d'« épouser » selon la loi de nature Mlle de Saint-Yves, comme il en usait naguère avec sa bien-aimée huronne, Mlle Abacaba. On lui apprend que Mlle de Saint-Yves étant sa marraine il ne peut s'unir à elle par le mariage, à moins d'obtenir une dispense du pape. Le Nouveau Testament ne disait évidemment rien de tel. « Je m'aperçois tous les jours, constate le Huron, qu'on fait ici une infinité de choses qui ne sont point dans votre livre, et qu'on n'y fait rien de tout ce qu'il dit » (p. 93). Le jeune homme tente donc de violer Mlle de Saint-Yves. On eut bien de la peine à l'arrêter. L'abbé, frère de la jeune fille, lui remontre que « la loi positive devait avoir tout l'avantage, et que sans les conventions faites entre les hommes, la loi de nature ne serait presque jamais qu'un brigandage naturel. Il faut des notaires, des prêtres, des témoins, des contrats, des dispenses ». Si les Hurons « étaient rassemblés dans une grande ville », ils en useraient de même. C'est assurément ce que pense Voltaire. Il n'a pas marié autrement Mlle Corneille et il mariera de même ses autres « filles d'adoption », jusqu'à Belle et Bonne (devenue la marquise de Villette en 1777). D'ailleurs nous lisons ici que « cette réponse frappa l'Ingénu » (p. 95).

⁂

Il reste à cet homme de la nature à apprendre à vivre dans la société telle qu'elle est. C'est le sujet de plusieurs chapitres de la seconde partie de ce roman.

Une partie où vont apparaître l'occulte pouvoir de la Société de Jésus et ses funestes conséquences. Mais un jésuite déjà était présent dans l'épisode breton du baptême. Les braves gens de cette « Basse-Bretagne » ne brillent pas par la culture ni par l'agilité intellectuelle. Les « difficultés » que soulève l'Ingénu lors de son instruction religieuse embarrassent l'abbé de Kerkabon et non moins son confrère l'abbé de Saint-Yves. Or comment surmontent-ils l'obstacle ? Ils font venir un « jésuite bas-breton », lequel en un tournemain répond aux difficultés et achève « la conversion du Huron » (p. 86). Supériorité de la Compagnie de Jésus : ses membres ont bénéficié de solides études et possèdent un bagage d'instruction qui fait défaut au commun du clergé. Quelques jours après, l'Ingénu est baptisé et reçoit le nom d'Hercule. « L'évêque de

Saint-Malo demandait toujours quel était ce patron dont il n'avait jamais entendu parler. » Il faut recourir encore au même jésuite, « fort savant », précise Voltaire. A l'évêque, qui apparemment ne connaissait pas davantage l'Hercule de la mythologie, le père apprend que ce « saint », à peine transposé du paganisme, a fait « douze miracles » (douze « travaux »), plus « un treizième [...] dont il ne convenait pas à un jésuite de parler » (p. 91). Discret hommage de l'ancien élève de Louis-le-Grand, à cet ordre si riche, il le sait bien, en religieux à l'esprit alerte et érudit.

Concession cependant plutôt qu'hommage. La suite du récit développe en effet un réquisitoire implacable contre la Compagnie de Jésus. Dès la halte de l'Ingénu à Saumur sa conversation avec des huguenots est écoutée par « un jésuite » déguisé. Le rapport de l'espion parvient au père de La Chaise en même temps que l'Ingénu arrive à Versailles (p. 102). La Société est devenue un réseau clandestin et hiérarchisé. Il existe des jésuites « pour toutes les conditions de la vie », depuis le roi que confesse le père de La Chaise, jusqu'aux « jésuites du grand commun », confesseurs des femmes de chambre « par lesquelles on savait les secrets des maîtresses » (p. 118). Le roman montre en action cette effrayante armée de l'ombre. Tout remonte au chef suprême, « Sa Révérence » le père de La Chaise, disposant, suggère-t-on, par son influence sur le roi son pénitent, d'une puissance redoutable. L'un des moyens d'action est la distribution des « bénéfices » ecclésiastiques, à la nomination du roi. Obtenir le revenu d'une abbaye, sans obligation de résidence ni d'activité pastorale, équivalait sous l'Ancien Régime à bénéficier d'une pension. Aussi le père de La Chaise paraît-il, dans le roman, fort attentif à ce qui s'y rapporte. Car c'est à lui que s'adressent les solliciteurs, fort nombreux. Lorsque l'abbé de Kerkabon obtient du jésuite, non sans peine, une audience, c'est de son neveu, mystérieusement disparu, qu'il veut parler. Mais le père de La Chaise lui pose une question d'apparence anodine : « Votre

bénéfice est-il considérable ? » L'abbé répond avec
« ingénuité ». Son bénéfice, modeste abbaye bretonne,
est « fort peu de chose ». Le père de La Chaise semble
n'y pas prêter attention. Mais l'affaire est désormais
entendue. Ce tout petit bénéfice n'intéresse pas le
jésuite : « il congédia affectueusement le prieur et n'y
pensa plus » (p. 117).

Le bon père ne s'est jamais départi d'une bienveil-
lance chaleureuse. Il a reçu son visiteur « à bras
ouverts ». Il « protesta qu'il avait toujours eu pour lui
une estime particulière », « il jura que la Société avait
toujours été attachée aux Bas-Bretons ». Pure comédie : il n'a jamais entendu parler de l'abbé de Kerkabon. Il ne prête attention aux Bas-Bretons que dans
la mesure où ils peuvent servir les intérêts de la
Société. Ses manières affables pourraient paraître ins-
pirées par la charité chrétienne. En réalité, elles
masquent des calculs fort étrangers à l'esprit évangélique. Le père de La Chaise est dominé par l'esprit
partisan : « Y a-t-il quelque janséniste dans le voisinage ? » Voilà ce qui, avec le revenu du prieuré de la
Montagne, importe au chef du parti jésuite. Le même
parti pris éclate, plus comiquement encore, dans les
propos du père Tout-à-tous. Mlle de Saint-Yves vient
de lui confier ce qu'« un homme puissant » exige d'elle
pour libérer l'Ingénu. Le père a d'abord une réaction
saine. « Voilà un abominable pécheur ! » Il ajoute : « à
coup sûr quelque janséniste ! » Quand la jeune fille
nomme M. de Saint-Pouange, Tout-à-tous faillit
s'étouffer : « Ah ! ma fille, c'est tout autre chose. »
M. de Saint-Pouange est « homme de bien », « protecteur de la bonne cause » (celle des jésuites). Mlle de
Saint-Yves a dû mal entendre. Quand il ne peut plus
douter de ce qu'il en est, le père n'a pas la moindre
hésitation. Il calme sa pénitente par de « douces
paroles ». Il invoque la casuistique jésuite de la direction d'intention. Il cite le précédent censément
approuvé par saint Augustin (et « quand un jésuite
vous cite saint Augustin, il faut que ce saint ait pleine-
ment raison »). Tout-à-tous se fait insinuant : « je ne

vous conseille rien, vous êtes sage [...] Monseigneur
de Saint-Pouange est un honnête homme [*sic*], il ne
vous trompera pas; c'est tout ce que je puis vous dire;
je prierai Dieu pour vous, et j'espère que tout se passera à sa plus grande gloire » (p. 126). Cette « plus
grande gloire » étant confondue avec celle du parti
moliniste. Un dernier trait, au dénouement, confirme
la perversion jésuitique de la religion. Tandis que
Mlle de Saint-Yves agonise, arrive une lettre non du
père de La Chaise, mais de son valet Vadbled, monu-
ment d'insolence inconsciente. « C'est donc ainsi
qu'on traite les hommes comme des singes! On les bat
et on les fait danser ». (p. 140)

  Voltaire publie *L'Ingénu* en juillet 1767. Or après les
arrêts des parlements contre les jésuites (1761-1762),
un édit de Louis XV en novembre 1764 leur a interdit
de posséder en France des établissements d'enseigne-
ment, et ne leur permet plus de résider dans le
royaume qu'à titre individuel. En décembre de la
même année, Voltaire a supervisé la publication à
Genève, par Cramer, de l'ouvrage de d'Alembert, *Sur
la destruction des jésuites en France*. Un autre édit du
roi, en mai 1767, les a entièrement bannis du
royaume. *L'Ingénu* se situe dans ce contexte polémique. Voltaire peut même se permettre d'y faire pro-
phétiser, après coup, par les protestants bannis, le
bannissement futur de leurs persécuteurs jésuites
(p. 101).

*
**

  L'Ingénu est entré dans le palais royal de Versailles
par les cuisines (p. 102). Voltaire de même dans ce
roman dévoile l'envers du « grand siècle ». Les personnages du récit ne connaissent dans cette brillante
monarchie, outre les divers échelons de la hiérarchie
jésuite, que les bureaux, et leurs antichambres où l'on
se morfond. Le roi est invisible, inaccessible. Louvois,
son principal ministre, l'est plus encore. Même
M. Alexandre, premier commis, ne peut être approché. Le sous-ordre qui enfin reçoit l'Ingénu est sur-

chargé de travail, indifférent. L'exploit breton du
jeune quémandeur ne l'émeut guère. Réponse : « probablement on lui accorderait la permission d'acheter
une lieutenance ». Être obligé de payer pour avoir
repoussé une invasion anglaise : quelle honte !
(p. 103). Certes ce même commis reçoit beaucoup
mieux Mlle de Saint-Yves. Le « plumitif » est « attendri ». La voyant, jeune et belle, il sait où l'adresser : à
M. de Saint-Pouange, « qui fait le bien et le mal, cousin et favori de monseigneur de Louvois », et est — ce
que le plumitif se garde bien de dire — amateur du
sexe.

   Au cours d'une audience spéciale, le soir, pendant
plus de deux heures le libertin sous-ministre essaie
d'obtenir d'elle qu'elle consente au sacrifice exigé
pour la liberté de l'Ingénu. Après un premier refus, la
dévote de Versailles sa confidente l'éclaire « sur le
caractère des grands et des demi-grands qui sacrifient
si légèrement la liberté des hommes et l'honneur des
femmes » (p. 124). Ce que confirment les propos feu-
trés du père Tout-à-tous. On explique à la vertueuse
Saint-Yves comment se font les affaires « dans cette
cour si aimable, si galante, et si renommée ». Ceux qui
sont nommés à la tête des provinces et des armées le
doivent à « mesdames leurs femmes ». Même pour
obtenir à son mari une charge aussi modeste que celle
d'« officier du gobelet », la dévote — nouvelle Cosi
sancta (voir notre note 106) — a dû en passer par là,
sans beaucoup de répugnance, semble-t-il. Un instant, Mlle de Saint-Yves eut l'idée d'un recours
suprême. Elle parlera au roi, elle se jettera « à ses pieds
sur son passage, quand il ira à la messe ou à la comédie ». Quelle « ingénuité » ! On ne la laissera pas approcher. Si d'aventure elle osait parler, mons de Louvois
et son complice le père de La Chaise l'enterreront
« dans le fond d'un couvent pour le reste de ses
jours ».

   Ce grand roi si présent, si agissant, au centre du
Siècle de Louis XIV, est devenu dans le roman si inaccessible qu'il en paraît absent. Voltaire renierait-il ici
l'apologie que constituait son ouvrage historique, au

point qu'il a réussi à instaurer dans la conscience française une sorte de mythe du « grand siècle » ? En réalité, il n'en est rien. Deux ans plus tard, il publiera une *Défense de Louis XIV*, en réponse aux attaques des physiocrates. Contre Shakespeare ensuite, il imaginera le roi « dans la galerie de Versailles, entouré de sa cour brillante », mais soudain confronté à ce vil « Gilles » anglais, dépenaillé et barbare (*Lettre à l'Académie*, 1776). Quelques mois avant sa mort, quand les *Mémoires de Saint-Simon* commençaient à être connus, il eut le projet de contester l'image défavorable qu'ils donnaient du grand souverain. Dans *L'Ingénu* même, Voltaire évite que le réquisitoire atteigne Louis XIV. A Saumur quand le jeune Huron rencontre des huguenots en partance pour l'exil, il ne manque pas de s'étonner : « D'où vient donc qu'un si grand roi [...] se prive ainsi de tant de cœurs, qui l'auraient aimé, et de tant de bras qui l'auraient servi ? » La réponse excuse ce roi « si grand » : « C'est qu'on l'a trompé comme les autres grands rois. » (p. 101) Certes, Louis XIV fut induit en erreur par les rapports des intendants et des évêques. Le propre des régimes très autoritaires est qu'on dit au maître non ce qui est, mais ce qu'il souhaite entendre. Louis XIV fut trompé sur la facilité de l'opération et sur son coût. Mais il a voulu, sans conteste, extirper l'hérésie de son royaume. Il est responsable de la révocation de l'Édit de Nantes, et des persécutions qui ont précédé et suivi. Voltaire censure la politique religieuse de Louis XIV. Il fait en sorte cependant de ménager le roi. Celui-ci, note-t-il, sur les querelles entre jansénistes et jésuites, « n'était pas assez instruit pour savoir que de vaines opinions de spéculation tomberaient d'elles-mêmes si on les abandonnait à leur inutilité ». La faute en revient non au père de La Chaise mais à ce père Le Tellier mis en cause dans le schéma initial de *L'Ingénu* : « La conscience du roi était alarmée par son confesseur, autant que son autorité était blessée par l'idée d'un parti rebelle. » (*Le Siècle de Louis XIV*, chapitre XXXVII.)

Il faut enfin prêter attention aux dernières lignes de notre roman, d'ordinaire peu remarquées : visiblement le narrateur « déblaie ». Mais on y trouve nettement indiqué qu'après un si sombre tableau, l'horizon s'est éclairci. « Le temps adoucit tout. » Mons de Louvois lui-même n'est plus si odieux. Il « vint enfin à bout de faire un excellent officier de l'Ingénu, qui a paru sous un autre nom à Paris et dans les armées. » Ainsi transformé, notre héros recueillit « l'approbation de tous les honnêtes gens » — entendons de toute la bonne société —, car il se montre « à la fois un guerrier et un philosophe intrépide ». Le récit évoque, pour finir, une image favorable de ce monde des « honnêtes gens », cultivé et poli, qui selon Voltaire historien dut son essor au règne de Louis XIV.

*
**

Ainsi s'achève *L'Ingénu* « roman de formation ». Comme *Candide*, le récit montre par quelles voies le protagoniste finit par accéder à la sagesse. Toutefois ici, plus nettement que dans l'œuvre précédente, est posée la question « nature et culture », qui selon Voltaire n'est autre que la question « nature et société ». Sujet pour nous plus intéressant que le réquisitoire antijésuitique (encore que les méfaits de l'esprit partisan soient de tous les temps), et dont il nous faut dire quelques mots.

Le thème se trouvait alors d'actualité. Après les *Voyages* du baron de La Hontan chez les indigènes du Canada (1703-1728), après les *Lettres iroquoises* de Maubert de Gouvest (1752), après *Imirce ou la fille de la Nature* de Dulaurens (1765), Louis Sébastien Mercier publie, peu avant *L'Ingénu*, un *Homme sauvage* lequel est un Chébutois d'Amérique du Nord et présente des analogies avec le personnage de Voltaire. On a même supposé une influence de *L'Homme sauvage* sur *L'Ingénu* : mais la chronologie ne semble pas permettre une telle hypothèse. Tous ces « hommes de la nature » se forment, ou se déforment, peu ou prou au contact de la civilisation. L'un d'eux, Igli, l'Iroquois de Maubert de Gouvest, fait même un stage à la Bastille : mais, dans sa cellule, il n'y a point de livres. C'est par là en effet que le Huron voltairien manifeste son originalité.

L'Ingénu, en Huronie, a vécu selon « l'état naturel de l'homme » (p. 110). Les populations sauvages d'Amérique n'ont pas d'autre horizon que leur existence présente. Point de mémoire, ni collective, ni individuelle : « personne n'y sait rien de ce qu'a fait son bisaïeul ». En conséquence, point de transmission d'un acquis, d'une génération à l'autre, aucune tradition. C'est ainsi du moins qu'au XVIIIe siècle on imaginait l'homme de la nature. On le supposait même heureux dans la mesure où il n'avait pas de passé. En revanche, l'absence de toute technique l'a obligé à développer ses forces physiques. A la chasse, l'Ingénu mais aussi sa chère Abacaba parcourent sans peine des deux cents kilomètres, à la poursuite d'un lièvre. Ils ont « la célérité des cerfs et la fierté des aigles » (p. 80). L'Ingénu est resté tel. Débarqué sur la côte bretonne, derrière un groupe de marins anglais, il saute d'un bond « par-dessus la tête de ses compagnons » et atterrit soudain devant Mlle de Kerkabon, éberluée. Cette même vigueur, un peu plus tard, fait merveille contre les Anglais débarqués. « Il court à eux, il en tue trois de sa main, il blesse même l'amiral » (p. 98). Et dans son élan, il court s'emparer de Mlle de Saint-Yves. *Ingénument*, il croit pouvoir « l'épouser » sans plus de façons. Cet Ingénu reste une « brute » naturelle. Il n'a nullement été civilisé par son instruction religieuse. Son baptême au contraire, sous le patronage de Mlle de Saint-Yves, n'a fait qu'attiser les désirs qu'allume en lui cette belle personne, qui d'ailleurs l'aime. Mais voilà qu'entre lui, le filleul, et elle, la marraine, se dresse un obstacle quasi insurmontable. D'où sa fureur. De toute évidence la grâce du sacrement n'a point opéré. Il a plutôt « le diable au corps », depuis qu'il est baptisé, avoue « en pleurant » Mlle de Kerkabon (p. 97). Sa violence se manifeste encore, à son arrivée à Versailles. Dans la cour des cuisines, les porteurs de chaise auxquels il s'adresse s'étant moqués de sa naïveté, il les rosse (p. 102). Le lendemain, arrêté dans sa chambre, et conduit en carrosse, « il prend à la gorge deux de ses conducteurs [...], les jette par la portière, se jette après eux, et entraîne le troisième qui voulait le retenir ». Il faut « lier », bien serré, l'énergumène : ainsi empaqueté, « on le porte en silence » dans sa cellule de la Bastille, « comme un mort qu'on porte dans son cimetière ».

C'est donc en cette prison qu'il va faire son éducation véritable. Il a la chance de la trouver bien garnie de livres. Autre chance : il y est enfermé avec un prêtre d'esprit vraiment charitable, Gordon qui croupit là pour crime de jansénisme. Le vieil homme se prend d'une grande sympathie pour cet enfant malheureux, si fondamentalement bon. Il le guide dans ses lectures, il en discute avec lui, afin qu'en soit tiré le meilleur profit. Le récit consacre ainsi plusieurs chapitres à cette transformation de l'homme de la nature par les livres. Les progrès seront d'autant plus brillants que la bonne influence s'exerce en terrain vierge. Gordon d'emblée avait admiré « le bon sens naturel de cet enfant presque sauvage » (p. 112). Parce que l'Ingénu n'a « rien appris dans son enfance », il n'a pas « appris de préjugés ». « Son entendement n'ayant point été courbé par l'erreur », comme celui de l'Européen, il « était demeuré dans toute sa rectitude. Il voyait les choses comme elles sont, au lieu que les idées qu'on nous donne dans l'enfance nous les font voir toute notre vie comme elles ne sont point ». (p. 119) Bien entendu cette littérature bienfaisante, c'est celle-là même que Voltaire juge telle, qu'il s'agisse de philosophie, d'histoire, de poésie, de théâtre. Mais on retiendra que le philosophe ici affirme une fois de plus la valeur de la culture littéraire. Grâce à la littérature, entendue au sens le plus large, « l'Ingénu développe son génie », il fait « des progrès rapides dans les sciences, et surtout dans les sciences de l'homme ». Les lettres, bien loin de le pervertir, comme le prétend paradoxalement Rousseau, le transforment de sauvage en un être civilisé.

> « Le jeune Ingénu », nous explique-t-on, « ressem-
> blait à un de ces arbres vigoureux qui, nés dans un sol
> ingrat, étendent en peu de temps leurs racines et leurs
> branches quand ils sont transplantés dans un terrain
> favorable ; et il était bien extraordinaire qu'une prison
> fût ce terrain. » (p. 113)

Point si « extraordinaire », au XVIIIe siècle. Voltaire a
imaginé une de ces expériences *in vitro*, où se plaisent
les fictions philosophiques. A l'abri de tout ce qui peut
venir de l'extérieur, soumis à la seule action des livres,
qu'il lit avec l'aide de Gordon, l'Ingénu se méta-
morphose. Il en prend conscience lui-même : « j'ai été
changé de brute en homme » (p. 110). Lorsque
Mlle de Saint-Yves le retrouve, elle est étonnée de sa
transformation : « Ce n'est plus le même homme ; son
maintien, son ton, ses idées, son esprit, tout a changé »
(p. 132). Le paradoxe est que le reclus de la Bastille
est devenu un être sociable. Il est désormais,
remarque la jeune fille, non plus comme par le passé
« étranger à tout », mais « respectable ». Il se présente
comme un futur mari tout à fait acceptable. « Il sera
l'honneur et la consolation » de la famille. Dans le
drame de l'agonie et de la mort de Mlle de Saint-Yves,
il aura encore des accès d'emportement : ce seront,
nous précise-t-on, les « saillies d'une grande âme ».
Mais il sait se contenir :

> « Il avait appris à joindre la discrétion à tous les dons
> heureux que la nature lui avait prodigués, et le senti-
> ment prompt des bienséances commençait à dominer
> en lui. »

Tel qu'il est maintenant, il surmontera la terrible
épreuve, et la tentation du suicide. Il est prêt pour une
belle carrière d'officier, d'homme du monde, de « philosophe ».

Autour de lui, le récit entraîne d'autres personnages
dans le processus du « roman de formation ». Gordon
aussi change. Le « martyr de la grâce efficace », ce
« vieux savant infortuné », au contact du « jeune ignorant, instruit par la nature », en vient à douter de saint
Augustin et de saint Prosper : « Serait-il bien vrai que

je ne me fusse rendu malheureux que pour des chimères ? » Sur un point particulier, mais essentiel, les confidences du jeune homme passionnément épris de Mlle de Saint-Yves l'amènent à faire des réflexions. Auparavant Gordon ne considérait l'amour que comme « un péché dont on s'accuse en confession ». « Il apprit à le connaître comme un sentiment aussi noble que tendre, qui peut élever l'âme autant que l'amollir, et produire même quelquefois des vertus. » Prodige : « un Huron convertissait un janséniste ». Au dénouement, Gordon oubliera pour jamais « la grâce efficace et le concours concomitant ».

Quant à Mlle de Saint-Yves, elle va, elle aussi, développer son caractère, mais plus tragiquement. Au début du récit, elle se montre entraînée, avec Mlle de Kerkabon, à quelques curiosités indiscrètes, en matière de sexe (p. 81, 89). Mais sa vertu résiste aux assauts du garçon que pourtant elle aime. Elle va ensuite se former, par l'épreuve, parallèlement à son cher Ingénu, quoique par une autre voie. L'éducation des filles ne se fait, quant aux livres, que par les romans. Mlle de Saint-Yves en a lu, « à la dérobée », dans le couvent où elle est enfermée (p. 117). « L'éducation provinciale avait rétréci les idées » de la jeune fille (p. 128). L'amour, stimulé par ces lectures, va corriger cette formation première. Elle a l'audace de s'évader, de courir à Paris par un itinéraire qui déroute ses poursuivants, de se faire recevoir dans les bureaux de Versailles par l'homme puissant capable de libérer son cher Ingénu. L'amour l'a « formée », mais hélas ! aussi « le malheur » (p. 132), un malheur dont elle mourra.

« Malheur », au terme du récit, s'impose comme le mot de la fin. Ainsi que beaucoup de contes voltairiens, L'Ingénu se conclut par une sorte de distribution des prix. Dans l'euphorie, chacun des personnages secondaires reçoit son cadeau, même le père Tout-à-tous, même sa « dévote de Versailles ». Interprète des uns et des autres, le bon Gordon croit pouvoir prononcer : « *Malheur est bon à quelque chose.* » Mais pour une dernière fois le narrateur intervient ici. Il ne peut admettre une moralité à la Pangloss. Il corrige : « Combien d'honnêtes gens dans le monde ont pu dire : *Malheur n'est bon à rien !* » Il n'a pas, lui, oublié la mort de Mlle de Saint-Yves.

La Princesse de Babylone

L'Ingénu était à peine terminé, et n'était pas encore sorti des presses, que Voltaire déjà avait commencé *La Princesse de Babylone*. De ce nouveau conte, on perçoit des échos dans la Correspondance dès avril 1767 : une lettre du 19 de ce mois parle des « beaux fruits de Babylone » — des ananas — lesquels « croissent entre nos montagnes de Scythie » ; une autre, du 22, situe le bureau de Choiseul à Versailles « à deux parasanges de Babylone ». Et le voyage de Catherine II sur la Volga que mentionnera le chapitre VI du récit eut lieu en avril-mai de cette année. Voltaire en est informé au début de juillet. Une première rédaction dut être terminée avant novembre, car à cette date l'infatigable auteur s'est déjà mis à un autre conte, *L'Homme aux quarante écus*. Il est donc vraisemblable qu'il a bien, comme il l'affirme dans la diatribe finale, remis le manuscrit à son éditeur — Cramer de Genève apparemment — « pour ses étrennes », soit à la fin de décembre 1767, ou au début de janvier 1768. Le volume se répand à Paris en mars. Mme Du Deffand le demande vers le 15 de ce mois. Un périodique, les *Mémoires secrets*, l'annonce dans son fascicule du 27 mars.

L'œuvre fut donc rédigée rapidement. Voltaire n'eut pas le temps ou ne prit pas la peine cette fois de jouer au jeu du démenti, comme dans *L'Ingénu* : point de manuscrit retrouvé dans quelque fonds antique, point d'auteur fictif. A peine fait-il mention, dans l'épisode anglais, chapitre VIII, de « la langue dans laquelle [il] traduit ses mémoires » : quels

« mémoires », et traduit de quelle langue ? Nous n'en savons rien, et Voltaire pas davantage. Les onze chapitres se succèdent même sans porter aucun titre. Ce qui crée pour le lecteur une gêne certaine. Un éditeur pirate de Paris voulut y remédier. Lejay publia en octobre 1768 un ouvrage intitulé *Voyages et aventures d'une princesse babylonienne, pour servir de suite à ceux de Scarmentado, par un vieux philosophe qui ne radote pas toujours.* Le découpage des chapitres est différent. Ils passent de onze à vingt et un. Chacun est précédé d'un sommaire. Plus gravement, Lejay (ou ses collaborateurs) modifie le texte. En particulier les traits dirigés contre le clergé sont gommés. En sens inverse l'éloge de Mme Geoffrin (p. 205) est remplacé par un portrait satirique de cette dame, dont le salon était accueillant aux philosophes. Lejay espérait sans doute obtenir pour son édition une « permission tacite ». Derrière lui, on devine l'intervention de ces ennemis de Voltaire qu'étaient Fréron et La Beaumelle. Mais d'Argental, porte-parole du patriarche, désavoue hautement une telle publication, par une lettre au *Mercure de France*. On connaît, en cette même année 1768, cinq autres éditions authentiques, ou du moins non falsifiées. L'une se présente avec une adresse facétieuse : « A Rome. Avec la permission du Saint-Père. »

La Princesse de Babylone ne remporta donc pas le même succès de librairie que *Candide* ou, l'année précédente, *L'Ingénu*. C'est pourtant parmi les contes l'un des plus originaux. Le lecteur se plaît à y retrouver la présence savoureuse du conteur. C'est lui qui nous avertit que, de nombreux siècles après le règne de Bélus, « du temps de Sémiramis tout commençait à dégénérer chez les hommes et chez les femmes ». C'est lui qui devant le somptueux spectacle offert, dans le gigantesque amphithéâtre, à cinq cent mille Babyloniens dégage le sentiment général (p. 150) :

> « Tout le monde avouait que les dieux n'avaient établi les rois que pour donner tous les jours des fêtes, pourvu qu'elles fussent diversifiées ; que la vie est trop courte pour en user autrement, [...] que l'homme n'est

né que pour la joie, qu'il n'aimerait pas les plaisirs passionnément et continuellement s'il n'était pas formé
pour eux ; que l'essence de la nature humaine est de se
réjouir, et que tout le reste est folie. »

Beau rêve qu'immédiatement le narrateur dissipe :

> « Cette excellente morale n'a jamais été démentie
> que par les faits. » (p. 150)

La sagesse de ce narrateur ne se complaît pas
cependant dans la morosité. Volontiers, ici comme
dans *L'Ingénu*, les femmes et la galanterie l'inspirent.
Il observe, par exemple, non sans pertinence, que « les
femmes s'intéressent toujours aux folies dont l'amour
est la cause » (p. 185). Il n'intervient dans *La Princesse
de Babylone* qu'une seule fois à la première personne,
pour une remarque incidente (p. 191). Présence au
total discrète, jusqu'à ce que, Formosante et Amazan
étant dûment mariés, et le récit terminé, le « je » de
l'auteur fasse une entrée fracassante, dont nous parle-
rons.

*
* *

Car vraiment, comme disait le *Mercure de France*
(novembre 1768), « il est difficile de méconnaître
l'auteur » de cette histoire « à la fois philosophique et
pleine de gaîté ». Le vieil enfant qu'est le patriarche de
Ferney se laisse aller à de fabuleuses imaginations,
renchérissant même sur les merveilles des *Mille et Une
Nuits*. Nous revenons à Babylone, capitale, vingt ans
plus tôt, dans *Zadig*, du roi Moabdar. Mais combien
plus prodigieuse est ici la Babylone du roi Bélus. Les
dimensions, traduites en nos unités de mesure,
laissent stupéfait. Un palais dont la façade s'étend sur
deux kilomètres, une balustrade de marbre haute de
vingt mètres ! Et un parc de terrasses superposées
rafraîchies par des cascades longues de près de deux
kilomètres ! Que dire aussi de l'amphithéâtre d'une
capacité de cinq cent mille places ? Certes quarante
mille garçons et filles n'étaient pas trop pour assurer le
service des boissons dans cette immensité (p. 150). On

se demande ce que pouvaient voir les spectateurs des derniers rangs. Le lecteur pourtant n'a pas le temps de s'interroger. Déjà défilent, suivis de leurs cortèges, les prétendants à la main de Formosante. Car il s'agit d'un concours nuptial comparable à celui de *Zadig* lorsqu'il avait fallu trouver un époux pour la reine Astarté (chapitres XVII et XIX). Mais combien celui-ci est plus somptueux! Les compétiteurs sont trois rois. Chacun fait une entrée à sensation : l'Égyptien juché sur le bœuf Apis, l'Indien « dans un char traîné par douze éléphants », le Scythe monté sur « un tigre superbe ». Comme dans *Zadig*, l'un des concurrents figurera honorablement dans les épreuves : le roi Scythe, homologue de l'Otame de *Zadig*. Un autre tient l'emploi de bouffon : Itobad dans *Zadig*, ici le roi d'Égypte. Or soudain dans l'amphithéâtre de notre Bélus surgit un *outsider* : un berger Gangaride (Amazan), porté par des licornes et escorté d'un merveilleux oiseau (le phénix). Ce nouveau venu seul remporte les épreuves, où se sont ridiculisés l'Égyptien et l'Indien et où le Scythe a échoué avec les honneurs... Le lecteur s'attend que le récit se poursuive dans cette Babylone au cadre si merveilleux. Un problème dynastique se pose, en effet. La princesse Aldée, cousine de Formosante, a des droits sur le trône. Bélus règne en usurpateur, un de ses ancêtres ayant évincé indûment l'héritier légitime. Voilà, semble-t-il, de quoi alimenter une intrigue, sur place. Mais le conteur ne va pas s'intéresser à une affaire de succession comme celle-ci, ayant servi si souvent de support à des tragédies ou à des romans. Il préfère imaginer que brusquement tout se met en mouvement.

Les principaux partenaires quittent, en quelques heures, Babylone. Le Gangaride d'abord. Son père est mort. Il s'en va précipitamment au galop de ses licornes. Partent bientôt et le roi Scythe, en enlevant la princesse Aldée avec son consentement, et les rois de l'Égypte et de l'Inde, furieux contre le roi de Babylone. Formosante elle-même a pris la route de Bassora : elle visitera là-bas la « chapelle » d'un « saint »

réputé pour son aptitude à marier les filles. De sorte
que le lendemain le vieux Bélus, resté seul en son
palais, se sent tout triste. « Comme les grandes fêtes se
terminent! disait-il, et comme elles laissent un vide
étonnant dans l'âme, quand le fracas est passé! »
(p. 169)

A partir de ce quatrième chapitre, le récit va adop-
ter l'une des formes habituelles du conte voltairien : le
voyage. L'itinéraire part de Babylone. Il y reviendra
au dénouement. Il en avait été ainsi dans *Zadig*. Le
héros avait de justesse échappé à la mort, en
s'enfuyant de la cour du roi Moabdar. Il avait parcouru l'Égypte, l'Arabie, à travers maintes aventures.
Il avait, chemin faisant, retrouvé sa chère Astarté, puis
regagné Babylone pour y devenir roi en épousant la
reine. Le schéma de *La Princesse de Babylone* est iden-
tique : même point de départ, même point d'arrivée.
Mais, dans l'intervalle, quel parcours! Formosante et
Amazan, au-delà de l'Inde, vont en Chine, jusqu'à
Pékin. Puis le cap est mis à l'ouest : la Sibérie, la Russie, l'Europe du Nord. Après un excursus d'Amazan
en Italie, les voici tous deux en Espagne; ensuite longeant l'Afrique du Nord, jusqu'en Égypte. Pour aboutir enfin à cette Babylone dont ils étaient partis, et
pour s'y marier. Ainsi tout le continent euro-asiatique
a été traversé, en un vaste mouvement circulaire. On
comprend que Lejay ait annoncé, au titre de son édition pirate, les voyages de la « princesse babylonienne » comme faisant suite à ceux de Scarmentado.
Seul en effet parmi tous les héros itinérants de Voltaire, Scarmentado effectue, dans son *Histoire* datant
de 1756, un plus long parcours. Il ajoute au programme l'Afrique : comme esclave, il y laboure pendant un an « le champ d'une vieille négresse ». Après
quoi, à l'instar des autres voyageurs il retrouve « ses
pénates », en l'occurrence Candie, ville de Crète.
Pourtant l'éditeur Lejay trompait le chaland. Les
voyages de *La Princesse de Babylone* ne font nullement
suite à ceux de Scarmentado. Le Crétois de 1756 fait
le tour de l'Ancien Monde, sans raison aucune, chassé

ou fuyant, d'un pays à l'autre, au hasard. Au contraire, Formosante et Amazan courent l'un à la poursuite de l'autre, animés par un puissant mobile : l'amour.

Formosante ne se soucie pas le moins du monde de ce « saint » de Bassora vers lequel on l'envoie. Éperdument éprise du jeune Gangaride Amazan, elle veut le retrouver. A cette fin, une seule ressource : ressusciter le bel oiseau du jeune homme, le phénix que lui a tué stupidement le roi d'Égypte. Elle s'échappe des mains du sot monarque, et la voici, avec sa suivante Irla, sur le lieu prescrit pour ce genre d'opération : Aden ou Eden. Nous sommes dans un Orient fabuleux des *Mille et Une Nuits*. A peine les cendres de l'oiseau défunt ont-elles été jetées sur un bûcher de girofle et de cannelle, qu'un gros œuf apparaît : le phénix en sort « plus brillant qu'il ne l'avait jamais été ». L'oiseau revenu à la vie se révèle pour Formosante un factotum aussi utile qu'auprès de Candide l'avait été Cacambo. Il dispose toutefois de pouvoirs beaucoup plus étendus. Il fait fabriquer sur place un confortable canapé volant. Il enrôle deux griffons de ses amis, aux ailes et aux poignets vigoureux. Saisi par les deux gaillards, le canapé transporte à travers les airs Formosante, Irla et le phénix jusqu'au pays d'Amazan, au bord du Gange.

Tant de prodiges orientaux ne font pas oublier la philosophie. La résurrection du phénix fait naître des réflexions sur la vie et la mort, et le passage de l'une à l'autre. Qu'était donc devenue « l'âme » du phénix pendant que Formosante portait les cendres de l'oiseau « dans sa poche » ? Question difficile, sans réponse.

Au pays des Gangarides, nous découvrons un « meilleur des mondes », bien différent, pourtant, de l'Eldorado de Candide. Celui-ci est un paradis entièrement agraire, peuplé de bergers et bergères, ainsi que d'une multitude d'oiseaux se plaisant à donner des concerts enchanteurs. Un paradis végétarien : sur les tables aucune viande animale, mais une profusion de légumes, de fruits, de laitages. Voltaire implante

sur les bords du Gange le rêve d'une « belle et simple
nature » toute champêtre, qui n'a pu prendre forme
qu'imparfaitement en son domaine de Ferney, et dans
sa tragédie récente des *Scythes*.

✻
✻

Au milieu de telles félicités, Formosante apprend
une terrible nouvelle : Amazan vient de s'enfuir,
désespéré. Après son départ de Babylone le Gangaride avait laissé auprès de la jeune fille un espion qui
ne risquait pas d'être détecté : un merle. L'oiseau avait
assisté au repas offert par le roi d'Égypte à Formosante. Il avait vu celle-ci faire des agaceries à l'odieux
personnage. Il n'avait pas compris qu'elle endormait
ainsi sa méfiance. Il l'avait même vue lui donner un
baiser. Scandalisé, l'oiseau s'était envolé jusqu'au
Gange. Il avait annoncé à son maître que la princesse
de Babylone le trahissait pour ce vilain roi d'Égypte.
L'amour alors avait fait perdre la raison au malheureux Amazan : il était devenu *furioso*. Voltaire désormais va s'inspirer d'une de ses grandes admirations, le
poète italien l'Arioste, très en vogue dans l'ancienne
France, trop méconnu peut-être aujourd'hui. Voltaire
le lisait et relisait avec un infini plaisir. Il en récitait de
longs passages en italien, de mémoire. Dans l'*Orlando
furioso*, l'Arioste raconte le malheur de son Roland.
Passionnément épris d'Angélique, Roland apprend
que celle-ci le trahit pour un certain Médor. Saisi de
folie (c'est le sens de *furioso*), Roland court à travers
l'Europe. Ainsi fait Amazan, à certaines différences
près. Angélique s'est rendue coupable d'une bien
réelle infidélité, tandis qu'entre Amazan et Formosante un simple malentendu est né, qu'il faudra bien
finir par dissiper. Autre différence : le Gangaride s'est
enfui vers la Chine. Sans désemparer, Formosante
s'élance à sa suite, dans un carrosse attelé de six
licornes, escortée de deux cents cavaliers, et bien
munie de quelques milliers de diamants.

Alors commence la course-poursuite intercontinen-
tale. Souvent Voltaire en ses contes avait repris la tra-

dition du voyage pédagogique, dont le *Télémaque* de Fénelon, au seuil du siècle philosophique (1699), avait donné le modèle. A travers les hasards d'un itinéraire capricieux, le héros se « formait ». Tels avaient été Candide, l'Ingénu, et même plus anciennement Zadig. *La Princesse de Babylone* au contraire rompt avec la formule du roman de formation. Les deux jeunes gens d'emblée, dès leur rencontre dans l'amphithéâtre de Babylone, sont épris l'un pour l'autre d'un amour définitif. Leurs sentiments ne changeront pas, ni non plus leur esprit. Le Gangaride, de par ses origines, est aussi sage qu'on peut l'être. Formosante a reçu de naissance un bon sens auquel rien ne peut être ajouté. En cela sans doute ils suscitent moins d'intérêt que des protagonistes qui les ont précédés, ou qui les suivront (qu'on les compare, entre autres, à l'Homme aux quarante écus ou au couple des amoureux dans les *Lettres d'Amabed*). Mais Voltaire les a voulus bons spectateurs. Touristes irréprochables, ils vont voir les pays traversés, tels qu'ils sont, c'est-à-dire tels que Voltaire les juge.

Le philosophe de Ferney nous invite, en effet, dans le sillage de ses poursuivants amoureux, à un tour du monde philosophique. L'enquête commence par la Chine, — la Chine de Voltaire, terre exemplaire de la « philosophie ». L'empereur vient d'expulser les « bonzes étrangers [...] venus du fond de l'Occident », autrement dit les missionnaires jésuites. L'empereur qui accueille Formosante est donc Yontching (orthographié ainsi dans *Le Siècle de Louis XIV*). L'arrêt d'expulsion fut rendu en 1724. Ce qui signifie que le récit, subrepticement, fait un bond dans le temps d'environ deux millénaires. Il nous avait été dit que le règne de Bélus se situait aux époques les plus reculées de l'histoire, plusieurs siècles avant Sémiramis. Or nous voici soudain au XVIIIe siècle. Transfert que va confirmer le voyage de nos héros, quand ils arriveront en Europe.

A cela près, cette Chine où Formosante fait son entrée est la Chine éternelle, telle que Voltaire se la représentait. Un empire aux mœurs policées, aux immenses ressources. Aux portes de la capitale, la princesse est accueillie par « quatre mille mandarins en robe de cérémonie ». Ils se prosternent devant elle, selon l'usage chinois du *kotow*. Chacun lui présente « un compliment écrit en lettres d'or sur une feuille de soie pourpre ». Formosante comprend tout de suite que le souverain est « le monarque de la terre le plus juste, le plus poli et le plus sage ». Pour preuve de cette sagesse : il laboure lui-même « un petit champ de ses mains impériales », comme le fera Voltaire à Ferney, à l'imitation du Chinois. Il s'agit ici et là d'honorer l'agriculture et de donner le bon exemple. L'empereur ne se contente pas, comme cela se pratique partout ailleurs, de punir les crimes. Il a établi « des prix pour la vertu ». Il invoque le Tien et le Changti : noms chinois de l'Être suprême. Ce qui prouve bien que le maître et les mandarins de l'empire céleste ne sont point des athées, comme le prétendent en Europe les ennemis des jésuites, ainsi que d'ailleurs les philosophes hostiles au théiste Voltaire.

On introduit Formosante dans le palais impérial. En ce qui est en réalité la Cité interdite, nulle trace ici de ces troupes d'eunuques, de concubines qui y vivaient enfermées. L'empereur en use avec la princesse, comme le ferait le plus aimable des rois européens. Il dîne avec elle en tête à tête, sans « étiquette gênante ». On parle d'Amazan. Hélas ! il vient de partir. Pourquoi ? Une princesse du sang s'est éprise pour lui d'une folle passion. Il s'est dérobé en laissant à l'amoureuse un billet d'excuse : il a juré de n'aimer jamais que Formosante. La princesse de Babylone va ainsi recueillir de pays en pays les preuves de la fidélité indéfectible de son cher Gangaride, lequel pourtant la croit coupable.

Amazan s'est enfui dans le pays des Scythes. Formosante espère l'y rejoindre. Déception, encore une fois. « La plus belle Scythe de toute la Scythie » lui a offert ses « faveurs ». Il s'est immédiatement échappé, en s'excusant par lettre auprès de la belle. Formosante

collectionne ces témoignages de fidélité, semés en
cours de route par son Amazan *furioso*.

Le roi des Scythes est absent. Il est parti conquérir
Babylone à la tête de trois cent mille guerriers. Mais
Aldée est restée. Les deux cousines se retrouvent avec
quelque plaisir. Leurs aventures les ont rapprochées.
Elles parlent de l'imbroglio dynastique de Babylone.
Formosante, chez les Gangarides, a appris que son
cher Amazan est son cousin, étant frère d'Aldée. Mais
la crise successorale demeure en l'état. Ce n'est pas
pour nous y intéresser que Voltaire a conduit ses personnages dans le pays des Scythes.

Cette Scythie représente pour lui un degré zéro de
la civilisation. Il l'identifie apparemment à l'un des
royaumes nomades des Mongols. De «vastes prairies», où «des nations entières» vivent «sous des
tentes» et «sur des chariots». «Point de villes [...] et
par conséquent point d'arts agréables.» C'est l'occasion pour le narrateur philosophe de formuler une
politique du développement. Deux facteurs appa-
raissent. Les non-civilisés continueront à végéter,
«jusqu'au temps où quelque peuple plus éclairé que
les autres communiquera la lumière de proche en
proche après mille siècles de ténèbres». Un lecteur
d'aujourd'hui, s'il s'arrête à ces expressions, se
demande comment le «peuple plus éclairé [...] communiquera la lumière». Par la contagion de
l'exemple? Peut-être. Mais les deux siècles qui nous
séparent de Voltaire incitent à moins d'optimisme:
trop souvent on a prétendu «communiquer la
lumière» par la colonisation, ou tout simplement par
la conquête. Diffuser les Lumières par les armes, c'est
ce que bientôt préconisera le militaire français pré-
curseur de Napoléon et de Clausewitz, le théoricien
Guibert qui viendra prêcher sa doctrine à Ferney (en
1773), non sans émouvoir le patriarche (Voltaire réa-
gira par sa satire en vers *La Tactique*). Le second
moyen est d'ordre interne. Qu'il se trouve «dans des
climats barbares des âmes héroïques qui auront la
force et la persévérance de changer les brutes en

hommes ». Voltaire pense à Pierre le Grand. A ce tsar
révolutionnaire il attribue le mérite d'avoir changé les
« brutes » russes en « hommes » modernes.

*
* *

Précisément à l'étape suivante nos voyageurs vont
découvrir les effets de sa politique. Toujours poursui-
vant Amazan, la princesse est entrée dans le pays des
Cimmériens, c'est-à-dire dans l'empire russe. Elle fait
halte en son ancienne capitale et est logée au Kremlin.
Pourquoi donc Voltaire n'a-t-il pas conduit ses voyageurs à Saint-Pétersbourg ? Par un tardif scrupule
chronologique ? Il se peut. Ou plutôt parce qu'à Moscou les « prodigieux changements [...] opérés en un
temps si court » ressortent mieux. Le phénix est déjà
passé par là, il y a « trois cents ans ». Il n'y a vu alors
que « la nature sauvage dans toute son horreur ». Le
pays était — le texte le précise expressément — « semblable à la Scythie ». Aujourd'hui au contraire, partout
« les arts, la splendeur, la gloire et la politesse »
(p. 186). Un « Cimmérien » explique au phénix
qu'« un seul homme a commencé ce grand ouvrage »,
une de ces « âmes héroïques » dont il vient d'être question. Mais le « Cimmérien » et Voltaire, tous deux
bons courtisans, ne s'attardent pas sur l'œuvre fonda-
trice de Pierre le Grand. Ils préfèrent s'attacher à
louer la femme qui a « perfectionné » l'ouvrage,
l'impératrice régnante, Catherine II. Elle est absente
de Moscou, effectuant le voyage sur la Volga dont
nous avons parlé (p. 185). Observons de nouveau que
l'action, en son début située au fond des âges, se
déroule maintenant au moment même où le conteur
rédige son récit : en mai-juin 1767. On dira aussi que
le seigneur cimmérien et le phénix, hors de la présence de la souveraine, sont plus à l'aise pour célébrer
ses louanges.

La tirade retient notre attention comme définissant
la politique éclairée telle que Voltaire la comprend.
L'immensité de l'empire tsariste impose, en matière
de religion, la tolérance. Sans doute Catherine II
demeure, comme ses prédécesseurs, le chef, y

compris au spirituel, de la religion orthodoxe russe : le Cimmérien omet ici de le rappeler. Mais l'empire en ses anciennes provinces comportait des luthériens, quelques catholiques, une forte population juive. Il continue à s'étendre en Sibérie, intégrant des primitifs « païens » ou « animistes ». L'expansion surtout se fait vers le sud, en direction du Caucase. Ce sont alors des peuples musulmans, en nombre croissant, qui sont annexés. Aussi, comme le dit le Cimmérien, l'État tsariste doit « correspondre à tous les peuples qui habitent sous ces différents méridiens ». En conséquence, « la première des lois » établies par l'impératrice fut « la tolérance de toutes les religions, et la compassion pour toutes les erreurs ». Voltaire n'hésite pas à attribuer sa propre philosophie au « puissant génie » de Catherine II (guidée plutôt dans la réalité par un empirisme politique). Elle penserait, comme lui, que « les cultes sont différents », et que cette multiplicité de croyances importe peu et même inspire le mépris. En revanche « la morale est partout la même ». Voilà qui est fondamental : cette « morale », que Voltaire a désignée comme la « loi naturelle », dans un grand poème, en forme de profession de foi (1752). Cette « loi » fut inscrite par l'Être suprême en chaque homme. La conscience « instinct divin » : cet article essentiel du Vicaire savoyard en sa *Profession de foi*, Rousseau reconnaîtra qu'il procède de Voltaire. Si le théisme, soit de Voltaire, soit de Rousseau, paraît aujourd'hui dater, les idées qui s'y affirment n'ont rien perdu de leur pertinence : soit les bienfaits d'un libéralisme religieux dans un monde de plus en plus cosmopolite, et en outre le consensus sur les valeurs. La morale est-elle « partout la même » ? En tout cas elle devrait l'être, dans une humanité où tous les peuples sont rapprochés par un progrès sans précédent des communications, d'un bout à l'autre de la planète.

*
**

Après la Russie, l'interlocuteur du voyage philosophique va changer. Déjà chez les Cimmériens, c'était le phénix, non Formosante, qui observait et interrogeait. On comprend pourtant que cet oiseau merveilleux ne pouvait longtemps remplir cette fonction dans une Europe moderne. Il est un volatile, et Formosante n'est qu'une femme, si sympathique soit-elle. A partir de la Scandinavie, le rôle de l'étranger, découvrant de « nouveaux spectacles », revient à Amazan. En Suède, il constate (ou croit constater) ce qui est l'idéal politique de Voltaire : « la royauté et la liberté subsistaient ensemble ». En fait, après la mort de Charles XII, un régime aristocratique s'était établi. Amazan se réjouit que les « agriculteurs » aient « part à la législation » : le terme d'agriculteur ne désigne pas les paysans mais les grands propriétaires fonciers. Il est bien exact en revanche qu'« un jeune prince donnait les plus grandes espérances ». L'allusion, fort claire pour les lecteurs de 1768, visait Gustave, fils de la reine Ulrique (la sœur de Frédéric II de Prusse). Il avait été élevé dans la philosophie française des Lumières, ayant séjourné plusieurs fois à Paris. Dans l'affaire *Bélisaire* il avait donné, par écrit, son appui à Marmontel. Il montera sur le trône de Suède en 1771. L'un de ses premiers actes sera de rétablir l'autorité royale, par un coup d'État, afin de promouvoir une politique des Lumières. Ce que ni Voltaire ni Amazan ne pouvaient prévoir en 1768. Dans ce tour d'Europe, Christian VII, roi de Danemark, ne pouvait être oublié. Il avait spontanément écrit à Voltaire, vers janvier 1767, en lui envoyant un secours pour les Sirven. Aussi Amazan le loue-t-il d'être « le plus jeune et le plus juste des rois » (p. 188).

Qu'on ne s'étonne pas que le Gangaride suive un itinéraire assez capricieux. On nous a avertis. *Furioso*, « il court le monde sans savoir où il va » (p. 184). Après le Danemark, il revient en arrière, vers l'Est. Le voici chez les Sarmates, c'est-à-dire en Pologne. Il juge l'état du pays avec une lucidité qu'on n'attendait guère de la part d'un voyageur qui a d'autres soucis en tête. D'évidence, à travers Amazan c'est Voltaire qui honore Stanislas-Auguste Poniatowski du titre de

« philosophe sur le trône », aussitôt corrigé par
l'expression tout aussi juste : « le roi de l'anarchie ».
Un « excellent pilote », « environné d'un éternel
orage », dont le vaisseau ne se brise pas ? Mais Vol-
taire-Amazan omet de mentionner la part, détermi-
nante, de Catherine II dans la tempête qui secoue la
malheureuse Pologne en 1767-1768. Quelques para-
graphes plus haut, la tsarine avait été louée de vouloir
établir la « précieuse tolérance » chez ses voisins : en
l'occurrence les Polonais. Effectivement l'impératrice
en 1767 avait contraint, *manu militari*, la Diète de
Varsovie d'accorder l'égalité aux « dissidents » non
catholiques, mais aussi à maintenir le *liberum veto*, sûr
garant de l'anarchie. En 1768, Stanislas-Auguste est
obligé de combattre aux côtés des troupes russes les
confédérés de Bar, dans leur sursaut patriotique.
Ceux-ci étant défaits, les troupes de Catherine II
s'assurent la maîtrise de toute la Pologne. Ni Amazan
ni Voltaire ne prévoient ce qui en résultera : le premier
partage de la Pologne en 1773, où Russes, Prussiens
et Autrichiens s'entendront pour amputer des deux
cinquièmes le territoire polonais, chacun s'adjugeant
ce qui est le mieux à sa convenance.

Amazan, toujours suivi de Formosante et du phénix, reprend sa marche vers l'ouest. Il traverse l'Allemagne du Nord, luthérienne. Le Gangaride s'en tient
à une appréciation globale. « Tous les princes y étaient
instruits », « élevés dans la connaissance de la morale
universelle et dans le mépris des superstitions ». Plus
de clergé catholique, plus de monastères. En se
contentant de mentionner « les princes du Nord » en
général, le voyageur se dispense de nommer Frédéric II et la Prusse, sur lesquels Voltaire aurait trop à
dire, et ne saurait passer sous silence certains souve-
nirs pénibles.

A l'étape suivante, Amazan se trouve en Hollande
(« chez les Bataves »). On s'étonne qu'il aperçoive une
certaine ressemblance entre cette contrée éminem-
ment commerçante et maritime et le pays tout rural de
ses « heureux Gangarides ». L'analogie — assez limi-

tée, à vrai dire, une « faible image » — apparaît non dans les modes de vie mais dans les principes sociaux : « la liberté, l'égalité, l'abondance, la tolérance ». Traits de la vie hollandaise qui avaient étonné Voltaire à son séjour de 1722. Et ces termes abstraits définissent ce qui est pour lui, à travers la diversité des situations, un idéal humain. Le voyageur qu'il fut, lorsqu'il dit du bien d'un pays, ne dit pas tout. Dans ses appréciations, souvent élogieuses, de la Hollande, il avait jusqu'ici gardé le silence sur les Hollandaises. Il saisit l'occasion d'exprimer, à propos d'Amazan, ce qui en elles lui a déplu. Si les Bataves sont qualifiés de « nation insipide », c'est apparemment parce que les femmes y manquent de piquant. Ces dames sont « froides ». Les charmes du beau Gangaride les laissent insensibles. Elles sont éventuellement faciles, mais sans l'once d'un sentiment. Elles s'étonnent des cris de Formosante lorsqu'elle croit apercevoir Amazan : elles n'imaginent pas « qu'un jeune homme pût causer tant de joie ». Ces positives personnes ne s'intéressent qu'au profit. Quand elles regardent le phénix, elles retiennent seulement que ses plumes se vendraient moins cher « que celles des canards et des oisons de leurs marais ». On proteste contre de telles calomnies, de la part d'un homme qui a su, d'autre part, apprécier la beauté flamande. C'était, il est vrai, à Bruxelles, quarante-cinq ans plus tôt, et il s'agissait d'une beauté vénale (lettre à Thiriot, 11-18 septembre 1722).

*
**

Le conteur se montre assez avisé pour rompre la monotonie de la poursuite, à l'étape hollandaise. Formosante, des rives de la mer du Nord, voit ou croit voir son Amazan cinglant à pleines voiles vers l'Angleterre. Elle loue deux bateaux. Elle va le rejoindre. Mais le conteur fait lever alors « un vent funeste d'occident ». Formosante va se morfondre pendant huit jours chez les Bataves, sans autres distractions que les romans imprimés par Marc-Michel Rey (décidément l'action se situe bien dans les années 1760). Un décalage sépare désormais les deux amoureux. Ce qui va permettre à Amazan de visiter, après l'Angleterre, Rome, où Formosante n'aurait que faire. Elle ne retrouvera son cher Gangaride que plus tard, à Paris, mais dans quelles conditions !

Le jeune homme a cessé d'être mû aussi fortement par le désespoir amoureux. Après des semaines, voire des mois, et tant de milliers de lieues, son ressentiment du fatal baiser s'est atténué. S'il se rend en Angleterre, c'est par curiosité : il a entendu tant d'éloges de cette île « nommée Albion » ! Le premier contact pourtant fut peu engageant. Comme dans l'épisode batave, Voltaire va utiliser quelque chose de son expérience anglaise des années 1726-1728, dont il n'avait jusqu'ici guère parlé, et surtout pas dans le tableau très orienté de ses *Lettres philosophiques* de 1734. Comme il l'avait fait lui-même, son Amazan débarque non dans Londres, mais dans un port de l'estuaire (probablement Gravesend). Il faut ensuite gagner la capitale par la route à travers la campagne. C'est alors que le Gangaride rencontre un Anglais bien différent de ces citoyens d'une « nation de philosophes », si loués jadis par Voltaire. Le voyageur aperçoit une voiture versée dans le fossé. Le propriétaire du véhicule y est resté installé, tranquillement occupé à fumer. Il se nomme milord What-Then, c'est-à-dire milord Qu'importe, nom qui convient parfaitement à sa totale indifférence. Des animaux aussi étranges que les licornes ne lui inspirent aucun étonnement, non plus que la force herculéenne d'Amazan, redressant seul la lourde voiture, puis jetant « à vingt pas » les paysans qui l'ont insulté. « Je vous estime ; venez dîner avec moi dans ma maison de campagne. » Tel est l'*understatement* britannique. Voltaire découvrant l'Angleterre en 1726-1728 n'avait pas manqué d'en éprouver quelque surprise. Sauf erreur, le présent épisode est dans son œuvre immense le seul passage où il en fasse état. Installé dans la voiture de milord, Amazan explique aimablement de quel pays il vient, pourquoi il se trouve en Angleterre. Ce qui l'amène à parler de la princesse de Babylone, et du « fatal baiser » donné au roi d'Égypte. A ces obligeants propos, que répond milord ? « Rien du tout. » Il n'ouvre la bouche que pour prononcer son *How dye do*, ou *Comment faites-vous faire ?* Il s'aventure pourtant à poser une question : mange-t-on du bon *roastbeef* dans le pays des Gangarides ? A quoi Amazan répond « avec sa politesse ordinaire ». Il expose le système de l'alimentation végétarienne selon Pythagore, Porphyre et Jamblique. Mais milord s'est endormi, « et ne fit qu'un somme jusqu'à ce qu'on fût arrivé à sa maison ». En son domicile, les avances précises de son épouse au visiteur ne l'émeuvent pas le moins du monde. Le lendemain matin, ayant grommelé : « voilà de bien plates niaiseries ! », « il alla chasser au renard avec quelques ivrognes du voisinage ».

Il existe heureusement des Anglais d'autre sorte. Au dîner, un membre du Parlement, aussi disert que distingué, va brosser un tableau de son pays. Son exposé fait pendant à ce qu'a dit le « Cimmérien », décrivant l'empire de Catherine II à l'intention du phénix. Il est évident que nos voyageurs ne peuvent s'attarder à une enquête sur les pays traversés. Mais c'est à Moscou et en « Albion » seulement que Voltaire donne la parole à un interprète particulièrement qualifié. L'Angleterre et la Russie sont jugées par lui comme les deux faces de son idéal politique : du côté de Catherine II, l'efficacité novatrice, du côté anglais, liberté et prospérité. Il ne s'interroge guère sur la compatibilité des deux modèles.

A la table de milord Qu'importe, le membre du Parlement résume pour le voyageur Gangaride l'histoire anglaise : comment « Albion » s'est débarrassée du joug jadis imposé par « le Vieux des sept montagnes » (autrement dit le pape) ; comment après de longues et sanglantes guerres civiles, il s'est instauré dans l'île « le plus parfait gouvernement peut-être qui soit aujourd'hui dans le monde ». Une phrase suffit pour énoncer l'équilibre des pouvoirs : « Les grands d'un côté [la chambre des Lords], et les représentants des villes de l'autre [la chambre des Communes], partagent la législation avec le monarque. » Il en résulte que l'Angleterre est devenue « une nation libre, guerrière, commerçante et éclairée ». Deux partis politiques, les whigs et les tories, se combattent âprement ? C'est encore un avantage. Les deux partis « se haïssent, mais ils aiment l'État : ce sont des amants jaloux qui servent à l'envi la même maîtresse ». Dans un tel climat de liberté, la recherche a pris un essor sans précédent. « Nous avons arraché plus de secrets à la nature dans l'espace de cent années que le genre humain n'en avait découvert dans la multitude des siècles » (p. 195).

L'épouse de milord Qu'importe avait invité le Gangaride à passer la nuit avec elle. Amazan s'est excusé, invoquant sa fidélité à la princesse de Babylone. Son convive de la veille lui a inspiré le désir de voir ce « Vieux des sept montagnes » dont on lui a tant parlé. Il voyage maintenant par curiosité de la découverte. Il ressemble ainsi à ces aristocrates du XVIIIe siècle, Anglais en majorité, qui font leur tour d'Europe. Comme eux, il débarque en Hollande. Formosante venait d'en partir. Les deux vaisseaux se croisèrent en mer. Les deux amants « se touchèrent presque », hélas ! sans se voir. « L'impérieuse nécessité ne le permit pas », ou plutôt la volonté du conteur. La rencontre manquée retarde les retrouvailles inévitables. Ainsi est octroyé au Gangaride le temps nécessaire pour visiter l'Italie.

Il traverse l'Allemagne du Sud, émiettée en petites principautés. En chacune de ces cours, les princesses et les dames d'honneur lui font « des coquetteries », « avec la bonne foi germanique ». Peu séduit, Amazan se dérobe. A Venise, les douze mille courtisanes de la cité viennent « toutes » s'offrir à lui. « Il s'enfuit au plus vite en prononçant le nom de l'incomparable princesse de Babylone » (p. 198).

Le voici au bord du Tibre. Il connaît — on ne sait comment — l'histoire romaine. La Rome pontificale lui semble donc bien déchue des grandeurs de la Rome impériale. Il s'attendait à voir « à la porte triomphale cinq cents bataillons commandés par des héros ». Or que trouve-t-il ? « Une trentaine de gredins montant la garde avec un parasol, de peur du soleil. » Dans un temple, « qui lui parut très beau », il entend les chants des castrats. On lui propose de subir lui-même l'opération. Le soir, certains « violets » le pressent de si près qu'il doit les « jeter par les fenêtres ». Ce ne sont pas certes ces messieurs qui le rendront infidèle à Formosante.

*
**

La chute sera pour l'étape suivante, Paris. En la capitale des Gaules, la course-poursuite des deux amants parvient à un sommet, comme on s'y attendait. Le mouvement du récit amenait une présentation de la société parisienne. Mais à qui incombera cette tâche ? Non pas à une sorte de cicérone comme en Russie ou en Angleterre. Et Amazan n'aurait pas le temps ni le goût de procéder à une exploration, à la manière, par exemple, des Persans de Montesquieu. Ce sera au narrateur lui-même de décrire Paris, ou plutôt ses habitants. Quitte à conclure : « Amazan ne savait rien de tout cela », avant de reprendre le fil de l'histoire (p. 204). Voltaire va donc évoquer Paris tel qu'il le juge.

Deux catégories de gens : les occupés, les oisifs. Les occupés, ou prétendus tels, se subdivisent eux-mêmes en deux. D'un côté, de « sombres fanatiques, moitié absurdes, moitié fripons », contenus heureusement par la gaie « nation des oisifs » : on a reconnu les gens d'Église (selon Voltaire). De l'autre, ces « occupés » que sont les magistrats, conservateurs d'une législation barbare : usage de la torture, nulle proportion entre les délits et les peines. L'affreux supplice du chevalier de La Barre est mentionné. Comment les oisifs réagissent-ils à de telles horreurs ? D'abord, ils poussent « des cris perçants ». Le lendemain, ils n'y pensent plus ; ils ne parlent que des modes nouvelles.

Ces oisifs, que Voltaire évalue à cent mille dans Paris,
s'imaginent en effet qu'ils n'ont rien d'autre à faire
dans la vie « qu'à jouer et à se divertir ». Aussi par la
faute des uns comme des autres, le pays est-il entré
dans le déclin. Pendant « un siècle entier », les arts
s'étaient élevés « à un degré de perfection qu'on
n'aurait jamais osé espérer ». On avait connu alors « la
vraie poésie », les chefs-d'œuvre du théâtre, la grande
éloquence de la chaire, « les sublimes efforts de la
sculpture et de la peinture », les enchantements
« d'une musique qui allait à l'âme sans étonner les
oreilles ». Entrent même en ligne de compte « les prodiges des jardins » (p. 203). Depuis lors c'est « la décadence ». Voltaire reprend ici l'un des refrains de sa
vieillesse. Dans l'amorce d'un renouvellement des
idées, des arts, des lettres, il ne veut voir qu'un retour
à « la barbarie ». Les nouveaux peintres? Des « barbouilleurs de murs ». Les nouveaux écrivains? Des
« barbouilleurs de papier ».

Certes, en achevant en ce Paris sa revue de l'Europe
philosophique, Voltaire n'incline nullement à l'optimisme. Cette capitale qui devrait être à l'avant-garde
des Lumières s'abandonne au mauvais goût et à la
futilité. On ne s'y soucie pas le moins du monde du
grand dessein que le patriarche, avec quelques trop
rares amis, nourrit dans son exil de Ferney.

La grande affaire est le plaisir, même si dans un
salon comme celui de Mme Geoffrin, on reste dans
les limites d'une liberté « décente ». C'est dans
l'ambiance voluptueuse d'autres cercles parisiens que
le vertueux Gangaride va succomber. Il dîne, il soupe
en joyeuse compagnie. On le conduit à l'Opéra, et son
âme s'amollit. Une actrice le charme par sa voix, par
ses « grâces ». La fille après avoir reçu de lui « une poignée de diamants » ne le quitte plus. Souper où il boit
trop. Retour, avec elle, à son hôtel.

Le conteur ménage ici un coup de théâtre. Cette
même nuit, Formosante, revenue d'Angleterre, entre
dans Paris, pénètre, « le cœur palpitant d'amour »,
jusqu'à la chambre d'Amazan, « ce modèle », croit-

elle, « de la constance ». Or que découvre-t-elle ? Son amant endormi « entre les bras d'une jolie brune » !

Grande scène de fureur jalouse ! Elle ne veut rien écouter. Ni la sagesse désabusée de sa confidente Irla : les jeunes gens sont ainsi... Ni les représentations du phénix : qu'elle attende au moins que s'explique celui qui lui a donné tant de preuves de fidélité... Immédiatement la poursuite est relancée, mais en ordre inversé. Formosante, à son tour *furiosa*, s'enfuit au galop de ses licornes, Amazan, courant derrière elle, va s'efforcer de la rattraper.

*
* *

Formosante se dirige vers le Sud. Elle va, sans le savoir, se jeter dans la gueule de l'Inquisition. Voltaire, militant des Lumières, assez dépité dans ses appréciations sur Paris, retrouve alors tout son mordant. C'est l'Infâme là-bas qui l'attend. Pourquoi les Basques (que Voltaire ne connaît que par ouï-dire), ces gens « qui demeurent ou plutôt qui sautent au pied des Pyrénées », chez qui Amazan « danse un tambourin », pourquoi sont-ils si gais ? C'est que de l'autre côté des montagnes l'Infâme étend son ombre. Personnages lugubres, tout de noir vêtus, ne parlant que par signes, ils indiquent aux poursuivants que Formosante et les siens sont allés à Séville. En cette ville les licornes, le phénix, deux banquiers juifs mandés pour négocier des diamants, éveillent les soupçons des « rechercheurs », ou inquisiteurs, ou « anthropokaïes » (brûleurs d'hommes). Voilà la princesse, la suivante Irla, les deux juifs, mains liées derrière le dos, traduits au Tribunal du Grand Inquisiteur. A quelques pas un bûcher est déjà allumé (p. 211).

Nous allons donc assister à l'une des scènes habituelles du conte philosophique, l'autodafé. Scarmentado, au cours de ses *Voyages*, avait été témoin d'une telle cérémonie, pareillement à Séville. Il avait vu brûler une quarantaine de personnes, sous la présidence du Grand Inquisiteur, en présence du roi et de sa famille, qui en parurent « extrêmement édifiés ». On n'a pas oublié l'autodafé de *Candide* à Lisbonne, ni celui qui tient lieu de réponse aux *Questions* indiscrètes du *licencié Zapata*. De tels « actes de foi » étaient encore pratiqués au XVIIIᵉ siècle, dans la péninsule ibérique. Pombal, tout puissant ministre du Portugal, jugea même expédient d'y recourir pour se débarrasser du P. Malagrida et de quelques jésuites : ils furent brûlés à Lisbonne, en même temps qu'un échantillon de juifs et de musulmans. Voltaire éleva une protestation (*Sermon du rabbin Akib*, 1762).

On pense bien que notre héroïne ne va pas périr ainsi, misérablement, sur le bûcher de Séville. Dans la fiction voltairienne, il existe au moins un cas où la victime, *in extremis*, est arrachée aux flammes de l'Inquisition. C'est aux chants VI et VII de *La Pucelle*, cette épopée comique inspirée elle aussi de l'Arioste. A Milan, Dorothée, aguichante beauté, pour avoir repoussé les avances d'un archevêque lubrique, est condamnée au bûcher. Déjà les flammes allaient s'allumer, lorsque Dunois, monté sur un âne volant, fend l'air et la sauve. Il va advenir à Formosante quelque chose d'analogue. Le phénix a pu s'échapper. Il est allé avertir Amazan de se hâter. A la tête des licornes, le Gangaride « n'eut pas de peine à renverser les alguazils, les familiers, les prêtres anthropokaïes ». Il jette le Grand Inquisiteur sur le bûcher préparé pour Formosante. Les survivants s'enfuient comme ils peuvent. A ce moment, « un vieux monarque, la couronne en tête », suivi de son escorte, s'avance vers Amazan. C'est « le roi de la Bétique », autrement dit Carlos III, souverain éclairé de l'Espagne. Il remercie Amazan de l'avoir débarrassé de « ces monstres sacrés ». Dans la réalité Carlos III et son ministre Aranda avaient seulement affaibli l'Inquisition, sans la supprimer. Mais il plaît à Voltaire d'imaginer l'Infâme totalement « écrasée ».

**

Il reste à conclure. Amazan se trouve être, en vertu de l'imbroglio dynastique, l'héritier présomptif du

trône babylonien. Il ira là-bas, pour épouser Formosante. La princesse elle-même, évidemment réconci-
liée avec son infidèle, tient à retourner auprès de son
père Bélus : après tout, elle avait seulement la permission d'aller en pèlerinage à Bassora. Amazan veut
reconquérir son royaume. Or il apprend que « tout est
en armes vers l'Euphrate et le Nil ». Les rois d'Égypte,
de Scythie, des Indes désolent ce beau pays, chacun à
la tête de trois cent mille hommes. Pour se défendre
Bélus ne dispose encore que de six cent mille
hommes. Fabuleux Orient! Et nous apprendrons
qu'outre tant de guerriers, Babylone possède cinq
cents poètes, qui plus est « cinq cents *grands* poètes ».

Amazan, avec l'aide du roi de Bétique, se recrute
une armée : en plus de ses deux cents licornes, deux
mille Espagnols, deux mille Basques. Il compte sur le
renfort du roi d'Éthiopie, ennemi héréditaire de
l'Égypte. Les deux amants, à la tête de cette troupe,
contournent l'actuelle Tunisie. Ils débarquent au port
de Canope sur la terre égyptienne.

Terre classique de la superstition dans la géographie voltairienne. Bossuet avait fait, par son *Discours
sur l'histoire universelle*, un magnifique éloge de la
« sagesse » régnant dans l'ancienne Égypte. Voltaire
n'en croit rien. Il tient ce peuple zoolâtre pour le plus
superstitieux du monde. Au dénouement de notre
récit, la superstition va être, en la personne du roi
d'Égypte, vaincue et en outre humiliée.

Il convient de se rappeler l'épisode initial du
concours. Le souverain égyptien y était apparu
comme un champion, non certes des épreuves propo-
sées, mais de la superstition. L'égyptologie moderne
protestera sans doute, et à bon droit. On se rappellera
qu'avant Champollion, Voltaire ne connaît l'Égypte
que par l'Ancien Testament, et par de médiocres
informateurs comme Paul Lucas, auteur de *Voyages*,
dont il possède trois éditions dans sa bibliothèque. Il a
voulu faire de son roi d'Égypte, dans *La Princesse de
Babylone*, le parangon de la sottise superstitieuse.
Dans l'épisode du début, ce roi fait son entrée sur la

piste de l'amphithéâtre monté sur le bœuf Apis. Voltaire savait sans doute que cet animal-dieu ne servait pas de monture dans l'Égypte ancienne. Mais il avait besoin de sa présence à Babylone pour le finale, comme on verra. En outre, ce bovin sacré contraste avec les équipages des autres concurrents : le « char traîné par douze éléphants » du roi des Indes, le « tigre superbe » du roi des Scythes, pour ne rien dire de la licorne que chevauche Amazan (p. 145). Superstitieux autant qu'on peut l'être, l'Égyptien tient en main « le sistre d'Isis ». Dans sa suite marchent, outre deux mille prêtres en robe blanche, deux mille magiciens : ces magiciens qui, en présence du pharaon, ont soutenu contre Moïse un concours de prodiges. Voltaire s'est souvent étonné du récit, effectivement fort étrange, d'*Exode*, VII-VIII : à la suite de Moïse, les magiciens transforment des baguettes en serpents, l'eau du Nil en sang, et couvrent de grenouilles la terre d'Égypte. Les magiciens échouent seulement dans la multiplication des moucherons : l'auteur de *La Bible enfin expliquée* souligne malicieusement que sur cet article des moucherons (qu'il appelle des poux) Moïse s'avéra supérieur à ses concurrents. Dans *La Princesse de Babylone* les magiciens font seulement de la figuration. Mais la simple mention de leur présence rappelait aux lecteurs un lieu commun de la critique voltairienne.

Dans l'arène de Babylone, le roi d'Égypte apparaît entièrement dominé par son clergé. Quand on lui met en main l'arc de Nembrod, il le fait bénir par ses prêtres. Il le pose sur la tête sacrée du bœuf Apis. Il ne doute pas qu'après de tels rites, il réussira à le tendre. En fait, il ne parvient qu'à se contorsionner, faisant rire tout l'amphithéâtre. Son « grand aumônier » intervient alors. Que Sa Majesté se rassure. Il remportera les autres épreuves. Il vaincra l'énorme lion de l'Anti-Liban, puisqu'il possède « le sabre d'Osiris ». Il a été « élevé par les prêtres d'Égypte » ; il s'imposera donc comme le plus intelligent et le plus vertueux. En réalité, il se conduit comme un poltron, refusant

d'affronter le terrible lion. Et sait-on quels présents il a
offert à Formosante ? Deux crocodiles, deux hippopotames, deux zèbres, deux rats, deux momies, plus « les
livres du grand Hermès » (p. 149). Voilà bien de quoi
enchanter une jeune fille ! Quand le roi d'Égypte, ivre,
lui aura tué son cher phénix, Formosante fera mettre à
mort ces animaux et jeter dans l'Euphrate les deux
momies. Ce roi, grossier et odieux (qu'on en juge par
ses propos sur « les vues » de l'apothicaire « précisément opposées aux *siennes* », p. 172), est aussi un sot.
Formosante le berne facilement, pour se tirer de ses
mains.

    Nous le retrouvons donc au dernier chapitre, ainsi
que les autres partenaires du début. Le récit nous
ramène, tout à la fois, dans la région et à l'époque du
début. Nous étions dans l'Europe du XVIIIe siècle, et
même précisément en l'année 1767. Soudain, avec
Amazan, Formosante et leurs gens, nous sommes
retournés dans la Babylone des temps les plus anciens.
En quelques lignes, un ultime paragraphe règle la
situation. Le roi des Scythes se soumet et épouse son
Aldée. Amazan entre dans Babylone « en triomphe,
avec le phénix, en présence de cent rois tributaires ».
La fête de son mariage avec Formosante « surpasse en
tout celle que le roi Bélus avait donnée ». Or qu'a-t-on
servi à la table du festin ? « Le bœuf Apis rôti » ! Et qui
versait à boire aux deux époux ? Le roi d'Égypte, aidé
du roi des Indes. Ces derniers traits scellent la défaite
de la superstition.

    Formosante et Amazan en ont fini avec leurs enne-
mis. Mais non pas Voltaire. Dans cette histoire où l'on
va de surprise en surprise, l'auteur nous en réserve
une, la plus inattendue : il prend lui-même la parole,
sous le prétexte d'invoquer les Muses. Quelle alga-
rade ! Le lecteur de 1768, familier des « scies » voltairiennes, arrivé au terme du récit, risquait d'être déçu.
Le seul titre de *La Princesse de Babylone* semblait promettre un épisode croustillant. L'érudit Larcher avait
maintenu, preuves à l'appui, contre Voltaire, l'existence de la prostitution sacrée à Babylone. L'auteur de

La Philosophie de l'histoire l'avait niée, au nom d'une vraisemblance trompeuse. De grandes dames se livrant dans une église à des cochers, des garçons d'écurie, des maquignons... Comment croire cela ? (En fait, il s'agissait de tout autre chose.) Or, Voltaire apostrophant Larcher ne manque pas d'évoquer cette affaire, aussi gaillarde qu'incroyable. Larcher, selon lui, soutient que « la belle Formosante [...] la princesse Aldée et toutes les femmes de cette respectable cour allaient coucher avec tous les palefreniers de l'Asie pour de l'argent, dans le grand temple de Babylone, par principe de religion ». Autres détails flattant le goût salace du public : les boucs forniquant avec les « belles Égyptiennes » de Mendès, les dernières amours de Ninon... Il faut donc mettre « un bâillon au pédant Larcher », auteur de ces inventions.

Bien entendu le savant helléniste ne fut en rien ce « libertin de collège » caricaturé par Voltaire. La verve énorme de la diatribe étonne, séduit, sans qu'on y croie. On ne croit pas surtout que pour attirer des lecteurs à *La Princesse de Babylone*, il soit nécessaire que « maître Aliboron dit Fréron » et le « gazetier ecclésiastique » en disent du mal. Tout au contraire c'est Voltaire aujourd'hui qui pourrait donner l'idée de feuilleter les *Nouvelles ecclésiastiques*, voire *L'Année littéraire* de Fréron. Et c'est pour leur saveur toute voltairienne, mélange de fantaisie, de malice, d'injustice, de bon sens, et de générosité, que nous avons pris du plaisir à lire les histoires, en un sens « véritables », de l'Ingénu et de Formosante.

René POMEAU.

L'INGÉNU [1]

histoire véritable

TIRÉE DES MANUSCRITS DU P. QUESNEL [2]

CHAPITRE PREMIER

COMMENT LE PRIEUR DE NOTRE-DAME DE LA
MONTAGNE ET MADEMOISELLE SA SŒUR
RENCONTRÈRENT UN HURON

Un jour saint Dunstan, Irlandais de nation et saint
de profession, partit d'Irlande sur une petite montagne qui vogua vers les côtes de France, et arriva par
cette voiture à la baie de Saint-Malo. Quand il fut à
bord, il donna la bénédiction à sa montagne, qui lui fit
de profondes révérences et s'en retourna en Irlande
par le même chemin qu'elle était venue[3].

Dunstan fonda un petit prieuré dans ces quar-
tiers-là, et lui donna le nom de *prieuré de la Montagne*,
qu'il porte encore, comme un chacun sait.

En l'année 1689, le 15 juillet au soir, l'abbé de Kerkabon, prieur de Notre-Dame de la Montagne, se
promenait sur le bord de la mer avec mademoiselle de
Kerkabon, sa sœur, pour prendre le frais. Le prieur,
déjà un peu sur l'âge, était un très bon ecclésiastique,
aimé de ses voisins, après l'avoir été autrefois de ses
voisines. Ce qui lui avait donné surtout une grande
considération, c'est qu'il était le seul bénéficier[4] du
pays qu'on ne fût pas obligé de porter dans son lit
quand il avait soupé avec ses confrères. Il savait assez
honnêtement de théologie ; et quand il était las de lire
saint Augustin, il s'amusait avec Rabelais[5] : aussi tout
le monde disait du bien de lui.

Mademoiselle de Kerkabon, qui n'avait jamais été
mariée, quoiqu'elle eût grande envie de l'être, conser-
vait de la fraîcheur à l'âge de quarante-cinq ans ; son

caractère était bon et sensible ; elle aimait le plaisir et était dévote.

Le prieur disait à sa sœur, en regardant la mer : « Hélas ! c'est ici que s'embarqua notre pauvre frère avec notre chère belle-sœur madame de Kerkabon, sa femme, sur la frégate *L'Hirondelle*, en 1669, pour aller servir en Canada. S'il n'avait pas été tué, nous pourrions espérer de le revoir encore.

— Croyez-vous, disait mademoiselle de Kerkabon, que notre belle-sœur ait été mangée par les Iroquois, comme on nous l'a dit ? Il est certain que si elle n'avait pas été mangée, elle serait revenue au pays. Je la pleurerai toute ma vie : c'était une femme charmante ; et notre frère, qui avait beaucoup d'esprit, aurait fait assurément une grande fortune. »

Comme ils s'attendrissaient l'un et l'autre à ce souvenir, ils virent entrer dans la baie de Rance un petit bâtiment qui arrivait avec la marée : c'étaient des Anglais qui venaient vendre quelques denrées de leur pays. Ils sautèrent à terre, sans regarder monsieur le prieur ni mademoiselle sa sœur, qui fut très choquée du peu d'attention qu'on avait pour elle.

Il n'en fut pas de même d'un jeune homme très bien fait qui s'élança d'un saut par-dessus la tête de ses compagnons, et se trouva vis-à-vis mademoiselle. Il lui fit un signe de tête, n'étant pas dans l'usage de faire la révérence. Sa figure et son ajustement attirèrent les regards du frère et de la sœur. Il était nu-tête et nu-jambes, les pieds chaussés de petites sandales, le chef orné de longs cheveux en tresses, un petit pourpoint qui serrait une taille fine et dégagée ; l'air martial et doux. Il tenait dans sa main une petite bouteille d'eau des Barbades[6], et dans l'autre une espèce de bourse dans laquelle était un gobelet et de très bon biscuit de mer. Il parlait français fort intelligiblement. Il présenta de son eau des Barbades à mademoiselle de Kerkabon et à monsieur son frère ; il en but avec eux ; il leur en fit reboire encore, et tout cela d'un air si simple et si naturel que le frère et la sœur en furent charmés. Ils lui offrirent leurs services, en lui demandant qui il était et où il allait. Le jeune homme leur répondit qu'il n'en savait rien, qu'il était curieux, qu'il avait voulu voir comment les côtes de France étaient faites, qu'il était venu, et allait s'en retourner.

Monsieur le prieur, jugeant à son accent qu'il n'était pas Anglais, prit la liberté de lui demander de quel pays il était. « Je suis Huron », lui répondit le jeune homme.

Mademoiselle de Kerkabon, étonnée et enchantée de voir un Huron qui lui avait fait des politesses, pria le jeune homme à souper[7] ; il ne se fit pas prier deux fois, et tous trois allèrent de compagnie au prieuré de Notre-Dame de la Montagne.

La courte et ronde demoiselle le regardait de tous ses petits yeux, et disait de temps en temps au prieur : « Ce grand garçon-là a un teint de lis et de rose ! qu'il a une belle peau pour un Huron ! — Vous avez raison, ma sœur », disait le prieur. Elle faisait cent questions coup sur coup, et le voyageur répondait toujours fort juste.

Le bruit se répandit bientôt qu'il y avait un Huron au prieuré. La bonne compagnie du canton s'empressa d'y venir souper. L'abbé de Saint-Yves y vint avec mademoiselle sa sœur, jeune basse-brette[8], fort jolie et très bien élevée. Le bailli, le receveur des tailles[9], et leurs femmes, furent du souper. On plaça l'étranger entre mademoiselle de Kerkabon et mademoiselle de Saint-Yves. Tout le monde le regardait avec admiration ; tout le monde lui parlait et l'interrogeait à la fois ; le Huron ne s'en émouvait pas. Il semblait qu'il eût pris pour sa devise celle de milord Bolingbroke : *nihil admirari*[10]. Mais à la fin, excédé de tant de bruit, il leur dit avec assez de douceur, mais avec un peu de fermeté : « Messieurs, dans mon pays on parle l'un après l'autre ; comment voulez-vous que je vous réponde quand vous m'empêchez de vous entendre ? » La raison fait toujours rentrer les hommes en eux-mêmes pour quelques moments : il se fit un grand silence. Monsieur le bailli, qui s'emparait toujours des étrangers dans quelque maison qu'il se trou-

vât et qui était le plus grand questionneur de la province, lui dit en ouvrant la bouche d'un demi-pied :
« Monsieur, comment vous nommez-vous ? — On
m'a toujours appelé l'Ingénu, reprit le Huron, et on
m'a confirmé ce nom en Angleterre, parce que je dis
toujours naïvement ce que je pense, comme je fais
tout ce que je veux.

— Comment, étant né Huron, avez-vous pu, monsieur, venir en Angleterre ? — C'est qu'on m'y a
mené ; j'ai été fait, dans un combat, prisonnier par les
Anglais, après m'être assez bien défendu ; et les
Anglais, qui aiment la bravoure, parce qu'ils sont
braves et qu'ils sont aussi honnêtes que nous, m'ayant
proposé de me rendre à mes parents ou de venir en
Angleterre, j'acceptai le dernier parti, parce que de
mon naturel j'aime passionnément à voir du pays.

— Mais, monsieur, dit le bailli avec son ton imposant, comment avez-vous pu abandonner ainsi père et
mère ? — C'est que je n'ai jamais connu ni père ni
mère », dit l'étranger. La compagnie s'attendrit, et
tout le monde répétait : *Ni père, ni mère!* « Nous lui en
servirons, dit la maîtresse de la maison à son frère le
prieur ; que ce monsieur le Huron est intéressant! »
L'Ingénu la remercia avec une cordialité noble et
fière, et lui fit comprendre qu'il n'avait besoin de rien.

« Je m'aperçois, monsieur l'Ingénu, dit le grave
bailli, que vous parlez mieux français qu'il n'appartient à un Huron. — Un Français, dit-il, que nous
avions pris dans ma grande jeunesse en Huronie, et
pour qui je conçus beaucoup d'amitié, m'enseigna sa
langue ; j'apprends très vite ce que je veux apprendre.
J'ai trouvé en arrivant à Plymouth un de vos Français
réfugiés que vous appelez *huguenots* [11], je ne sais pourquoi ; il m'a fait faire quelques progrès dans la
connaissance de votre langue ; et dès que j'ai pu
m'exprimer intelligiblement, je suis venu voir votre
pays, parce que j'aime assez les Français quand ils ne
font pas trop de questions. »

L'abbé de Saint-Yves, malgré ce petit avertisse-
ment, lui demanda laquelle des trois langues lui plai-

sait davantage, la huronne, l'anglaise, ou la française.
« La huronne, sans contredit, répondit l'Ingénu. —
Est-il possible ? s'écria mademoiselle de Kerkabon ;
j'avais toujours cru que le français était la plus belle de
toutes les langues après le bas-breton[12]. »

Alors ce fut à qui demanderait à l'Ingénu comment
on disait en huron du tabac, et il répondait *taya* ; comment on disait manger, et il répondait *essenten*. Mademoiselle de Kerkabon voulut absolument savoir comment on disait faire l'amour[13] ; il lui répondit
trovander[a], et soutint, non sans apparence de raison,
que ces mots-là valaient bien les mots français et
anglais qui leur correspondaient. *Trovander* parut très
joli à tous les convives.

Monsieur le prieur, qui avait dans sa bibliothèque la
grammaire huronne dont le révérend P. Sagar Théodat, récollet, fameux missionnaire, lui avait fait
présent, sortit de table un moment pour l'aller consulter. Il revint tout haletant de tendresse et de joie ; il
reconnut l'Ingénu pour un vrai Huron. On disputa un
peu sur la multiplicité des langues, et on convint que,
sans l'aventure de la tour de Babel, toute la terre aurait
parlé français.

L'interrogant bailli, qui jusque-là s'était défié un
peu du personnage, conçut pour lui un profond respect ; il lui parla avec plus de civilité qu'auparavant, de
quoi l'Ingénu ne s'aperçut pas.

Mademoiselle de Saint-Yves était fort curieuse de
savoir comment on faisait l'amour au pays des
Hurons. « En faisant de belles actions, répondit-il,
pour plaire aux personnes qui vous ressemblent. »
Tous les convives applaudirent avec étonnement.
Mademoiselle de Saint-Yves rougit et fut fort aise.
Mademoiselle de Kerkabon rougit aussi, mais elle
n'était pas si aise : elle fut un peu piquée que la galanterie ne s'adressât pas à elle ; mais elle était si bonne
personne que son affection pour le Huron n'en fut
point du tout altérée. Elle lui demanda, avec beau-

---

a. Tous ces noms sont en effet hurons[14].

coup de bonté, combien il avait eu de maîtresses[15] en Huronie. «Je n'en ai jamais eu qu'une, dit l'Ingénu; c'était mademoiselle Abacaba, la bonne amie de ma chère nourrice; les joncs ne sont pas plus droits, l'hermine n'est pas plus blanche, les moutons sont moins doux, les aigles moins fiers, et les cerfs ne sont pas si légers que l'était Abacaba. Elle poursuivait un jour un lièvre dans notre voisinage, environ à cinquante lieues[16] de notre habitation; un Algonquin mal élevé, qui habitait cent lieues plus loin, vint lui prendre son lièvre; je le sus, j'y courus, je terrassai l'Algonquin d'un coup de massue, je l'amenai aux pieds de ma maîtresse, pieds et poings liés. Les parents d'Abacaba voulurent le manger; mais je n'eus jamais de goût pour ces sortes de festins; je lui rendis sa liberté, j'en fis un ami. Abacaba fut si touchée de mon procédé qu'elle me préféra à tous ses amants. Elle m'aimerait encore si elle n'avait pas été mangée par un ours: j'ai puni l'ours, j'ai porté longtemps sa peau; mais cela ne m'a pas consolé.»

Mademoiselle de Saint-Yves, à ce récit, sentait un plaisir secret d'apprendre que l'Ingénu n'avait eu qu'une maîtresse, et qu'Abacaba n'était plus; mais elle ne démêlait pas la cause de son plaisir. Tout le monde fixait les yeux sur l'Ingénu; on le louait beaucoup d'avoir empêché ses camarades de manger un Algonquin.

L'impitoyable bailli, qui ne pouvait réprimer sa fureur de questionner, poussa enfin la curiosité jusqu'à s'informer de quelle religion était monsieur le Huron; s'il avait choisi la religion anglicane, ou la gallicane[17], ou la huguenote? «Je suis de ma religion, dit-il, comme vous de la vôtre. — Hélas! s'écria la Kerkabon, je vois bien que ces malheureux Anglais n'ont pas seulement songé à le baptiser. — Eh! mon Dieu, disait mademoiselle de Saint-Yves, comment se peut-il que les Hurons ne soient pas catholiques? Est-ce que les RR. PP. jésuites ne les ont pas tous convertis[18]?» L'Ingénu l'assura que dans son pays on ne convertissait personne; que jamais un vrai Huron

n'avait changé d'opinion, et que même il n'y avait
point dans sa langue de terme qui signifiât *inconstance*.
Ces derniers mots plurent extrêmement à mademoiselle de Saint-Yves.

« Nous le baptiserons, nous le baptiserons, disait la
Kerkabon à monsieur le prieur ; vous en aurez l'honneur, mon cher frère ; je veux absolument être sa marraine : monsieur l'abbé de Saint-Yves le présentera
sur les fonts[19] ; ce sera une cérémonie bien brillante ; il
en sera parlé dans toute la Basse-Bretagne, et cela
nous fera un honneur infini. » Toute la compagnie
seconda la maîtresse de la maison ; tous les convives
criaient : « Nous le baptiserons ! » L'Ingénu répondit
qu'en Angleterre on laissait vivre les gens à leur fantaisie. Il témoigna que la proposition ne lui plaisait point
du tout, et que la loi des Hurons valait pour le moins
la loi des Bas-Bretons ; enfin il dit qu'il repartait le lendemain. On acheva de vider sa bouteille d'eau des
Barbades, et chacun s'alla coucher.

Quand on eut reconduit l'Ingénu dans sa chambre,
mademoiselle de Kerkabon et son amie mademoiselle
de Saint-Yves ne purent se tenir de regarder par le
trou d'une large serrure pour voir comment dormait
un Huron. Elles virent qu'il avait étendu la couverture
du lit sur le plancher, et qu'il reposait dans la plus
belle attitude du monde.

CHAPITRE SECOND

LE HURON, NOMMÉ L'INGÉNU, RECONNU DE SES PARENTS

L'Ingénu, selon sa coutume, s'éveilla avec le soleil,
au chant du coq, qu'on appelle en Angleterre et en
Huronie *la trompette du jour*. Il n'était pas comme la
bonne compagnie, qui languit dans un lit oiseux
jusqu'à ce que le soleil ait fait la moitié de son tour,
qui ne peut ni dormir ni se lever, qui perd tant

d'heures précieuses dans cet état mitoyen entre la vie et la mort, et qui se plaint encore que la vie est trop courte.

Il avait déjà fait deux ou trois lieues, il avait tué trente pièces de gibier à balle seule[20], lorsqu'en rentrant il trouva monsieur le prieur de Notre-Dame de la Montagne et sa discrète sœur, se promenant en bonnet de nuit dans leur petit jardin. Il leur présenta toute sa chasse, et en tirant de sa chemise une espèce de petit talisman qu'il portait toujours à son cou, il les pria de l'accepter en reconnaissance de leur bonne réception. « C'est ce que j'ai de plus précieux, leur dit-il ; on m'a assuré que je serais toujours heureux tant que je porterais ce petit brimborion sur moi, et je vous le donne afin que vous soyez toujours heureux. »

Le prieur et mademoiselle sourirent avec attendrissement de la naïveté de l'Ingénu. Ce présent consistait en deux petits portraits assez mal faits, attachés ensemble avec une courroie fort grasse.

Mademoiselle de Kerkabon lui demanda s'il y avait des peintres en Huronie. « Non, dit l'Ingénu ; cette rareté me vient de ma nourrice ; son mari l'avait eue par conquête, en dépouillant quelques Français du Canada qui nous avaient fait la guerre ; c'est tout ce que j'en ai su. »

Le prieur regardait attentivement ces portraits ; il changea de couleur, il s'émut, ses mains tremblèrent. « Par Notre-Dame de la Montagne, s'écria-t-il, je crois que voilà le visage de mon frère le capitaine et de sa femme[21] ! » Mademoiselle, après les avoir considérés avec la même émotion, en jugea de même. Tous deux étaient saisis d'étonnement et d'une joie mêlée de douleur ; tous deux s'attendrissaient ; tous deux pleuraient ; leur cœur palpitait ; ils poussaient des cris ; ils s'arrachaient les portraits ; chacun d'eux les prenait et les rendait vingt fois en une seconde ; ils dévoraient des yeux les portraits et le Huron ; ils lui demandaient l'un après l'autre, et tous deux à la fois, en quel lieu, en quel temps, comment ces miniatures étaient tombées entre les mains de sa nourrice ; ils rapprochaient, ils comptaient les temps depuis le départ du capitaine; ils se souvenaient d'avoir eu nouvelle qu'il avait été jusqu'au pays des Hurons, et que depuis ce temps ils n'en avaient jamais entendu parler.

L'Ingénu leur avait dit qu'il n'avait connu ni père ni mère. Le prieur, qui était homme de sens, remarqua que l'Ingénu avait un peu de barbe; il savait très bien que les Hurons n'en ont point. « Son menton est cotonné[22], il est donc fils d'un homme d'Europe; mon frère et ma belle-sœur ne parurent plus après l'expédition contre les Hurons, en 1669[23]; mon neveu devait alors être à la mamelle; la nourrice huronne lui a sauvé la vie et lui a servi de mère. » Enfin, après cent questions et cent réponses, le prieur et sa sœur conclurent que le Huron était leur propre neveu. Ils l'embrassaient en versant des larmes; et l'Ingénu riait, ne pouvant s'imaginer qu'un Huron fût neveu d'un prieur bas-breton.

Toute la compagnie descendit; monsieur de Saint-Yves, qui était grand physionomiste, compara les deux portraits avec le visage de l'Ingénu; il fit très habilement remarquer qu'il avait les yeux de sa mère, le front et le nez de feu monsieur le capitaine de Kerkabon, et des joues qui tenaient de l'un et de l'autre.

Mademoiselle de Saint-Yves, qui n'avait jamais vu le père ni la mère, assura que l'Ingénu leur ressemblait parfaitement. Ils admiraient tous la Providence et l'enchaînement des événements de ce monde. Enfin on était si persuadé, si convaincu de la naissance de l'Ingénu[24], qu'il consentit lui-même à être neveu de monsieur le prieur, en disant qu'il aimait autant l'avoir pour son oncle qu'un autre.

On alla rendre grâce à Dieu dans l'église de Notre-Dame de la Montagne, tandis que le Huron, d'un air indifférent, s'amusait à boire dans la maison.

Les Anglais qui l'avaient amené, et qui étaient prêts à mettre à la voile, vinrent lui dire qu'il était temps de partir. « Apparemment, leur dit-il, que vous n'avez pas retrouvé vos oncles et vos tantes : je reste ici; retournez à Plymouth, je vous donne toutes mes hardes, je n'ai plus besoin de rien au monde puisque je suis le neveu d'un prieur. » Les Anglais mirent à la voile, en se souciant fort peu que l'Ingénu eût des parents ou non en Basse-Bretagne.

Après que l'oncle, la tante, et la compagnie, eurent chanté le *Te Deum*[25]; après que le bailli eut encore accablé l'Ingénu de questions; après qu'on eut épuisé tout ce que l'étonnement, la joie, la tendresse, peuvent faire dire, le prieur de la Montagne et l'abbé de Saint-Yves conclurent à faire baptiser l'Ingénu au plus vite. Mais il n'en était pas d'un grand Huron de vingt-deux ans comme d'un enfant qu'on régénère sans qu'il en sache rien. Il fallait l'instruire, et cela paraissait difficile : car l'abbé de Saint-Yves supposait qu'un homme qui n'était pas né en France n'avait pas le sens commun.

Le prieur fit observer à la compagnie que, si en effet monsieur l'Ingénu, son neveu, n'avait pas eu le bonheur de naître en Basse-Bretagne, il n'en avait pas moins d'esprit; qu'on en pouvait juger par toutes ses réponses, et que sûrement la nature l'avait beaucoup favorisé, tant du côté paternel que du maternel.

On lui demanda d'abord s'il avait jamais lu quelque livre. Il dit qu'il avait lu Rabelais traduit en anglais, et quelques morceaux de Shakespeare qu'il savait par cœur; qu'il avait trouvé ces livres chez le capitaine du vaisseau qui l'avait amené de l'Amérique à Plymouth, et qu'il en était fort content. Le bailli ne manqua pas de l'interroger sur ces livres. « Je vous avoue, dit l'Ingénu, que j'ai cru en deviner quelque chose, et que je n'ai pas entendu le reste. »

L'abbé de Saint-Yves, à ce discours, fit réflexion que c'était ainsi que lui-même avait toujours lu, et que la plupart des hommes ne lisaient guère autrement. « Vous avez sans doute lu la *Bible*? dit-il au Huron. — Point du tout, monsieur l'abbé; elle n'était pas parmi les livres de mon capitaine; je n'en ai jamais entendu parler. — Voilà comme sont ces maudits Anglais, criait mademoiselle de Kerkabon; ils feront plus de cas d'une pièce de Shakespeare, d'un plum-pudding

Il pose beaucoup de questions à propos du baptême

et d'une bouteille de rhum que du *Pentateuque*. Aussi n'ont-ils jamais converti personne en Amérique. Certainement ils sont maudits de Dieu ; et nous leur prendrons la Jamaïque et la Virginie avant qu'il soit peu de temps[26]. »

Quoi qu'il en soit, on fit venir le plus habile tailleur de Saint-Malo pour habiller l'Ingénu de pied en cap. La compagnie se sépara ; le bailli alla faire ses questions ailleurs. Mademoiselle de Saint-Yves, en partant, se retourna plusieurs fois pour regarder l'Ingénu ; et il lui fit des révérences plus profondes qu'il n'en avait jamais fait à personne en sa vie.

Le bailli, avant de prendre congé, présenta à mademoiselle de Saint-Yves un grand nigaud de fils qui sortait du collège ; mais à peine le regarda-t-elle, tant elle était occupée de la politesse du Huron.

CHAPITRE TROISIÈME

LE HURON, NOMMÉ L'INGÉNU, CONVERTI

Monsieur le prieur, voyant qu'il était un peu sur l'âge, et que Dieu lui envoyait un neveu pour sa consolation, se mit en tête qu'il pourrait lui résigner[27] son bénéfice s'il réussissait à le baptiser, et à le faire entrer dans les ordres.

L'Ingénu avait une mémoire excellente. La fermeté des organes de Basse-Bretagne, fortifiée par le climat du Canada, avait rendu sa tête si vigoureuse que, quand on frappait dessus, à peine le sentait-il ; et quand on gravait dedans, rien ne s'effaçait ; il n'avait jamais rien oublié. Sa conception était d'autant plus vive et plus nette que, son enfance n'ayant point été chargée des inutilités et des sottises qui accablent la nôtre, les choses entraient dans sa cervelle sans nuage. Le prieur résolut enfin de lui faire lire le Nouveau Testament. L'Ingénu le dévora avec beaucoup de plaisir ; mais, ne sachant ni dans quel temps ni dans quel pays toutes les aventures rapportées dans ce livre étaient arrivées, il ne douta point que le lieu de la scène ne fût en Basse-Bretagne ; et il jura qu'il couperait le nez et les oreilles à Caïphe et à Pilate si jamais il rencontrait ces marauds-là.

Son oncle, charmé de ces bonnes dispositions, le mit au fait en peu de temps ; il loua son zèle ; mais il lui apprit que ce zèle était inutile, attendu que ces gens-là étaient morts il y avait environ seize cent quatre-vingt-dix années. L'Ingénu sut bientôt presque tout le livre par cœur. Il proposait quelquefois des difficultés qui mettaient le prieur fort en peine. Il était obligé souvent de consulter l'abbé de Saint-Yves, qui, ne sachant que répondre, fit venir un jésuite basbreton pour achever la conversion du Huron.

Enfin la grâce opéra ; l'Ingénu promit de se faire chrétien ; il ne douta pas qu'il ne dût commencer par être circoncis ; « car, disait-il, je ne vois pas dans le livre qu'on m'a fait lire un seul personnage qui ne l'ait été ; il est donc évident que je dois faire le sacrifice de mon prépuce : le plus tôt c'est le mieux ». Il ne délibéra point : il envoya chercher le chirurgien du village, et le pria de lui faire l'opération, comptant réjouir infiniment mademoiselle de Kerkabon et toute la compagnie quand une fois la chose serait faite. Le frater[28], qui n'avait point encore fait cette opération, en avertit la famille, qui jeta les hauts cris. La bonne Kerkabon trembla que son neveu, qui paraissait résolu et expéditif, ne se fît lui-même l'opération très maladroitement, et qu'il n'en résultât de tristes effets auxquels les dames s'intéressent toujours par bonté d'âme.

Le prieur redressa les idées du Huron ; il lui remontra que la circoncision n'était plus de mode ; que le baptême était beaucoup plus doux et plus salutaire ; que la loi de grâce n'était pas comme la loi de rigueur[29]. L'Ingénu, qui avait beaucoup de bon sens et de droiture, disputa, mais reconnut son erreur, ce qui est assez rare en Europe aux gens qui disputent ; enfin il promit de se faire baptiser quand on voudrait.

Il fallait auparavant se confesser ; et c'était là le plus

difficile. L'Ingénu avait toujours en poche le livre que
son oncle lui avait donné. Il n'y trouvait pas qu'un
seul apôtre se fût confessé, et cela le rendait très rétif.
Le prieur lui ferma la bouche en lui montrant, dans
l'épître de saint Jacques le Mineur, ces mots qui font
tant de peine aux hérétiques : *Confessez vos péchés les
uns aux autres*[30]. Le Huron se tut, et se confessa à un
récollet[31]. Quand il eut fini, il tira le récollet du
confessionnal, et, saisissant son homme d'un bras
vigoureux, il se mit à sa place, et le fit mettre à genoux
devant lui : « Allons, mon ami, il est dit : *Confessez-
vous les uns aux autres*; je t'ai conté mes péchés, tu ne
sortiras pas d'ici que tu ne m'aies conté les tiens. » En
parlant ainsi, il appuyait son large genou contre la poitrine de son adverse partie. Le récollet pousse des
hurlements qui font retentir l'église. On accourt au
bruit, on voit le catéchumène qui gourmait[32] le moine
au nom de saint Jacques le Mineur. La joie de baptiser
un Bas-Breton huron et anglais était si grande qu'on
passa par-dessus ces singularités. Il y eut même beaucoup de théologiens qui pensèrent que la confession
n'était pas nécessaire, puisque le baptême tenait lieu
de tout[33].

On prit jour avec l'évêque de Saint-Malo, qui, flatté
comme on peut le croire, de baptiser un Huron, arriva
dans un pompeux équipage, suivi de son clergé.
Mademoiselle de Saint-Yves, en bénissant Dieu, mit
sa plus belle robe et fit venir une coiffeuse de Saint-
Malo pour briller à la cérémonie. L'interrogant bailli
accourut avec toute la contrée. L'église était magni-
fiquement parée; mais quand il fallut prendre le
Huron pour le mener aux fonts baptismaux, on ne le
trouva point.

L'oncle et la tante le cherchèrent partout. On crut
qu'il était à la chasse, selon sa coutume. Tous les
conviés à la fête parcoururent les bois et les villages
voisins : point de nouvelles du Huron.

On commençait à craindre qu'il ne fût retourné en
Angleterre. On se souvenait de lui avoir entendu dire
qu'il aimait fort ce pays-là. Monsieur le prieur et sa

Elle a peur qu'il soit reparti en Angleterre.

sœur étaient persuadés qu'on n'y baptisait personne, et tremblaient pour l'âme de leur neveu. L'évêque était confondu et prêt à s'en retourner; le prieur et l'abbé de Saint-Yves se désespéraient; le bailli interrogeait tous les passants avec sa gravité ordinaire. Mademoiselle de Kerkabon pleurait. Mademoiselle de Saint-Yves ne pleurait pas, mais elle poussait de profonds soupirs qui <u>semblaient</u> témoigner son goût pour les sacrements. Elles se promenaient tristement le long des saules et des roseaux qui bordent la petite rivière de Rance, lorsqu'elles aperçurent au milieu de la rivière une grande figure assez blanche, les deux mains croisées sur la poitrine. Elles jetèrent un grand cri et se détournèrent. Mais, la curiosité l'emportant bientôt sur toute autre considération, elles se coulèrent doucement entre les roseaux; et quand elles furent bien sûres de n'être point vues, elles voulurent voir de quoi il s'agissait.

CHAPITRE QUATRIÈME

L'INGÉNU BAPTISÉ

Le prieur et l'abbé, étant accourus, demandèrent à l'Ingénu ce qu'il faisait là. « Eh parbleu! Messieurs, j'attends le baptême : il y a une heure que je suis dans l'eau jusqu'au cou et il n'est pas honnête de me laisser morfondre.

— Mon cher neveu, lui dit tendrement le prieur, ce n'est pas ainsi qu'on baptise en Basse-Bretagne; reprenez vos habits et venez avec nous. » Mademoiselle de Saint-Yves, en entendant ce discours, disait tout bas à sa compagne : « Mademoiselle, croyez-vous qu'il reprenne sitôt ses habits ? »

Le Huron cependant repartit au prieur : « Vous ne m'en ferez pas accroire cette fois-ci comme l'autre; j'ai bien étudié depuis ce temps-là, et je suis très certain qu'on ne se baptise pas autrement. L'eunuque de la reine Candace fut baptisé dans un ruisseau[34] ; je vous défie de me montrer dans le livre que vous m'avez donné qu'on s'y soit jamais pris d'une autre façon. Je ne serai point baptisé du tout, ou je le serai dans la rivière. » On eut beau lui remontrer que les usages avaient changé, l'Ingénu était têtu, car il était Breton et Huron. Il revenait toujours à l'eunuque de la reine Candace ; et quoique mademoiselle sa tante et mademoiselle de Saint-Yves, qui l'avaient observé entre les saules, fussent en droit de lui dire qu'il ne lui appartenait pas de citer un pareil homme, elles n'en firent pourtant rien, tant était grande leur discrétion. L'évêque vint lui-même lui parler, ce qui est beaucoup ; mais il ne gagna rien : le Huron disputa contre l'évêque.

« Montrez-moi, lui dit-il, dans le livre que m'a donné mon oncle, un seul homme qui n'ait pas été baptisé dans la rivière, et je ferai tout ce que vous voudrez. »

La tante, désespérée, avait remarqué que la première fois que son neveu avait fait la révérence, il en avait fait une plus profonde à mademoiselle de Saint-Yves qu'à aucune autre personne de la compagnie, qu'il n'avait pas même salué monsieur l'évêque avec ce respect mêlé de cordialité qu'il avait témoigné à cette belle demoiselle. Elle prit le parti de s'adresser à elle dans ce grand embarras ; elle la pria d'interposer son crédit pour engager le Huron à se faire baptiser de la même manière que les Bretons, ne croyant pas que son neveu pût jamais être chrétien s'il persistait à vouloir être baptisé dans l'eau courante.

Mademoiselle de Saint-Yves rougit du plaisir secret qu'elle sentait d'être chargée d'une si importante commission. Elle s'approcha modestement de l'Ingénu, et, lui serrant la main d'une manière tout à fait noble : « Est-ce que vous ne ferez rien pour moi ? » lui dit-elle ; et en prononçant ces mots elle baissait les yeux, et les relevait avec une grâce attendrissante. « Ah ! tout ce que vous voudrez, mademoiselle, tout ce que vous me commanderez : baptême d'eau, baptême de feu, baptême de sang[35], il n'y a rien que je vous refuse. » Mademoiselle de Saint-Yves eut la gloire de faire en deux paroles ce que ni les empressements du prieur, ni les interrogations réitérées du bailli, ni les raisonnements même de monsieur l'évêque, n'avaient pu faire. Elle sentit son triomphe ; mais elle n'en sentait pas encore toute l'étendue.

Le baptême fut administré et reçu avec toute la décence, toute la magnificence, tout l'agrément possibles. L'oncle et la tante cédèrent à monsieur l'abbé de Saint-Yves et à sa sœur l'honneur de tenir l'Ingénu sur les fonts[36]. Mademoiselle de Saint-Yves rayonnait de joie de se voir marraine. Elle ne savait pas à quoi ce grand titre l'asservissait ; elle accepta cet honneur sans en connaître les fatales conséquences.

Comme il n'y a jamais eu[37] de cérémonie qui ne fût suivie d'un grand dîner[38], on se mit à table au sortir du baptême. Les goguenards de Basse-Bretagne dirent qu'il ne fallait pas baptiser son vin. Monsieur le prieur disait que le vin, selon Salomon, réjouit le cœur de l'homme[39]. Monsieur l'évêque ajoutait que le patriarche Juda devait lier son ânon à la vigne, et tremper son manteau dans le sang du raisin[40], et qu'il était bien triste qu'on n'en pût faire autant en Basse-Bretagne, à laquelle Dieu a dénié les vignes. Chacun tâchait de dire un bon mot sur le baptême de l'Ingénu, et des galanteries à la marraine. Le bailli, toujours interrogant, demandait au Huron s'il serait fidèle à ses promesses. « Comment voulez-vous que je manque à mes promesses, répondit le Huron, puisque je les ai faites entre les mains de mademoiselle de Saint-Yves ? »

Le Huron s'échauffa ; il but beaucoup à la santé de sa marraine. « Si j'avais été baptisé de votre main, dit-il, je sens que l'eau froide qu'on m'a versée sur le chignon m'aurait brûlé. » Le bailli trouva cela trop poétique, ne sachant pas combien l'allégorie est familière au Canada. Mais la marraine en fut extrêmement contente.

On avait donné le nom d'Hercule[41] au baptisé.

L'évêque de Saint-Malo demandait toujours quel était ce patron dont il n'avait jamais entendu parler. Le jésuite, qui était fort savant, lui dit que c'était un saint qui avait fait douze miracles. Il y en avait un treizième qui valait les douze autres, mais dont il ne convenait pas à un jésuite de parler : c'était celui d'avoir changé cinquante filles en femmes en une seule nuit. Un plaisant qui se trouva là releva ce miracle avec énergie. Toutes les dames baissèrent les yeux, et jugèrent à la physionomie de l'Ingénu qu'il était digne du saint dont il portait le nom.

CHAPITRE CINQUIÈME

L'INGÉNU AMOUREUX

Il faut avouer que depuis ce baptême et ce dîner mademoiselle de Saint-Yves souhaita passionnément que monsieur l'évêque la fît encore participante de quelque beau sacrement avec monsieur Hercule l'Ingénu. Cependant, comme elle était bien élevée et fort modeste, elle n'osait convenir tout à fait avec elle-même de ses tendres sentiments ; mais, s'il lui échappait un regard, un mot, un geste, une pensée, elle enveloppait tout cela d'un voile de pudeur infiniment aimable. Elle était tendre, vive et sage.

Dès que monsieur l'évêque fut parti, l'Ingénu et mademoiselle de Saint-Yves se rencontrèrent sans avoir fait réflexion qu'ils se cherchaient. Ils se parlèrent sans avoir imaginé ce qu'ils se diraient. L'Ingénu lui dit d'abord qu'il l'aimait de tout son cœur, et que la belle Abacaba, dont il avait été fou dans son pays, n'approchait pas d'elle. Mademoiselle lui répondit, avec sa modestie ordinaire, qu'il fallait en parler au plus vite à monsieur le prieur son oncle et à mademoiselle sa tante, et que de son côté elle en dirait deux mots à son cher frère l'abbé de Saint-Yves, et qu'elle se flattait d'un consentement commun.

L'Ingénu lui répond qu'il n'avait besoin du consentement de personne, qu'il lui paraissait extrêmement ridicule d'aller demander à d'autres ce qu'on devait faire ; que, quand deux parties sont d'accord, on n'a pas besoin d'un tiers pour les accommoder. « Je ne consulte personne, dit-il, quand j'ai envie de déjeuner, ou de chasser, ou de dormir : je sais bien qu'en amour il n'est pas mal d'avoir le consentement de la personne à qui on en veut ; mais, comme ce n'est ni de mon oncle ni de ma tante que je suis amoureux, ce n'est pas à eux que je dois m'adresser dans cette affaire, et, si vous m'en croyez, vous vous passerez aussi de monsieur l'abbé de Saint-Yves. »

On peut juger que la belle Bretonne employa toute la délicatesse de son esprit à réduire son Huron aux termes de la bienséance. Elle se fâcha même, et bientôt se radoucit. Enfin on ne sait comment aurait fini cette conversation si, le jour baissant, monsieur l'abbé n'avait ramené sa sœur à son abbaye. L'Ingénu laissa coucher son oncle et sa tante, qui étaient un peu fatigués de la cérémonie et de leur long dîner. Il passa une partie de la nuit à faire des vers en langue huronne pour sa bien-aimée : car il faut savoir qu'il n'y a aucun pays de la terre où l'amour n'ait rendu les amants poètes.

Le lendemain, son oncle lui parla ainsi après le déjeuner, en présence de mademoiselle de Kerkabon, qui était tout attendrie : « Le ciel soit loué de ce que vous avez l'honneur, mon cher neveu, d'être chrétien et Bas-Breton ! Mais cela ne suffit pas ; je suis un peu sur l'âge ; mon frère n'a laissé qu'un petit coin de terre qui est très peu de chose ; j'ai un bon prieuré[42] : si vous voulez seulement vous faire sous-diacre, comme je l'espère, je vous résignerai mon prieuré, et vous vivrez fort à votre aise, après avoir été la consolation de ma vieillesse. »

L'Ingénu répondit : « Mon oncle, grand bien vous fasse ! vivez tant que vous pourrez. Je ne sais pas ce que c'est que d'être sous-diacre ni que de résigner ; mais tout me sera bon pourvu que j'aie mademoiselle

de Saint-Yves à ma disposition. — Eh! mon Dieu!
mon neveu, que me dites-vous là? Vous aimez donc
cette belle demoiselle à la folie? — Oui, mon oncle. —
Hélas! mon neveu, il est impossible que vous l'épou-
siez. — Cela est très possible, mon oncle; car non seulement elle m'a serré la main en me quittant, mais elle
m'a promis qu'elle me demanderait en mariage; et
assurément je l'épouserai. — Cela est impossible, vous
dis-je; elle est votre marraine : c'est un péché épouvantable à une marraine de serrer la main de son filleul; il n'est pas permis d'épouser sa marraine[43]; les
lois divines et humaines s'y opposent. — Morbleu!
mon oncle, vous vous moquez de moi; pourquoi
serait-il défendu d'épouser sa marraine, quand elle est
jeune et jolie? Je n'ai point vu dans le livre que vous
m'avez donné qu'il fût mal d'épouser les filles qui ont
aidé les gens à être baptisés. Je m'aperçois tous les
jours qu'on fait ici une infinité de choses qui ne sont
point dans votre livre, et qu'on n'y fait rien de tout ce
qu'il dit : je vous avoue que cela m'étonne et me
fâche. Si on me prive de la belle Saint-Yves, sous prétexte de mon baptême, je vous avertis que je l'enlève,
et que je me débaptise. »
    Le prieur fut confondu; sa sœur pleura. « Mon cher
frère, dit-elle, il ne faut pas que notre neveu se
damne; notre saint-père le pape peut lui donner dispense, et alors il pourra être chrétiennement heureux
avec ce qu'il aime. » L'Ingénu embrassa sa tante.
« Quel est donc, dit-il, cet homme charmant qui favo-
rise avec tant de bonté les garçons et les filles dans
leurs amours? Je veux lui aller parler tout à l'heure. »
    On lui expliqua ce que c'était que le pape; et
l'Ingénu fut encore plus étonné qu'auparavant. « Il n'y
a pas un mot de tout cela dans votre livre, mon cher
oncle; j'ai voyagé, je connais la mer; nous sommes ici
sur la côte de l'Océan; et je quitterais mademoiselle de
Saint-Yves pour aller demander la permission de
l'aimer à un homme qui demeure vers la Méditerranée, à quatre cents lieues d'ici, et dont je n'entends
point la langue! Cela est d'un ridicule incompréhen-

sible. Je vais sur-le-champ chez monsieur l'abbé de Saint-Yves, qui ne demeure qu'à une lieue de vous, et je vous réponds que j'épouserai ma maîtresse dans la journée. »

Comme il parlait encore, entra le bailli, qui, selon sa coutume, lui demanda où il allait. « Je vais me marier », dit l'Ingénu en courant ; et au bout d'un quart d'heure il était déjà chez sa belle et chère basse-brette, qui dormait encore. « Ah ! mon frère ! disait mademoiselle de Kerkabon au prieur, jamais vous ne ferez un sous-diacre de notre neveu. »

Le bailli fut très mécontent de ce voyage : car il prétendait que son fils épousât la Saint-Yves : et ce fils était encore plus sot et plus insupportable que son père.

CHAPITRE SIXIÈME

L'INGÉNU COURT CHEZ SA MAÎTRESSE ET DEVIENT FURIEUX

A peine l'Ingénu était arrivé, qu'ayant demandé à une vieille servante où était la chambre de sa maîtresse, il avait poussé fortement la porte mal fermée, et s'était élancé vers le lit. Mademoiselle de Saint-Yves, se réveillant en sursaut, s'était écriée : « Quoi ! c'est vous ! ah ! c'est vous ! arrêtez-vous, que faites-vous ? » Il avait répondu : « Je vous épouse », et en effet il l'épousait, si elle ne s'était pas débattue avec toute l'honnêteté d'une personne qui a de l'éducation.

L'Ingénu n'entendait pas raillerie ; il trouvait toutes ces façons-là extrêmement impertinentes. « Ce n'était pas ainsi qu'en usait mademoiselle Abacaba, ma pre-mière maîtresse ; vous n'avez point de probité ; vous m'avez promis mariage, et vous ne voulez point faire mariage : c'est manquer aux premières lois de l'hon-neur ; je vous apprendrai à tenir votre parole, et je vous remettrai dans le chemin de la vertu. »

loi naturelle : sentiments moraux, principes de justice qui règne entre les hommes.

L'Ingénu possédait une vertu mâle et intrépide, digne de son patron Hercule, dont on lui avait donné le nom à son baptême ; il allait l'exercer dans toute son étendue, lorsqu'aux cris perçants de la demoiselle plus discrètement vertueuse accourut le sage abbé de Saint-Yves, avec sa gouvernante, un vieux domestique dévot, et un prêtre de la paroisse. Cette vue modéra le courage de l'assaillant. « Eh, mon Dieu ! mon cher voisin, lui dit l'abbé, que faites-vous là ? — Mon devoir, répliqua le jeune homme ; je remplis mes promesses, qui sont sacrées. »

Mademoiselle de Saint-Yves se rajusta en rougissant. On emmena l'Ingénu dans un autre appartement. L'abbé lui remontra l'énormité du procédé. L'Ingénu se défendit sur les privilèges de la loi naturelle, qu'il connaissait parfaitement. L'abbé voulut prouver que la loi positive devait avoir tout l'avantage, et que sans les conventions faites entre les hommes, la loi de nature ne serait presque jamais qu'un brigandage naturel. « Il faut, lui disait-il, des notaires, des prêtres, des témoins, des contrats, des dispenses. » L'Ingénu lui répondit par la réflexion que les sauvages ont toujours faite : « Vous êtes donc de bien malhonnêtes gens, puisqu'il faut entre vous tant de précautions. »

L'abbé eut de la peine à résoudre cette difficulté. « Il y a, dit-il, je l'avoue, beaucoup d'inconstants et de fripons parmi nous ; et il y en aurait autant chez les Hurons s'ils étaient rassemblés dans une grande ville ; mais aussi il y a des âmes sages, honnêtes, éclairées, et ce sont ces hommes-là qui ont fait les lois. Plus on est homme de bien, plus on doit s'y soumettre : on donne l'exemple aux vicieux, qui respectent un frein que la vertu s'est donné elle-même. »

Cette réponse frappa l'Ingénu. On a déjà remarqué qu'il avait l'esprit juste. On l'adoucit par des paroles flatteuses ; on lui donna des espérances : ce sont les deux pièges où les hommes des deux hémisphères se prennent ; on lui présenta même mademoiselle de Saint-Yves, quand elle eut fait sa toilette. Tout se

passa avec la plus grande bienséance; mais, malgré
cette décence, les yeux étincelants de l'Ingénu Hercule
firent toujours baisser ceux de sa maîtresse, et trem-
bler la compagnie.

On eut une peine extrême à le renvoyer chez ses
parents. Il fallut encore employer le crédit de la belle
Saint-Yves; plus elle sentait son pouvoir sur lui, et
plus elle l'aimait. Elle le fit partir, et en fut très affligée; enfin, quand il fut parti, l'abbé, qui non seulement était le frère très aîné de mademoiselle de Saint-
Yves, mais qui était aussi son tuteur, prit le parti de
soustraire sa pupille aux empressements de cet amant
terrible [44]. Il alla consulter le bailli, qui, destinant toujours son fils à la sœur de l'abbé, lui conseilla de
mettre la pauvre fille dans une communauté. Ce fut
un coup terrible : une indifférente qu'on mettrait en
couvent jetterait les hauts cris; mais une amante, et
une amante aussi sage que tendre, c'était de quoi la
mettre au désespoir.

L'Ingénu, de retour chez le prieur, raconta tout
avec sa naïveté ordinaire. Il essuya les mêmes remon-
trances, qui firent quelque effet sur son esprit, et
aucun sur ses sens; mais le lendemain, quand il voulut
retourner chez sa belle maîtresse pour raisonner avec
elle sur la loi naturelle et sur la loi de convention,
monsieur le bailli lui apprit avec une joie insultante
qu'elle était dans un couvent. « Eh bien! dit-il, j'irai
raisonner dans ce couvent. — Cela ne se peut », dit le
bailli. Il lui expliqua fort au long ce que c'était qu'un
couvent ou un convent; que ce mot venait du latin
conventus, qui signifie assemblée; et le Huron ne pouvait comprendre pourquoi il ne pouvait pas être admis
dans l'assemblée. Sitôt qu'il fut instruit que cette
assemblée était une espèce de prison où l'on tenait les
filles renfermées, chose horrible, inconnue chez les
Hurons et chez les Anglais, il devint aussi furieux que
le fut son patron Hercule lorsque Euryte, roi d'Œcha-
lie, non moins cruel que l'abbé de Saint-Yves, lui
refusa la belle Iole sa fille, non moins belle que la sœur
de l'abbé [45]. Il voulait aller mettre le feu au couvent,

couvent avait une vocation religieuse.

enlever sa maîtresse, ou se brûler avec elle. Mademoiselle de Kerkabon, épouvantée, renonçait plus que jamais à toutes les espérances de voir son neveu sous-diacre, et disait en pleurant qu'il avait le diable au corps depuis qu'il était baptisé.

CHAPITRE SEPTIÈME

L'INGÉNU REPOUSSE LES ANGLAIS

L'Ingénu, plongé dans une sombre et profonde mélancolie, se promena vers le bord de la mer, son fusil à deux coups sur l'épaule, son grand coutelas au côté, tirant de temps en temps sur quelques oiseaux, et souvent tenté de tirer sur lui-même ; mais il aimait encore la vie, à cause de mademoiselle de Saint-Yves. Tantôt il maudissait son oncle, sa tante, et toute la Basse-Bretagne, et son baptême ; tantôt il les bénissait, puisqu'ils lui avaient fait connaître celle qu'il aimait. Il prenait sa résolution d'aller brûler le couvent, et il s'arrêtait tout court, de peur de brûler sa maîtresse. Les flots de la Manche ne sont pas plus agités par les vents d'est et d'ouest que son cœur l'était par tant de mouvements contraires.

Il marchait à grands pas, sans savoir où, lorsqu'il entendit le son du tambour. Il vit de loin tout un peuple dont une moitié courait au rivage, et l'autre s'enfuyait.

Mille cris s'élèvent de tous côtés ; la curiosité et le courage le précipitent à l'instant vers l'endroit d'où partaient ces clameurs : il y vole en quatre bonds. Le commandant de la milice, qui avait soupé avec lui chez le prieur, le reconnut aussitôt ; il court à lui, les bras ouverts : « Ah ! c'est l'Ingénu, il combattra pour nous. » Et les milices, qui mouraient de peur, se rassurèrent et crièrent aussi : « C'est l'Ingénu ! c'est l'Ingénu !

— Messieurs, dit-il, de quoi s'agit-il ? Pourquoi

êtes-vous si effarés ? A-t-on mis vos maîtresses dans
des couvents ? » Alors cent voix confuses s'écrient :
« Ne voyez-vous pas les Anglais qui abordent[46] ? —
Eh bien ! répliqua le Huron, ce sont de braves gens ; ils
ne m'ont jamais proposé de me faire sous-diacre ; ils
ne m'ont point enlevé ma maîtresse. »

Le commandant lui fit entendre que les Anglais
venaient piller l'abbaye de la Montagne, boire le vin
de son oncle, et peut-être enlever mademoiselle de
Saint-Yves ; que le petit vaisseau sur lequel il avait
abordé en Bretagne n'était venu que pour reconnaître
la côte ; qu'ils faisaient des actes d'hostilité sans avoir
déclaré la guerre au roi de France, et que la province
était exposée. « Ah ! si cela est, ils violent la loi naturelle ; laissez-moi faire ; j'ai demeuré longtemps parmi
eux, je sais leur langue, je leur parlerai ; je ne crois pas
qu'ils puissent avoir un si méchant dessein. »

Pendant cette conversation, l'escadre anglaise
approchait ; voilà le Huron qui court vers elle, se jette
dans un petit bateau, arrive, monte au vaisseau amiral,
et demande s'il est vrai qu'ils viennent ravager le pays
sans avoir déclaré la guerre honnêtement. L'amiral et
tout son bord firent de grands éclats de rire, lui firent
boire du punch, et le renvoyèrent.

L'Ingénu, piqué, ne songea plus qu'à se bien battre
contre ses anciens amis, pour ses compatriotes et pour
monsieur le prieur. Les gentilshommes du voisinage
accouraient de toutes parts ; il se joint à eux : on avait
quelques canons ; il les charge, il les pointe, il les tire
l'un après l'autre. Les Anglais débarquent ; il court à
eux, il en tue trois de sa main, il blesse même l'amiral,
qui s'était moqué de lui. Sa valeur anime le courage de
toute la milice ; les Anglais se rembarquent, et toute la
côte retentissait des cris de victoire : Vive le roi, vive
l'Ingénu ! Chacun l'embrassait, chacun s'empressait
d'étancher le sang de quelques blessures légères qu'il
avait reçues. « Ah ! disait-il, si mademoiselle de Saint-
Yves était là, elle me mettrait une compresse. »

Le bailli, qui s'était caché dans sa cave pendant le

combat, vint lui faire compliment comme les autres. Mais il fut bien surpris quand il entendit Hercule l'Ingénu dire à une douzaine de jeunes gens de bonne volonté, dont il était entouré : « Mes amis, ce n'est rien d'avoir délivré l'abbaye de la Montagne ; il faut délivrer une fille. » Toute cette bouillante jeunesse prit feu à ces seules paroles. On le suivait déjà en foule, on courait au couvent. Si le bailli n'avait pas sur-le-champ averti le commandant, si on n'avait pas couru après la troupe joyeuse, c'en était fait. On ramena l'Ingénu chez son oncle et sa tante, qui le baignèrent de larmes de tendresse[47].

« Je vois bien que vous ne serez jamais ni sous-diacre ni prieur, lui dit l'oncle ; vous serez un officier encore plus brave que mon frère le capitaine, et probablement aussi gueux. » Et mademoiselle de Kerkabon pleurait toujours en l'embrassant, et en disant : « Il se fera tuer comme mon frère ; il vaudrait bien mieux qu'il fût sous-diacre. »

L'Ingénu, dans le combat, avait ramassé une grosse bourse remplie de guinées[48], que probablement l'amiral avait laissé tomber. Il ne douta pas qu'avec cette bourse il ne pût acheter toute la Basse-Bretagne, et surtout faire mademoiselle de Saint-Yves grande dame. Chacun l'exhorta de faire le voyage de Versailles pour y recevoir le prix de ses services. Le commandant, les principaux officiers, le comblèrent de certificats. L'oncle et la tante approuvèrent le voyage du neveu. Il devait être, sans difficulté, présenté au roi : cela seul lui donnerait un prodigieux relief dans la province. Ces deux bonnes gens ajoutèrent à la bourse anglaise un présent considérable de leurs épargnes. L'Ingénu disait en lui-même : « Quand je verrai le roi, je lui demanderai mademoiselle de Saint-Yves en mariage et certainement il ne me refusera pas. » Il partit donc aux acclamations de tout le canton, étouffé d'embrassements, baigné des larmes de sa tante, béni par son oncle, et se recommandant à la belle Saint-Yves.

1. Dénonce l'hégémonie de Louis XIV, champion du catholicisme.

2. Voltaire s'apitoie sur l'exode massif des protestants et rappelle le sinistre souvenir des Dragonnades.

3. La conversion forcée est un leurre : c'est une atteinte à la liberté de conscience réclamée par les philos.

CHAPITRE HUITIÈME

L'INGÉNU VA EN COUR.
IL SOUPE EN CHEMIN AVEC DES HUGUENOTS

L'Ingénu prit le chemin de Saumur par le coche [49], parce qu'il n'y avait point alors d'autre commodité. Quand il fut à Saumur, il s'étonna de trouver la ville presque déserte, et de voir plusieurs familles qui déménageaient. On lui dit que, six ans auparavant, Saumur contenait plus de quinze mille âmes, et qu'à présent il n'y en avait pas six mille. Il ne manqua pas d'en parler à souper dans son hôtellerie. Plusieurs protestants étaient à table : les uns se plaignaient amèrement, d'autres frémissaient de colère, d'autres disaient en pleurant :

. . . . Nos dulcia linquimus arva,
Nos patriam fugimus [50].

L'Ingénu, qui ne savait pas le latin, se fit expliquer ces paroles, qui signifient : Nous abandonnons nos douces campagnes, nous fuyons notre patrie.

« Et pourquoi fuyez-vous votre patrie, messieurs [51] ? — C'est qu'on veut que nous reconnaissions le pape. — Et pourquoi ne le reconnaîtriez-vous pas ? Vous n'avez donc point de marraines que vous vouliez épouser ? Car on m'a dit que c'était lui qui en donnait la permission. — Ah ! monsieur, ce pape dit qu'il est le maître du domaine des rois. — Mais, messieurs, de quelle profession êtes-vous ? — Monsieur, nous sommes pour la plupart des drapiers et des fabricants. — Si votre pape dit qu'il est le maître de vos draps et de vos fabriques, vous faites très bien de ne le pas reconnaître ; mais pour les rois, c'est leur affaire ; de quoi vous mêlez-vous ? » Alors un petit homme noir [52] prit la parole, et exposa très savamment les griefs de la compagnie. Il parla de la révocation de l'édit de Nantes avec tant d'énergie, il déplora d'une manière si pathétique le sort de cinquante mille familles fugitives et de cinquante mille autres converties par les dra-

gons[53], que l'Ingénu à son tour versa des larmes.
« D'où vient donc, disait-il, qu'un si grand roi, dont la
gloire s'étend jusque chez les Hurons, se prive ainsi de
tant de cœurs qui l'auraient aimé, et de tant de bras
qui l'auraient servi?

— C'est qu'on l'a trompé comme les autres grands
rois, répondit l'homme noir. On lui a fait croire que,
dès qu'il aurait dit un mot, tous les hommes pense-
raient comme lui; et qu'il nous ferait changer de religion comme son musicien Lulli[54] fait changer en un
moment les décorations de ses opéras. Non seulement
il perd déjà cinq à six cent mille sujets très utiles, mais
il s'en fait des ennemis; et le roi Guillaume[55], qui est
actuellement maître de l'Angleterre, a composé plusieurs régiments de ces mêmes Français qui auraient
combattu pour leur monarque.

« Un tel désastre est d'autant plus étonnant que le
pape régnant, à qui Louis XIV sacrifie une partie de
son peuple, est son ennemi déclaré. Ils ont encore tous
deux, depuis neuf ans, une querelle violente[56]. Elle a
été poussée si loin que la France a espéré enfin de voir
briser le joug qui la soumet depuis tant de siècles à cet
étranger et surtout de ne lui plus donner d'argent, ce
qui est le premier mobile des affaires de ce monde. Il
paraît donc évident qu'on a trompé ce grand roi sur
ses intérêts comme sur l'étendue de son pouvoir, et
qu'on a donné atteinte à la magnanimité de son
cœur. »

L'Ingénu, attendri de plus en plus, demanda quels
étaient les Français qui trompaient ainsi un monarque
si cher aux Hurons. « Ce sont les jésuites, lui répondit-
on; c'est surtout le père de La Chaise, confesseur de
Sa Majesté[57]. Il faut espérer que Dieu les en punira un
jour, et qu'ils seront chassés comme ils nous chassent.
Y a-t-il un malheur égal aux nôtres? Mons de Louvois[58] nous envoie de tous côtés des jésuites et des
dragons.

— Oh bien! messieurs, répliqua l'Ingénu, qui ne
pouvait plus se contenir, je vais à Versailles recevoir la
récompense due à mes services; je parlerai à ce mons

de Louvois : on m'a dit que c'est lui qui fait la guerre, de son cabinet. Je verrai le roi, je lui ferai connaître la vérité ; il est impossible qu'on ne se rende pas à cette vérité quand on la sent. Je reviendrai bientôt pour épouser mademoiselle de Saint-Yves, et je vous prie à la noce. » Ces bonnes gens le prirent alors pour un grand seigneur qui voyageait *incognito* par le coche. Quelques-uns le prirent pour le fou du roi.

Il y avait à la table un jésuite déguisé qui servait d'espion au révérend père de La Chaise. Il lui rendait compte de tout, et le père de La Chaise en instruisait mons de Louvois. L'espion écrivit. L'Ingénu et la lettre arrivèrent presque en même temps à Versailles.

CHAPITRE NEUVIÈME

ARRIVÉE DE L'INGÉNU À VERSAILLES. SA RÉCEPTION À LA COUR

L'Ingénu débarque en pot de chambre[a] dans la cour des cuisines. Il demande aux porteurs de chaise à quelle heure on peut voir le roi. Les porteurs lui rient au nez, tout comme avait fait l'amiral anglais. Il les traita de même, il les battit ; ils voulurent le lui rendre, et la scène allait être sanglante s'il n'eût passé un garde du corps, gentilhomme breton, qui écarta la canaille. « Monsieur, lui dit le voyageur, vous me paraissez un brave homme ; je suis le neveu de monsieur le prieur de Notre-Dame de la Montagne ; j'ai tué des Anglais, je viens parler au roi ; je vous prie de me mener dans sa chambre. » Le garde, ravi de trouver un brave de sa province, qui ne paraissait pas au fait des usages de la cour, lui apprit qu'on ne parlait pas ainsi au roi, et qu'il fallait être présenté par monseigneur de Louvois.

a. C'est une voiture de Paris à Versailles, laquelle ressemble à un petit tombereau couvert.

« Eh bien! menez-moi donc chez ce monseigneur de Louvois, qui sans doute me conduira chez Sa Majesté. — Il est encore plus difficile, répliqua le garde, de parler à monseigneur de Louvois qu'à Sa Majesté; mais je vais vous conduire chez monsieur Alexandre[59], le premier commis de la guerre : c'est comme si vous parliez au ministre. » Ils vont donc chez ce monsieur Alexandre, premier commis, et ils ne purent être introduits; il était en affaire avec une dame de la cour, et il y avait ordre de ne laisser entrer personne. « Eh bien! dit le garde, il n'y a rien de perdu; allons chez le premier commis de monsieur Alexandre : c'est comme si vous parliez à monsieur Alexandre lui-même. »

Le Huron, tout étonné, le suit; ils restent ensemble une demi-heure dans une petite antichambre. « Qu'est-ce donc que tout ceci? dit l'Ingénu; est-ce que tout le monde est invisible dans ce pays-ci? Il est bien plus aisé de se battre en Basse-Bretagne contre des Anglais que de rencontrer à Versailles les gens à qui on a affaire. » Il se désennuya en racontant ses amours à son compatriote. Mais l'heure en sonnant rappela le garde du corps à son poste. Ils se promirent de se revoir le lendemain, et l'Ingénu resta encore une autre demi-heure dans l'antichambre, en rêvant à mademoiselle de Saint-Yves, et à la difficulté de parler aux rois et aux premiers commis.

Enfin le patron parut. « Monsieur, lui dit l'Ingénu, si j'avais attendu pour repousser les Anglais aussi longtemps que vous m'avez fait attendre mon audience, ils ravageraient actuellement la Basse-Bretagne tout à leur aise. » Ces paroles frappèrent le commis. Il dit enfin au Breton : « Que demandez-vous? — Récompense, dit l'autre; voici mes titres. » Il lui étala tous ses certificats. Le commis lut, et lui dit que probablement on lui accorderait la permission d'acheter une lieutenance[60]. « Moi! que je donne de l'argent pour avoir repoussé les Anglais? que je paye le droit de me faire tuer pour vous, pendant que vous donnez ici vos audiences tranquillement? Je crois que vous voulez rire. Je veux une compagnie de cavalerie pour rien; je veux que le roi fasse sortir mademoiselle de Saint-Yves du couvent, et qu'il me la donne par mariage; je veux parler au roi en faveur de cinquante mille familles que je prétends lui rendre. En un mot, je veux être utile; qu'on m'emploie et qu'on m'avance.

— Comment vous nommez-vous, monsieur, qui parlez si haut? — Oh! oh! reprit l'Ingénu, vous n'avez donc pas lu mes certificats? C'est donc ainsi qu'on en use? Je m'appelle Hercule de Kerkabon; je suis baptisé, je loge au Cadran bleu, et je me plaindrai de vous au roi. » Le commis conclut comme les gens de Saumur, qu'il n'avait pas la tête bien saine, et n'y fit pas grande attention.

Ce même jour, le révérend père de La Chaise, confesseur de Louis XIV, avait reçu la lettre de son espion, qui accusait le Breton Kerkabon de favoriser dans son cœur les huguenots, et de condamner la conduite des jésuites. Monsieur de Louvois, de son côté, avait reçu une lettre de l'interrogant bailli, qui dépeignait l'Ingénu comme un garnement qui voulait brûler les couvents et enlever les filles.

L'Ingénu, après s'être promené dans les jardins de Versailles, où il s'ennuya, après avoir soupé en Huron et en Bas-Breton, s'était couché dans la douce espérance de voir le roi le lendemain, d'obtenir mademoiselle de Saint-Yves en mariage, d'avoir au moins une compagnie de cavalerie, et de faire cesser la persécution contre les huguenots. Il se berçait de ces flatteuses idées, quand la maréchaussée entra dans sa chambre. Elle se saisit d'abord de son fusil à deux coups et de son grand sabre.

On fit un inventaire de son argent comptant, et on le mena dans le château que fit construire le roi Charles V, fils de Jean II, auprès de la rue Saint-Antoine, à la porte des Tournelles[61].

Quel était en chemin l'étonnement de l'Ingénu, je vous le laisse à penser. Il crut d'abord que c'était un rêve. Il resta dans l'engourdissement, puis tout à coup transporté d'une fureur qui redoublait ses forces, il prend à la gorge deux de ses conducteurs, qui étaient avec lui dans le carrosse, les jette par la portière, se jette après eux, et entraîne le troisième, qui voulait le retenir. Il tombe de l'effort, on le lie, on le remonte dans la voiture. « Voilà donc, disait-il, ce que l'on gagne à chasser les Anglais de la Basse-Bretagne ! Que dirais-tu, belle Saint-Yves, si tu me voyais dans cet état ? »

On arrive enfin au gîte qui lui était destiné. On le porte en silence dans la chambre où il devait être enfermé, comme un mort qu'on porte dans un cimetière. Cette chambre était déjà occupée par un vieux solitaire de Port-Royal, nommé Gordon[62], qui y languissait depuis deux ans. « Tenez, lui dit le chef des sbires, voilà de la compagnie que je vous amène » ; et sur-le-champ on referma les énormes verrous de la porte épaisse, revêtue de larges barres. Les deux captifs restèrent séparés de l'univers entier.

CHAPITRE DIXIÈME

L'INGÉNU ENFERMÉ À LA BASTILLE AVEC UN JANSÉNISTE

M. Gordon était un vieillard frais et serein[63], qui savait deux grandes choses : supporter l'adversité, et consoler les malheureux. Il s'avança d'un air ouvert et compatissant vers son compagnon, et lui dit en l'embrassant : « Qui que vous soyez, qui venez partager mon tombeau, soyez sûr que je m'oublierai toujours moi-même pour adoucir vos tourments dans l'abîme infernal où nous sommes plongés. Adorons la Providence qui nous y a conduits, souffrons en paix, et espérons. » Ces paroles firent sur l'âme de l'Ingénu l'effet des gouttes d'Angleterre[64], qui rappellent un mourant à la vie, et lui font entr'ouvrir des yeux étonnés.

Après les premiers compliments, Gordon, sans le

presser de lui apprendre la cause de son malheur, lui
inspira, par la douceur de son entretien, et par cet
intérêt que prennent deux malheureux l'un à l'autre,
le désir d'ouvrir son cœur et de déposer le fardeau qui
l'accablait; mais il ne pouvait deviner le sujet de son
malheur : cela lui paraissait un effet sans cause; et le
bonhomme Gordon était aussi étonné que lui-même.

« Il faut, dit le janséniste au Huron, que Dieu ait de
grands desseins sur vous, puisqu'il vous a conduit du
lac Ontario en Angleterre et en France, qu'il vous a
fait baptiser en Basse-Bretagne, et qu'il vous a mis ici
pour votre salut. — Ma foi, répondit l'Ingénu, je crois
que le diable s'est mêlé seul de ma destinée. Mes
compatriotes d'Amérique ne m'auraient jamais traité
avec la barbarie que j'éprouve : ils n'en ont pas d'idée.
On les appelle *sauvages*; ce sont des gens de bien gros-
siers, et les hommes de ce pays-ci sont des coquins
raffinés. Je suis, à la vérité, bien surpris d'être venu
d'un autre monde pour être enfermé dans celui-ci
sous quatre verrous avec un prêtre; mais je fais
réflexion au nombre prodigieux d'hommes qui
partent d'un hémisphère pour aller se faire tuer dans
l'autre, ou qui font naufrage en chemin, et qui sont
mangés des poissons : je ne vois pas les gracieux desseins de Dieu sur tous ces gens-là. »

On leur apporta à dîner par un guichet. La conversation roula sur la Providence, sur les lettres de
cachet, et sur l'art de ne pas succomber aux disgrâces
auxquelles tout homme est exposé dans ce monde. « Il
y a deux ans que je suis ici, dit le vieillard, sans autre
consolation que moi-même et des livres; je n'ai pas eu
un moment de mauvaise humeur.

— Ah! monsieur Gordon, s'écria l'Ingénu, vous
n'aimez donc pas votre marraine? Si vous connaissiez
comme moi mademoiselle de Saint-Yves, vous seriez
au désespoir. » A ces mots il ne put retenir ses larmes,
et il se sentit alors un peu moins oppressé. « Mais,
dit-il, pourquoi donc les larmes soulagent-elles? Il me
semble qu'elles devraient faire un effet contraire.

— Mon fils, tout est physique en nous, dit le bon

vieillard; toute sécrétion fait du bien au corps; et tout ce qui le soulage soulage l'âme : nous sommes les machines de la Providence. »

L'Ingénu, qui, comme nous l'avons dit plusieurs fois, avait un grand fonds d'esprit, fit de profondes réflexions sur cette idée, dont il semblait qu'il avait la semence en lui-même. Après quoi il demanda à son compagnon pourquoi sa machine était depuis deux ans sous quatre verrous. « Par la grâce efficace[65], répondit Gordon; je passe pour janséniste : j'ai connu Arnauld et Nicole[66]; les jésuites nous ont persécutés. Nous croyons que le pape n'est qu'un évêque comme un autre; et c'est pour cela que le père de La Chaise a obtenu du roi, son pénitent, un ordre de me ravir, sans aucune formalité de justice[67], le bien le plus précieux des hommes, la liberté.

— Voilà qui est bien étrange, dit l'Ingénu; tous les malheureux que j'ai rencontrés ne le sont qu'à cause du pape. A l'égard de votre grâce efficace, je vous avoue que je n'y entends rien; mais je regarde comme une grande grâce que Dieu m'ait fait trouver dans mon malheur un homme comme vous, qui verse dans mon cœur des consolations dont je me croyais incapable. »

Chaque jour la conversation devenait plus intéressante et plus instructive. Les âmes des deux captifs s'attachaient l'une à l'autre. Le vieillard savait beaucoup, et le jeune homme voulait beaucoup apprendre. Au bout d'un mois il étudia la géométrie; il la dévorait. Gordon lui fit lire la *Physique* de Rohault[68], qui était encore à la mode, et il eut le bon esprit de n'y trouver que des incertitudes.

Ensuite il lut le premier volume de la *Recherche de la vérité*. Cette nouvelle lumière l'éclaira. « Quoi! dit-il, notre imagination et nos sens nous trompent à ce point! quoi! les objets ne forment point nos idées, et nous ne pouvons nous les donner nous-mêmes. » Quand il eut lu le second volume, il ne fut plus si content, et il conclut qu'il est plus aisé de détruire que de bâtir[69].

Son confrère, étonné qu'un jeune ignorant fît cette réflexion, qui n'appartient qu'aux âmes exercées, conçut une grande idée de son esprit, et s'attacha à lui davantage.

« Votre Malebranche, lui dit un jour l'Ingénu, me paraît avoir écrit la moitié de son livre avec sa raison, et l'autre avec son imagination et ses préjugés. »

Quelques jours après, Gordon lui demanda : « Que pensez-vous donc de l'âme, de la manière dont nous recevons nos idées, de notre volonté, de la grâce, du libre arbitre ? — Rien, lui repartit l'Ingénu ; si je pensais quelque chose, c'est que nous sommes sous la puissance de l'Être éternel comme les astres et les éléments ; qu'il fait tout en nous, que nous sommes de petites roues de la machine immense dont il est l'âme ; qu'il agit par des lois générales, et non par des vues particulières : cela seul me paraît intelligible ; tout le reste est pour moi un abîme de ténèbres.

— Mais, mon fils, ce serait faire Dieu auteur du péché.

— Mais, mon père, votre grâce efficace ferait Dieu auteur du péché aussi : car il est certain que tous ceux à qui cette grâce serait refusée pécheraient ; et qui nous livre au mal n'est-il pas l'auteur du mal ? »

Cette naïveté embarrassait fort le bonhomme ; il sentait qu'il faisait de vains efforts pour se tirer de ce bourbier ; et il entassait tant de paroles qui paraissaient avoir du sens et qui n'en avaient point (dans le goût de la prémotion physique[70]), que l'Ingénu en avait pitié. Cette question tenait évidemment à l'origine du bien et du mal ; et alors il fallait que le pauvre Gordon passât en revue la boîte de Pandore, l'œuf d'Orosmade percé par Arimane, l'inimitié entre Typhon et Osiris, et enfin le péché originel[71] ; et ils couraient l'un et l'autre dans cette nuit profonde, sans jamais se rencontrer. Mais enfin ce roman de l'âme détournait leur vue de la contemplation de leur propre misère, et, par un charme étrange, la foule des calamités répandues sur l'univers diminuait la sensation de leurs peines : ils n'osaient se plaindre quand tout souffrait.

Mais, dans le repos de la nuit, l'image de la belle Saint-Yves effaçait dans l'esprit de son amant toutes les idées de métaphysique et de morale. Il se réveillait les yeux mouillés de larmes; et le vieux janséniste oubliait sa grâce efficace, et l'abbé de Saint-Cyran, et Jansénius[72], pour consoler un jeune homme qu'il croyait en péché mortel.

Après leurs lectures, après leurs raisonnements, ils parlaient encore de leurs aventures; et, après en avoir inutilement parlé, ils lisaient ensemble ou séparément. L'esprit du jeune homme se fortifiait de plus en plus. Il serait surtout allé très loin en mathématiques sans les distractions que lui donnait mademoiselle de Saint-Yves.

Il lut des histoires, elles l'attristèrent. Le monde lui parut trop méchant et trop misérable. En effet, l'histoire n'est que le tableau des crimes et des malheurs. La foule des hommes innocents et paisibles disparaît toujours sur ces vastes théâtres. Les personnages ne sont que des ambitieux pervers. Il semble que l'histoire ne plaise que comme la tragédie, qui languit si elle n'est animée par les passions, les forfaits, et les grandes infortunes. Il faut armer Clio du poignard, comme Melpomène[73].

Quoique l'histoire de France soit remplie d'horreurs, ainsi que toutes les autres, cependant elle lui parut si dégoûtante dans ses commencements, si sèche dans son milieu, si petite enfin, même du temps de Henri IV, toujours si dépourvue de grands monuments, si étrangère à ces belles découvertes qui ont illustré d'autres nations, qu'il était obligé de lutter contre l'ennui pour lire tous ces détails de calamités obscures resserrées dans un coin du monde.

Gordon pensait comme lui. Tous deux riaient de pitié quand il était question des souverains de Fezensac, de Fesansaguet, et d'Astarac[74]. Cette étude en effet ne serait bonne que pour leurs héritiers, s'ils en avaient. Les beaux siècles de la république romaine le rendirent quelque temps indifférent pour le reste de la terre. Le spectacle de Rome victorieuse et législatrice

des nations occupait son âme entière. Il s'échauffait en
contemplant ce peuple qui fut gouverné sept cents ans
par l'enthousiasme de la liberté et de la gloire.

Ainsi se passaient les jours, les semaines, les mois;
et il se serait cru heureux dans le séjour du désespoir,
s'il n'avait point aimé.

Son bon naturel s'attendrissait encore sur le prieur
de Notre-Dame de la Montagne, et sur la sensible
Kerkabon. « Que penseront-ils, répétait-il souvent,
quand ils n'auront point de mes nouvelles ? Ils me
croiront un ingrat. » Cette idée le tourmentait ; il plaignait ceux qui l'aimaient, beaucoup plus qu'il ne se
plaignait lui-même.

CHAPITRE ONZIÈME

COMMENT L'INGÉNU DÉVELOPPE SON GÉNIE

La lecture agrandit l'âme, et un ami éclairé la
console. Notre captif jouissait de ces deux avantages,
qu'il n'avait pas soupçonnés auparavant. « Je serais
tenté, dit-il, de croire aux métamorphoses, car j'ai été
changé de brute en homme. » Il se forma une bibliothèque choisie d'une partie de son argent dont on lui
permettait de disposer. Son ami l'encouragea à mettre
par écrit ses réflexions. Voici ce qu'il écrivit sur l'histoire ancienne :

« Je m'imagine que les nations ont été longtemps
comme moi, qu'elles ne se sont instruites que fort
tard, qu'elles n'ont été occupées pendant des siècles
que du moment présent qui coulait, très peu du passé,
et jamais de l'avenir. J'ai parcouru cinq ou six cents
lieues du Canada, je n'y ai pas trouvé un seul monu-
ment ; personne n'y sait rien de ce qu'a fait son
bisaïeul. Ne serait-ce pas là l'état naturel de l'homme ?
L'espèce de ce continent-ci me paraît supérieure à
celle de l'autre. Elle a augmenté son être depuis plusieurs siècles par les arts et par les connaissances.

Est-ce parce qu'elle a de la barbe au menton, et que Dieu a refusé la barbe aux Américains ? Je ne le crois pas : car je vois que les Chinois n'ont presque point de barbe, et qu'ils cultivent les arts depuis plus de cinq mille années. En effet, s'ils ont plus de quatre mille ans d'annales, il faut bien que la nation ait été rassemblée et florissante depuis plus de cinquante siècles.

« Une chose me frappe surtout dans cette ancienne histoire de la Chine, c'est que presque tout y est vraisemblable et naturel. Je l'admire en ce qu'il n'y a rien de merveilleux.

« Pourquoi toutes les autres nations se sont-elles donné des origines fabuleuses ? Les anciens chroniqueurs de l'histoire de France, qui ne sont pas fort anciens, font venir les Français d'un Francus, fils d'Hector[75] ; les Romains se disaient issus d'un Phrygien, quoiqu'il n'y eût pas dans leur langue un seul mot qui eût le moindre rapport à la langue de Phrygie[76] ; les dieux avaient habité dix mille ans en Égypte, et les diables, en Scythie, où ils avaient engendré les Huns. Je ne vois avant Thucydide que des romans semblables aux Amadis, et beaucoup moins amusants. Ce sont partout des apparitions, des oracles, des prodiges, des sortilèges, des métamorphoses, des songes expliqués, et qui font la destinée des plus grands empires et des plus petits États : ici des bêtes qui parlent, là des bêtes qu'on adore, des dieux transformés en hommes, et des hommes transformés en dieux. Ah ! s'il nous faut des fables, que ces fables soient du moins l'emblème de la vérité ! J'aime les fables des philosophes, je ris de celles des enfants, et je hais celles des imposteurs[77]. »

Il tomba un jour sur une histoire de l'empereur Justinien[78]. On y lisait que des apédeutes de Constantinople avaient donné, en très mauvais grec, un édit contre le plus grand capitaine du siècle, parce que ce héros avait prononcé ces paroles dans la chaleur de la conversation : « La vérité luit de sa propre lumière, et on n'éclaire pas les esprits avec les flammes des bûchers. » Les apédeutes assurèrent que cette proposition était hérétique, sentant l'hérésie, et que l'axiome contraire était catholique, universel, et grec[79] : « On n'éclaire les esprits qu'avec la flamme des bûchers, et la vérité ne saurait luire de sa propre lumière. » Ces linostoles[80] condamnèrent ainsi plusieurs discours du capitaine, et donnèrent un édit.

« Quoi ! s'écria l'Ingénu, des édits rendus par ces gens-là !

— Ce ne sont point des édits, répliqua Gordon, ce sont des contr'édits dont tout le monde se moquait à Constantinople, et l'empereur tout le premier : c'était un sage prince, qui avait su réduire les apédeutes linostoles à ne pouvoir faire que du bien. Il savait que ces messieurs-là et plusieurs autres pastophores[81] avaient lassé de contr'édits la patience des empereurs ses prédécesseurs en matière plus grave.

— Il fit fort bien, dit l'Ingénu ; on doit soutenir les pastophores et les contenir. »

Il mit par écrit beaucoup d'autres réflexions qui épouvantèrent le vieux Gordon. « Quoi ! dit-il en lui-même, j'ai consumé cinquante ans à m'instruire, et je crains de ne pouvoir atteindre au bon sens naturel de cet enfant presque sauvage ! je tremble d'avoir laborieusement fortifié des préjugés ; il n'écoute que la simple nature. »

Le bonhomme avait quelques-uns de ces petits livres de critique, de ces brochures périodiques où des hommes incapables de rien produire dénigrent les productions des autres, où les Visé insultent aux Racine, et les Faydit aux Fénelon[82]. L'Ingénu en parcourut quelques-uns. « Je les compare, disait-il, à certains moucherons qui vont déposer leurs œufs dans le derrière des plus beaux chevaux : cela ne les empêche pas de courir. » A peine les deux philosophes daignèrent-ils jeter les yeux sur ces excréments de la littérature.

Ils lurent bientôt ensemble les éléments de l'astronomie ; l'Ingénu fit venir des sphères : ce grand spectacle le ravissait. « Qu'il est dur, disait-il, de ne commencer à connaître le ciel que lorsqu'on me ravit le droit de le contempler ! Jupiter et Saturne roulent dans ces espaces immenses ; des millions de soleils éclairent des milliards de mondes ; et dans le coin de terre où je suis jeté, il se trouve des êtres qui me privent, moi être voyant et pensant, de tous ces mondes où ma vue pourrait atteindre, et de celui où Dieu m'a fait naître ! La lumière faite pour tout l'univers est perdue pour moi. On ne me la cachait pas dans l'horizon septentrional où j'ai passé mon enfance et ma jeunesse. Sans vous, mon cher Gordon, je serais ici dans le néant. »

CHAPITRE DOUZIÈME

CE QUE L'INGÉNU PENSE DES PIÈCES DE THÉÂTRE

Le jeune Ingénu ressemblait à un de ces arbres vigoureux qui, nés dans un sol ingrat, étendent en peu de temps leurs racines et leurs branches quand ils sont transplantés dans un terrain favorable ; et il était bien extraordinaire qu'une prison fût ce terrain.

Parmi les livres qui occupaient le loisir des deux captifs, il se trouva des poésies, des traductions de tragédies grecques, quelques pièces du théâtre français. Les vers qui parlaient d'amour portèrent à la fois dans l'âme de l'Ingénu le plaisir et la douleur. Ils lui parlaient tous de sa chère Saint-Yves. La fable des *Deux pigeons* [83] lui perça le cœur ; il était bien loin de pouvoir revenir à son colombier.

Molière l'enchanta. Il lui faisait connaître les mœurs de Paris et du genre humain. « A laquelle de ses comédies donnez-vous la préférence ? — Au *Tartuffe*, sans difficulté. — Je pense comme vous, dit Gordon ; c'est un tartuffe qui m'a plongé dans ce cachot, et peut-être ce sont des tartuffes qui ont fait votre malheur. Comment trouvez-vous ces tragédies grecques ?

— Bonnes pour les Grecs, dit l'Ingénu. » Mais quand il lut l'*Iphigénie* moderne, *Phèdre*, *Andromaque*, *Athalie*, il fut en extase, il soupira, il versa des larmes, il les sut par cœur sans avoir envie de les apprendre.

« Lisez *Rodogune*[84], lui dit Gordon ; on dit que c'est le chef-d'œuvre du théâtre ; les autres pièces qui vous ont fait tant de plaisir sont peu de chose en comparaison. » Le jeune homme, dès la première page, lui dit : « Cela n'est pas du même auteur. — A quoi le voyez-vous ? — Je n'en sais rien encore ; mais ces vers-là ne vont ni à mon oreille ni à mon cœur. — Oh ! ce n'est rien que les vers », répliqua Gordon. L'Ingénu répondit : « Pourquoi donc en faire ? »

Après avoir lu très attentivement la pièce, sans autre dessein que celui d'avoir du plaisir, il regardait son ami avec des yeux secs et étonnés, et ne savait que dire. Enfin, pressé de rendre compte de ce qu'il avait senti, voici ce qu'il répondit : « Je n'ai guère entendu le commencement ; j'ai été révolté du milieu ; la dernière scène m'a beaucoup ému, quoiqu'elle me paraisse peu vraisemblable : je ne me suis intéressé pour personne, et je n'ai pas retenu vingt vers, moi qui les retiens tous quand ils me plaisent.

— Cette pièce passe pourtant pour la meilleure que nous ayons. — Si cela est, répliqua-t-il, elle est peut-être comme bien des gens qui ne méritent pas leurs places. Après tout, c'est ici une affaire de goût ; le mien ne doit pas encore être formé : je peux me tromper ; mais vous savez que je suis assez accoutumé à dire ce que je pense, ou plutôt ce que je sens. Je soupçonne qu'il y a souvent de l'illusion, de la mode, du caprice, dans les jugements des hommes. J'ai parlé d'après la nature ; il se peut que chez moi la nature soit très imparfaite ; mais il se peut aussi qu'elle soit quelquefois peu consultée par la plupart des hommes. » Alors il récita des vers d'*Iphigénie*, dont il était plein ; et quoiqu'il ne déclamât pas bien, il y mit tant de vérité et d'onction qu'il fit pleurer le vieux janséniste. Il lut ensuite *Cinna* ; il ne pleura point, mais il admira[85].

CHAPITRE TREIZIÈME

LA BELLE SAINT-YVES VA À VERSAILLES

Pendant que notre infortuné s'éclairait plus qu'il ne se consolait; pendant que son génie, étouffé depuis si longtemps, se déployait avec tant de rapidité et de force; pendant que la nature, qui se perfectionnait en lui, le vengeait des outrages de la fortune, que devinrent monsieur le prieur et sa bonne sœur, et la belle recluse Saint-Yves? Le premier mois, on fut inquiet, et au troisième on fut plongé dans la douleur: les fausses conjectures, les bruits mal fondés, alarmèrent; au bout de six mois, on le crut mort. Enfin monsieur et mademoiselle de Kerkabon apprirent, par une ancienne lettre qu'un garde du roi avait écrite en Bretagne, qu'un jeune homme semblable à l'Ingénu était arrivé un soir à Versailles, mais qu'il avait été enlevé pendant la nuit, et que depuis ce temps personne n'en avait entendu parler.

« Hélas! dit mademoiselle de Kerkabon, notre neveu aura fait quelque sottise, et se sera attiré de fâcheuses affaires. Il est jeune, il est Bas-Breton, il ne peut savoir comme on doit se comporter à la cour. Mon cher frère, je n'ai jamais vu Versailles ni Paris; voici une belle occasion, nous retrouverons peut-être notre pauvre neveu: c'est le fils de notre frère; notre devoir est de le secourir. Qui sait si nous ne pourrons point parvenir enfin à le faire sous-diacre, quand la fougue de la jeunesse sera amortie? Il avait beaucoup de dispositions pour les sciences. Vous souvenez-vous comme il raisonnait sur l'Ancien et sur le Nouveau Testament? Nous sommes responsables de son âme; c'est nous qui l'avons fait baptiser; sa chère maîtresse Saint-Yves passe les journées à pleurer. En vérité il faut aller à Paris. S'il est caché dans quelqu'une de ces vilaines maisons de joie dont on m'a fait tant de récits, nous l'en tirerons. » Le prieur fut touché des discours de sa sœur. Il alla trouver l'évêque de Saint-Malo, qui avait baptisé le Huron, et lui demanda sa protection et ses conseils. Le prélat approuva le voyage. Il donna au prieur des lettres de recommandation pour le père de La Chaise, confesseur du roi, qui avait la première dignité du royaume, pour l'archevêque de Paris Harlay[86], et pour l'évêque de Meaux Bossuet.

Enfin le frère et la sœur partirent; mais, quand ils furent arrivés à Paris, ils se trouvèrent égarés comme dans un vaste labyrinthe, sans fil et sans issue. Leur fortune était médiocre, il leur fallait tous les jours des voitures pour aller à la découverte, et ils ne découvraient rien.

Le prieur se présenta chez le révérend père de La Chaise : il était avec mademoiselle du Tron, et ne pouvait donner audience à des prieurs. Il alla à la porte de l'archevêque : le prélat était enfermé avec la belle madame de Lesdiguières pour les affaires de l'Église. Il courut à la maison de campagne de l'évêque de Meaux : celui-ci examinait, avec mademoiselle de Mauléon, l'amour mystique de madame Guyon[87]. Cependant il parvint à se faire entendre de ces deux prélats; tous deux lui déclarèrent qu'ils ne pouvaient se mêler de son neveu, attendu qu'il n'était pas sous-diacre.

Enfin il vit le jésuite; celui-ci le reçut à bras ouverts, lui protesta qu'il avait toujours eu pour lui une estime particulière, ne l'ayant jamais connu. Il jura que la Société avait toujours été attachée aux Bas-Bretons. « Mais, dit-il, votre neveu n'aurait-il pas le malheur d'être huguenot? — Non, assurément, mon révérend père. — Serait-il point janséniste? — Je puis assurer à Votre Révérence qu'à peine est-il chrétien : il y a environ onze mois que nous l'avons baptisé. — Voilà qui est bien, voilà qui est bien; nous aurons soin de lui. Votre bénéfice[88] est-il considérable? — Oh! fort peu de chose, et mon neveu nous coûte beaucoup. — Y a-t-il quelques jansénistes dans le voisinage? Prenez bien garde, mon cher monsieur le prieur, ils sont plus dangereux que les huguenots et les athées. — Mon révérend père, nous n'en avons point; on ne sait ce

Sortie du couvent

que c'est que le jansénisme à Notre-Dame de la Montagne. — Tant mieux; allez, il n'y a rien que je ne fasse pour vous. » Il congédia affectueusement le prieur, et n'y pensa plus.

Le temps s'écoulait, le prieur et la bonne sœur se désespéraient.

Cependant le maudit bailli pressait le mariage de son grand benêt de fils avec la belle Saint-Yves, qu'on avait fait sortir exprès du couvent. Elle aimait toujours son cher filleul autant qu'elle détestait le mari qu'on lui présentait. L'affront d'avoir été mise dans un couvent augmentait sa passion; l'ordre d'épouser le fils du bailli y mettait le comble. Les regrets, la tendresse, et l'horreur bouleversaient son âme. L'amour, comme on sait, est bien plus ingénieux et plus hardi dans une jeune fille que l'amitié ne l'est dans un vieux prieur et dans une tante de quarante-cinq ans passés. De plus, elle s'était bien formée dans son couvent par les romans qu'elle avait lus à la dérobée.

La belle Saint-Yves se souvenait de la lettre qu'un garde du corps avait écrite en Basse-Bretagne, et dont on avait parlé dans la province. Elle résolut d'aller elle-même prendre des informations à Versailles; de se jeter aux pieds des ministres si son mari était en prison, comme on le disait, et d'obtenir justice pour lui. Je ne sais quoi l'avertissait secrètement qu'à la cour on ne refuse rien à une jolie fille; mais elle ne savait pas ce qu'il en coûtait.

Sa résolution prise, elle est consolée, elle est tranquille, elle ne rebute plus son sot prétendu; elle accueille le détestable beau-père, caresse son frère, répand l'allégresse dans la maison; puis, le jour destiné à la cérémonie, elle part secrètement à quatre heures du matin avec ses petits présents de noce, et tout ce qu'elle a pu rassembler. Ses mesures étaient si bien prises qu'elle était déjà à plus de dix lieues lorsqu'on entra dans sa chambre, vers le midi. La surprise et la consternation furent grandes. L'interrogant bailli fit ce jour-là plus de questions qu'il n'en avait fait dans toute la semaine; le mari resta plus sot qu'il

Handwritten annotation at top of page: tout-à-tous : caricature du Jésuite, il symbolise la politique d'infiltration menée par les jésuites.

ne l'avait jamais été. L'abbé de Saint Yves, en colère, prit le parti de courir après sa sœur. Le bailli et son fils voulurent l'accompagner. Ainsi la destinée conduisait à Paris presque tout ce canton de la Basse-Bretagne.

La belle Saint-Yves se doutait bien qu'on la suivrait. Elle était à cheval[89]; elle s'informait adroitement des courriers[90] s'ils n'avaient point rencontré un gros abbé, un énorme bailli, et un jeune benêt, qui couraient sur le chemin de Paris. Ayant appris au troisième jour qu'ils n'étaient pas loin, elle prit une route différente, et eut assez d'habileté et de bonheur pour arriver à Versailles tandis qu'on la cherchait inutilement dans Paris.

Mais comment se conduire à Versailles? Jeune, belle, sans conseil, sans appui, inconnue, exposée à tout, comment oser chercher un garde du roi? Elle imagina de s'adresser à un jésuite du bas étage; il y en avait pour toutes les conditions de la vie, comme Dieu, disaient-ils, a donné différentes nourritures aux diverses espèces d'animaux. Il avait donné au roi son confesseur, que tous les solliciteurs de bénéfices appelaient *le chef de l'Église gallicane*[91]; ensuite venaient les confesseurs des princesses; les ministres n'en avaient point : ils n'étaient pas si sots[92]. Il y avait les jésuites du grand commun, et surtout les jésuites des femmes de chambre par lesquelles on savait les secrets des maîtresses; et ce n'était pas un petit emploi. La belle Saint-Yves s'adressa à un de ces derniers, qui s'appelait le père Tout-à-tous[93]. Elle se confessa à lui, lui exposa ses aventures, son état, son danger, et le conjura de la loger chez quelque bonne dévote qui la mît à l'abri des tentations.

Le père Tout-à-tous l'introduisit chez la femme d'un officier du gobelet[94], l'une de ses plus affidées pénitentes. Dès qu'elle y fut, elle s'empressa de gagner la confiance et l'amitié de cette femme; elle s'informa du garde breton, et le fit prier de venir chez elle. Ayant su de lui que son amant avait été enlevé après avoir parlé à un premier commis, elle court chez ce commis : la vue d'une belle femme l'adoucit, car il

faut convenir que Dieu n'a créé les femmes que pour
apprivoiser les hommes.

Le plumitif attendri lui avoua tout. « Votre amant
est à la Bastille depuis près d'un an[95], et sans vous il y
serait peut-être toute sa vie. » La tendre Saint-Yves
s'évanouit. Quand elle eut repris ses sens, le plumitif
lui dit : « Je suis sans crédit pour faire du bien ; tout
mon pouvoir se borne à faire du mal quelquefois.
Croyez-moi, allez chez monsieur de Saint-Pouange[96],
qui fait le bien et le mal, cousin et favori de monseigneur de Louvois. Ce ministre a deux âmes : monsieur de Saint-Pouange en est une ; madame Du Bel-
loy, l'autre ; mais elle n'est pas à présent à Versailles ; il
ne vous reste que de fléchir le protecteur que je vous
indique. »

La belle Saint-Yves, partagée entre un peu de joie
et d'extrêmes douleurs, entre quelque espérance et de
tristes craintes, poursuivie par son frère, adorant son
amant, essuyant ses larmes et en versant encore, tremblante, affaiblie, et reprenant courage, courut vite
chez monsieur de Saint-Pouange.

CHAPITRE QUATORZIÈME

PROGRÈS DE L'ESPRIT DE L'INGÉNU

L'Ingénu faisait des progrès rapides dans les
sciences, et surtout dans la science de l'homme. La
cause du développement rapide de son esprit était due
à son éducation sauvage presque autant qu'à la
trempe de son âme : car, n'ayant rien appris dans son
enfance, il n'avait point appris de préjugés. Son
entendement, n'ayant point été courbé par l'erreur,
était demeuré dans toute sa rectitude. Il voyait les
choses comme elles sont, au lieu que les idées qu'on
nous donne dans l'enfance nous les font voir toute
notre vie comme elles ne sont point. « Vos persécuteurs sont abominables, disait-il à son ami Gordon.

Protestation de l'ingénu contre les sectes

Je vous plains d'être opprimé, mais je vous plains d'être janséniste. Toute secte me paraît le ralliement de l'erreur. Dites-moi s'il y a des sectes en géométrie ? — Non, mon cher enfant, lui dit en soupirant le bon Gordon ; tous les hommes sont d'accord sur la vérité quand elle est démontrée, mais ils sont trop partagés sur les vérités obscures. — Dites sur les faussetés obscures. S'il y avait eu une seule vérité cachée dans vos amas d'arguments qu'on ressasse depuis tant de siècles, on l'aurait découverte sans doute ; et l'univers aurait été d'accord au moins sur ce point-là. Si cette vérité était nécessaire comme le soleil l'est à la terre, elle serait brillante comme lui. C'est une absurdité, c'est un outrage au genre humain, c'est un attentat contre l'Être infini et suprême de dire : Il y a une vérité essentielle à l'homme, et Dieu l'a cachée. »

Tout ce que disait ce jeune ignorant, instruit par la nature, faisait une impression profonde sur l'esprit du vieux savant infortuné. « Serait-il bien vrai, s'écria-t-il, que je me fusse rendu malheureux pour des chimères ? Je suis bien plus sûr de mon malheur que de la grâce efficace. J'ai consumé mes jours à raisonner sur la liberté de Dieu et du genre humain ; mais j'ai perdu la mienne ; ni saint Augustin ni saint Prosper[97] ne me tireront de l'abîme où je suis. »

L'Ingénu, livré à son caractère, dit enfin : « Voulez-vous que je vous parle avec une confiance hardie ? Ceux qui se font persécuter pour ces vaines disputes de l'école me semblent peu sages ; ceux qui persécutent me paraissent des monstres. »

Les deux captifs étaient fort d'accord sur l'injustice de leur captivité. « Je suis cent fois plus à plaindre que vous, disait l'Ingénu ; je suis né libre comme l'air ; j'avais deux vies, la liberté et l'objet de mon amour : on me les ôte. Nous voici tous deux dans les fers, sans en savoir la raison et sans pouvoir la demander. J'ai vécu Huron vingt ans ; on dit que ce sont des barbares, parce qu'ils se vengent de leurs ennemis ; mais ils n'ont jamais opprimé leurs amis. A peine ai-je mis le pied en France, que j'ai versé mon sang pour elle ;

*conversion d'un janséniste
par un Huron.*

j'ai peut-être sauvé une province, et pour récompense je suis englouti dans ce tombeau des vivants, où je serais mort de rage sans vous. Il n'y a donc point de lois dans ce pays ? On condamne les hommes sans les entendre ! Il n'en est pas ainsi en Angleterre [98]. Ah ! ce n'était pas contre les Anglais que je devais me battre. » Ainsi sa philosophie naissante ne pouvait dompter la nature outragée dans le premier de ses droits, et laissait un libre cours à sa juste colère.

Son compagnon ne le contredit point. L'absence augmente toujours l'amour qui n'est pas satisfait, et la philosophie ne le diminue pas. Il parlait aussi souvent de sa chère Saint-Yves que de morale et de métaphysique. Plus ses sentiments s'épuraient, et plus il aimait. Il lut quelques romans nouveaux ; il en trouva peu qui lui peignissent la situation de son âme. Il sentait que son cœur allait toujours au-delà de ce qu'il lisait. « Ah ! disait-il, presque tous ces auteurs-là n'ont que de l'esprit et de l'art. » Enfin le bon prêtre janséniste devenait insensiblement le confident de sa tendresse. Il ne connaissait l'amour auparavant que comme un péché dont on s'accuse en confession. Il apprit à le connaître comme un sentiment aussi noble que tendre, qui peut élever l'âme autant que l'amollir, et produire même quelquefois des vertus. Enfin, pour dernier prodige, un Huron convertissait un janséniste.

CHAPITRE QUINZIÈME

LA BELLE SAINT-YVES
RÉSISTE À DES PROPOSITIONS DÉLICATES

La belle Saint-Yves, plus tendre encore que son amant, alla donc chez monsieur de Saint-Pouange, accompagnée de l'amie chez qui elle logeait, toutes deux cachées dans leurs coiffes. La première chose qu'elle vit à la porte ce fut l'abbé de Saint-Yves, son frère, qui en sortait. Elle fut intimidée ; mais la dévote amie la rassura. « C'est précisément parce qu'on a parlé contre vous qu'il faut que vous parliez. Soyez sûre que dans ce pays les accusateurs ont toujours raison si on ne se hâte de les confondre. Votre présence d'ailleurs, ou je me trompe fort, fera plus d'effet que les paroles de votre frère. »

Pour peu qu'on encourage une amante passionnée, elle est intrépide. La Saint-Yves se présente à l'audience. Sa jeunesse, ses charmes, ses yeux tendres, mouillés de quelques pleurs, attirèrent tous les regards. Chaque courtisan du sous-ministre oublia un moment l'idole du pouvoir pour contempler celle de la beauté. Le Saint-Pouange la fit entrer dans un cabinet; elle parla avec attendrissement et avec grâce. Saint-Pouange se sentit touché. Elle tremblait, il la rassura. « Revenez ce soir, lui dit-il; vos affaires méritent qu'on y pense et qu'on en parle à loisir; il y a ici trop de monde; on expédie les audiences trop rapidement : il faut que je vous entretienne à fond de tout ce qui vous regarde. » Ensuite, ayant fait l'éloge de sa beauté et de ses sentiments, il lui recommanda de venir à sept heures du soir.

Elle n'y manqua pas; la dévote amie l'accompagna encore, mais elle se tint dans le salon, et lut le *Pédagogue chrétien*[99], pendant que le Saint-Pouange et la belle Saint-Yves étaient dans l'arrière-cabinet. « Croiriez-vous bien, mademoiselle, lui dit-il d'abord, que votre frère est venu me demander une lettre de cachet contre vous ? En vérité j'en expédierais plutôt une pour le renvoyer en Basse-Bretagne. — Hélas! monsieur, on est donc bien libéral de lettres de cachet dans vos bureaux, puisqu'on en vient solliciter du fond du royaume, comme des pensions. Je suis bien loin d'en demander une contre mon frère. J'ai beaucoup à me plaindre de lui, mais je respecte la liberté des hommes; je demande celle d'un homme que je veux épouser, d'un homme à qui le roi doit la conservation d'une province, qui peut le servir utilement, et qui est fils d'un officier tué à son service. De quoi est-il accusé ? Comment a-t-on pu le traiter si cruellement sans l'entendre ? »

Elle se fait abuser par le prêtre [handwritten annotation]

Alors le sous-ministre lui montra la lettre du jésuite espion et celle du perfide bailli. « Quoi! il y a de pareils monstres sur la terre! et on veut me forcer ainsi à épouser le fils ridicule d'un homme ridicule et méchant! et c'est sur de pareils avis qu'on décide ici de la destinée des citoyens [100]! » Elle se jeta à genoux, elle demanda avec des sanglots la liberté du brave homme qui l'adorait. Ses charmes dans cet état parurent dans leur plus grand avantage. Elle était si belle que le Saint-Pouange, perdant toute honte, lui insinua qu'elle réussirait si elle commençait par lui donner les prémices de ce qu'elle réservait à son amant. La Saint-Yves, épouvantée et confuse, feignit longtemps de ne le pas entendre [101]; il fallut s'expliquer plus clairement. Un mot lâché d'abord avec une retenue en produisait un plus fort, suivi d'un autre plus expressif. On offrit non seulement la révocation de la lettre de cachet, mais des récompenses, de l'argent, des honneurs, des établissements; et plus on promettait, plus le désir de n'être pas refusé augmentait.

La Saint-Yves pleurait, elle était suffoquée, à demi renversée sur un sofa, croyant à peine ce qu'elle voyait, ce qu'elle entendait. Le Saint-Pouange, à son tour, se jeta à ses genoux. Il n'était pas sans agréments, et aurait pu ne pas effaroucher un cœur moins prévenu; mais Saint-Yves adorait son amant, et croyait que c'était un crime horrible de le trahir pour le servir. Saint-Pouange redoublait les prières et les promesses : enfin la tête lui tourna au point qu'il lui déclara que c'était le seul moyen de tirer de sa prison l'homme auquel elle prenait un intérêt si violent et si tendre. Cet étrange entretien se prolongeait. La dévote de l'antichambre, en lisant son *Pédagogue chrétien*, disait : « Mon Dieu! que peuvent-ils faire là depuis deux heures? Jamais monseigneur de Saint-Pouange n'a donné une si longue audience; peut-être qu'il a tout refusé à cette pauvre fille, puisqu'elle le prie encore. »

Enfin sa compagne sortit de l'arrière-cabinet, tout

[annotation manuscrite: elle se confie et se fait dire d'aller voir le père Tout-à-tous.]

éperdue, sans pouvoir parler, réfléchissant profondément sur le caractère des grands et des demi-grands,
qui sacrifient si légèrement la liberté des hommes et
l'honneur des femmes.

Elle ne dit pas un mot pendant tout le chemin. Arrivée chez l'amie, elle éclata, elle lui conta tout. La
dévote fit de grands signes de croix. « Ma chère amie,
il faut consulter dès demain le père Tout-à-tous, notre
directeur ; il a beaucoup de crédit auprès de monsieur
de Saint-Pouange ; il confesse plusieurs servantes de
sa maison ; c'est un homme pieux et accommodant,
qui dirige aussi des femmes de qualité : abandonnez-
vous à lui, c'est ainsi que j'en use, je m'en suis toujours bien trouvée. Nous autres, pauvres femmes,
nous avons besoin d'être conduites par un homme. —
Eh bien donc ! ma chère amie, j'irai trouver demain le
père Tout-à-tous. »

CHAPITRE SEIZIÈME

ELLE CONSULTE UN JÉSUITE

Dès que la belle et désolée Saint-Yves fut avec son
bon confesseur, elle lui confia qu'un homme puissant
et voluptueux lui proposait de faire sortir de prison
celui qu'elle devait épouser légitimement, et qu'il
demandait un grand prix de son service ; qu'elle avait
une répugnance horrible pour une telle infidélité, et
que, s'il ne s'agissait que de sa propre vie, elle la sacri-
fierait plutôt que de succomber.

« Voilà un abominable pécheur ! lui dit le père
Tout-à-tous. Vous devriez bien me dire le nom de ce
vilain homme : c'est à coup sûr quelque janséniste ; je
le dénoncerai à Sa Révérence le père de La Chaise[102],
qui le fera mettre dans le gîte où est à présent la chère
personne que vous devez épouser. »

La pauvre fille, après un long embarras et de grandes irrésolutions, lui nomma enfin Saint-Pouange.

« Monseigneur de Saint-Pouange! s'écria le jésuite; ah! ma fille, c'est tout autre chose; il est cousin du plus grand ministre que nous ayons jamais eu, homme de bien, protecteur de la bonne cause[103], bon chrétien; il ne peut avoir eu une telle pensée; il faut que vous ayez mal entendu. — Ah! mon père, je n'ai entendu que trop bien; je suis perdue, quoi que je fasse; je n'ai que le choix du malheur et de la honte : il faut que mon amant reste enseveli tout vivant, ou que je me rende indigne de vivre. Je ne puis le laisser périr, et je ne puis le sauver. »

Le père Tout-à-tous tâcha de la calmer par ces douces paroles :

« Premièrement, ma fille, ne dites jamais ce mot *mon amant*; il y a quelque chose de mondain qui pourrait offenser Dieu. Dites *mon mari*; car, bien qu'il ne le soit pas encore, vous le regardez comme tel; et rien n'est plus honnête.

« Secondement, bien qu'il soit votre époux en idée, en espérance, il ne l'est pas en effet : ainsi vous ne commettriez pas un adultère, péché énorme qu'il faut toujours éviter autant qu'il est possible.

« Troisièmement, les actions ne sont pas d'une malice de coulpe[104] quand l'intention est pure[105], et rien n'est plus pur que de délivrer votre mari.

« Quatrièmement, vous avez des exemples dans la sainte antiquité, qui peuvent merveilleusement servir à votre conduite. Saint Augustin[106] rapporte que sous le proconsulat de Septimius Acindynus, en l'an 340 de notre salut, un pauvre homme, ne pouvant payer à César ce qui appartenait à César, fut condamné à mort, comme il est juste, malgré la maxime : *Où il n'y a rien le roi perd ses droits*. Il s'agissait d'une livre d'or; le condamné avait une femme en qui Dieu avait mis la beauté et la prudence. Un vieux richard promit de donner une livre d'or, et même plus, à la dame, à condition qu'il commettrait avec elle le péché immonde. La dame ne crut point mal faire en sauvant la vie à son mari. Saint Augustin approuve fort sa généreuse résignation[107]. Il est vrai que le vieux

richard la trompa, et peut-être même son mari n'en
fut pas moins pendu; mais elle avait fait tout ce qui
était en elle pour sauver sa vie.

« Soyez sûre, ma fille, que quand un jésuite vous
cite saint Augustin[108], il faut que ce saint ait pleine-
ment raison. Je ne vous conseille rien, vous êtes sage;
il est à présumer que vous serez utile à votre mari.
Monseigneur de Saint-Pouange est un honnête
homme, il ne vous trompera pas : c'est tout ce que je
puis vous dire; je prierai Dieu pour vous, et j'espère
que tout se passera à sa plus grande gloire[109]. »

La belle Saint-Yves, non moins effrayée des discours du jésuite que des propositions du sous-
ministre, s'en retourna éperdue chez son amie. Elle
était tentée de se délivrer, par la mort, de l'horreur de
laisser dans une captivité affreuse l'amant qu'elle adorait, et de la honte de le délivrer au prix de ce qu'elle
avait de plus cher, et qui ne devait appartenir qu'à cet
amant infortuné.

CHAPITRE DIX-SEPTIÈME

ELLE SUCCOMBE PAR VERTU

Elle priait son amie de la tuer; mais cette femme,
non moins indulgente que le jésuite, lui parla plus clairement encore. « Hélas! dit-elle, les affaires ne se font
guère autrement dans cette cour si aimable, si galante,
et si renommée. Les places les plus médiocres et les
plus considérables n'ont souvent été données qu'au
prix qu'on exige de vous. Écoutez, vous m'avez inspiré de l'amitié et de la confiance; je vous avouerai
que si j'avais été aussi difficile que vous l'êtes, mon
mari ne jouirait pas du petit poste qui le fait vivre; il le
sait, et loin d'en être fâché, il voit en moi sa bienfaitrice, et il se regarde comme ma créature. Pensez-vous
que tous ceux qui ont été à la tête des provinces, ou
même des armées, aient dû leurs honneurs et leur for-

Désespoir de St-Yves

tune à leurs seuls services ? Il en est qui en sont rede-
vables à mesdames leurs femmes. Les dignités de la
guerre ont été sollicitées par l'amour, et la place a été
donnée au mari de la plus belle.

« Vous êtes dans une situation bien plus intéressante : il s'agit de rendre votre amant au jour et de
l'épouser ; c'est un devoir sacré qu'il vous faut remplir. On n'a point blâmé les belles et grandes dames
dont je vous parle ; on vous applaudira, on dira que
vous ne vous êtes permis une faiblesse que par un
excès de vertu.

— Ah ! quelle vertu ! s'écria la belle Saint-Yves ;
quel labyrinthe d'iniquités ! quel pays ! et que
j'apprends à connaître les hommes ! Un père de La
Chaise et un bailli ridicule font mettre mon amant en
prison, ma famille me persécute, on ne me tend la
main dans mon désastre que pour me déshonorer. Un
jésuite a perdu un brave homme, un autre jésuite veut
me perdre ; je ne suis entourée que de pièges, et je
touche au moment de tomber dans la misère. Il faut
que je me tue, ou que je parle au roi ; je me jetterai à
ses pieds sur son passage, quand il ira à la messe ou à
la comédie.

— On ne vous laissera pas approcher, lui dit sa
bonne amie ; et si vous aviez le malheur de parler,
mons de Louvois et le révérend père de La Chaise
pourraient vous enterrer dans le fond d'un couvent
pour le reste de vos jours. »

Tandis que cette brave personne augmentait ainsi
les perplexités de cette âme désespérée, et enfonçait le
poignard dans son cœur, arrive un exprès de monsieur de Saint-Pouange avec une lettre et deux beaux
pendants d'oreilles. Saint-Yves rejeta le tout en pleurant ; mais l'amie s'en chargea.

Dès que le messager fut parti, notre confidente lit la
lettre dans laquelle on propose un petit souper aux
deux amies pour le soir. Saint-Yves jure qu'elle n'ira
point. La dévote veut lui essayer les deux boucles de
diamants. Saint-Yves ne le put souffrir. Elle combattit
la journée entière. Enfin, n'ayant en vue que son

amant, vaincue, entraînée, ne sachant où on la mène,
elle se laisse conduire au souper fatal. Rien n'avait pu
la déterminer à se parer de ses pendants d'oreilles ; la
confidente les apporta, elle les lui ajusta malgré elle
avant qu'on se mît à table. Saint-Yves était si confuse,
si troublée, qu'elle se laissait tourmenter ; et le patron
en tirait un augure très favorable. Vers la fin du repas,
la confidente se retira discrètement. Le patron montra
alors la révocation de la lettre de cachet, le brevet
d'une gratification considérable, celui d'une compagnie, et n'épargna pas les promesses. « Ah ! lui dit
Saint-Yves, que je vous aimerais si vous ne vouliez
pas être tant aimé ! »

Enfin, après une longue résistance, après des sanglots, des cris, des larmes, affaiblie du combat, éperdue, languissante, il fallut se rendre. Elle n'eut d'autre
ressource que de se promettre de ne penser qu'à
l'Ingénu, tandis que le cruel jouirait impitoyablement
de la nécessité où elle était réduite.

CHAPITRE DIX-HUITIÈME

ELLE DÉLIVRE SON AMANT ET UN JANSÉNISTE

Au point du jour elle vole à Paris[110], munie de
l'ordre du ministre. Il est difficile de peindre ce qui se
passait dans son cœur pendant ce voyage. Qu'on imagine une âme vertueuse et noble, humiliée de son
opprobre, enivrée de tendresse, déchirée des remords
d'avoir trahi son amant, pénétrée du plaisir de délivrer
ce qu'elle adore ! Ses amertumes, ses combats, son
succès, partageaient toutes ses réflexions. Ce n'était
plus cette fille simple dont une éducation provinciale
avait rétréci les idées. L'amour et le malheur l'avaient
formée. Le sentiment avait fait autant de progrès en
elle que la raison en avait fait dans l'esprit de son
amant infortuné. Les filles apprennent à sentir plus
aisément que les hommes n'apprennent à penser. Son

aventure était plus instructive que quatre ans de couvent.

Son habit était d'une simplicité extrême. Elle voyait avec horreur les ajustements sous lesquels elle avait paru devant son funeste bienfaiteur ; elle avait laissé ses boucles de diamants à sa compagne sans même les regarder. Confuse et charmée, idolâtre de l'Ingénu, et se haïssant elle-même, elle arrive enfin à la porte.

> De cet affreux château, palais de la vengeance,
>   Qui renferma souvent le crime et l'innocence [111].

Quand il fallut descendre du carrosse, les forces lui manquèrent ; on l'aida ; elle entra, le cœur palpitant, les yeux humides, le front consterné. On la présente au gouverneur ; elle veut lui parler, sa voix expire ; elle montre son ordre en articulant à peine quelques paroles. Le gouverneur aimait son prisonnier ; il fut très aise de sa délivrance. Son cœur n'était pas endurci comme celui de quelques honorables geôliers ses confrères, qui, ne pensant qu'à la rétribution attachée à la garde de leurs captifs, fondant leurs revenus sur leurs victimes, et vivant du malheur d'autrui, se faisaient en secret une joie affreuse des larmes des infortunés.

Il fait venir le prisonnier dans son appartement. Les deux amants se voient, et tous deux s'évanouissent. La belle Saint-Yves resta longtemps sans mouvement et sans vie : l'autre rappela bientôt son courage. « C'est apparemment là madame votre femme, lui dit le gouverneur ; vous ne m'aviez point dit que vous fussiez marié. On me mande que c'est à ses soins généreux que vous devez votre délivrance. — Ah ! je ne suis pas digne d'être sa femme », dit la belle Saint-Yves d'une voix tremblante ; et elle retomba encore en faiblesse.

Quand elle eut repris ses sens, elle présenta, toujours tremblante, le brevet de la gratification, et la promesse par écrit d'une compagnie. L'Ingénu, aussi étonné qu'attendri, s'éveillait d'un songe pour retomber dans un autre. « Pourquoi ai-je été enfermé ici ? comment avez-vous pu m'en tirer ? où sont les monstres qui m'y ont plongé? Vous êtes une divinité qui descendez du ciel à mon secours. »

La belle Saint-Yves baissait la vue, regardait son amant, rougissait et détournait, le moment d'après, ses yeux mouillés de pleurs. Elle lui apprit enfin tout ce qu'elle savait, et tout ce qu'elle avait éprouvé, excepté ce qu'elle aurait voulu se cacher pour jamais, et ce qu'un autre que l'Ingénu, plus accoutumé au monde et plus instruit des usages de la cour, aurait deviné facilement.

« Est-il possible qu'un misérable comme ce bailli ait eu le pouvoir de me ravir ma liberté? Ah! je vois bien qu'il en est des hommes comme des plus vils animaux; tous peuvent nuire. Mais est-il possible qu'un moine, un jésuite confesseur du roi, ait contribué à mon infortune autant que ce bailli, sans que je puisse imaginer sous quel prétexte ce détestable fripon m'a persécuté? M'a-t-il fait passer pour un janséniste? Enfin, comment vous êtes-vous souvenue de moi? je ne le méritais pas, je n'étais alors qu'un sauvage. Quoi? vous avez pu, sans conseil, sans secours, entreprendre le voyage de Versailles! Vous y avez paru, et on a brisé mes fers! Il est donc dans la beauté et dans la vertu un charme invincible qui fait tomber les portes de fer, et qui amollit les cœurs de bronze! »

A ce mot de *vertu*, des sanglots échappèrent à la belle Saint-Yves. Elle ne savait pas combien elle était vertueuse dans le crime qu'elle se reprochait.

Son amant continua ainsi : « Ange, qui avez rompu mes liens, si vous avez eu (ce que je ne comprends pas encore) assez de crédit pour me faire rendre justice, faites-la donc rendre aussi à un vieillard qui m'a le premier appris à penser, comme vous m'avez appris à aimer. La calamité nous a unis; je l'aime comme un père, je ne peux vivre ni sans vous ni sans lui.

— Moi! que je sollicite le même homme qui... — Oui, je veux tout vous devoir, et je ne veux devoir jamais rien qu'à vous : écrivez à cet homme puissant; comblez-moi de vos bienfaits, achevez ce que vous avez commencé, achevez vos prodiges. » Elle sentait qu'elle devait faire tout ce que son amant exigeait : elle voulut écrire, sa main ne pouvait obéir. Elle recommença trois fois sa lettre, la déchira trois fois ; elle écrivit enfin, et les deux amants sortirent après avoir embrassé le vieux martyr de la grâce efficace.

L'heureuse et désolée Saint-Yves savait dans quelle maison logeait son frère ; elle y alla ; son amant prit un appartement dans la même maison.

A peine y furent-ils arrivés que son protecteur lui envoya l'ordre de l'élargissement du bonhomme Gordon, et lui demanda un rendez-vous pour le lendemain. Ainsi, à chaque action honnête et généreuse qu'elle faisait, son déshonneur en était le prix. Elle regardait avec exécration cet usage de vendre le malheur et le bonheur des hommes. Elle donna l'ordre de l'élargissement à son amant, et refusa le rendez-vous d'un bienfaiteur qu'elle ne pouvait plus voir sans expirer de douleur et de honte. L'Ingénu ne pouvait se séparer d'elle que pour aller délivrer un ami : il y vola. Il remplit ce devoir en réfléchissant sur les étranges événements de ce monde, et en admirant la vertu courageuse d'une jeune fille à qui deux infortunés devaient plus que la vie.

CHAPITRE DIX-NEUVIÈME

L'INGÉNU, LA BELLE SAINT-YVES, ET LEURS PARENTS SONT RASSEMBLÉS

La généreuse et respectable infidèle était avec son frère l'abbé de Saint-Yves, le bon prieur de la Montagne, et la dame de Kerkabon. Tous étaient également étonnés ; mais leur situation et leurs sentiments étaient bien différents. L'abbé de Saint-Yves pleurait ses torts aux pieds de sa sœur, qui lui pardonnait. Le prieur et sa tendre sœur pleuraient aussi, mais de joie ; le vilain bailli et son insupportable fils ne troublaient point cette scène touchante. Ils étaient partis au premier bruit de l'élargissement de leur ennemi ; ils couraient ensevelir dans leur province leur sottise et leur crainte.

Les quatre personnages, agités de cent mouvements divers, attendaient que le jeune homme revînt avec l'ami qu'il devait délivrer. L'abbé de Saint-Yves n'osait lever les yeux devant sa sœur ; la bonne Kerkabon disait : « Je reverrai donc mon cher neveu ! — Vous le reverrez, dit la charmante Saint-Yves, mais ce n'est plus le même homme ; son maintien, son ton, ses idées, son esprit, tout est changé. Il est devenu aussi respectable qu'il était naïf et étranger à tout. Il sera l'honneur et la consolation de votre famille ; que ne puis-je être aussi l'honneur de la mienne ! — Vous n'êtes point non plus la même, dit le prieur ; que vous est-il donc arrivé qui ait fait en vous un si grand changement ? »

Au milieu de cette conversation l'Ingénu arrive, tenant par la main son janséniste. La scène alors devint plus neuve et plus intéressante. Elle commença par les tendres embrassements de l'oncle et de la tante. L'abbé de Saint-Yves se mettait presque aux genoux de l'Ingénu, qui n'était plus l'*Ingénu*. Les deux amants se parlaient par des regards qui exprimaient tous les sentiments dont ils étaient pénétrés. On voyait éclater la satisfaction, la reconnaissance, sur le front de l'un ; l'embarras était peint dans les yeux tendres et un peu égarés de l'autre. On était étonné qu'elle mêlât de la douleur à tant de joie.

Le vieux Gordon devint en peu de moments cher à toute la famille. Il avait été malheureux avec le jeune prisonnier, et c'était un grand titre. Il devait sa délivrance aux deux amants, cela seul le réconciliait avec l'amour ; l'âpreté de ses anciennes opinions sortait de son cœur : il était changé en homme, ainsi que le Huron. Chacun raconta ses aventures avant le souper. Les deux abbés, la tante, écoutaient comme des enfants qui entendent des histoires de revenants, et comme des hommes qui s'intéressaient tous à tant de désastres. « Hélas ! dit Gordon, il y a peut-être plus de cinq cents personnes vertueuses qui sont à présent dans les mêmes fers que mademoiselle de Saint-Yves a brisés : leurs malheurs sont inconnus. On trouve assez de mains qui frappent sur la foule des malheureux, et rarement une secourable. » Cette réflexion si vraie augmentait sa sensibilité et sa reconnaissance : tout redoublait le triomphe de la belle Saint-Yves ; on admirait la grandeur et la fermeté de son âme. L'admiration était mêlée de ce respect qu'on sent malgré soi pour une personne qu'on croit avoir du crédit à la cour. Mais l'abbé de Saint-Yves disait quelquefois : « Comment ma sœur a-t-elle pu faire pour obtenir sitôt ce crédit ? »

On allait se mettre à table de très bonne heure. Voilà que la bonne amie de Versailles arrive, sans rien savoir de tout ce qui s'était passé ; elle était en carrosse à six chevaux, et on voit bien à qui appartenait l'équipage. Elle entre avec l'air imposant d'une personne de cour qui a de grandes affaires, salue très légèrement la compagnie, et tirant la belle Saint-Yves à l'écart : « Pourquoi vous faire tant attendre ? Suivez-moi ; voilà vos diamants que vous aviez oubliés. » Elle ne put dire ces paroles si bas que l'Ingénu ne les entendît : il vit les diamants ; le frère fut interdit ; l'oncle et la tante n'éprouvèrent qu'une surprise de bonnes gens qui n'avaient jamais vu une telle magnificence. Le jeune homme, qui s'était formé par un an de réflexions, en fit malgré lui, et parut troublé un moment. Son amante s'en aperçut ; une pâleur mortelle se répandit sur son beau visage, un frisson la saisit, elle se soutenait à peine. « Ah ! madame, dit-elle à la fatale amie, vous m'avez perdue ! vous me donnez la mort ! » Ces paroles percèrent le cœur de l'Ingénu ; mais il avait déjà appris à se posséder ; il ne les releva point, de peur d'inquiéter sa maîtresse devant son frère ; mais il pâlit comme elle.

Saint-Yves, éperdue de l'altération qu'elle apercevait sur le visage de son amant, entraîne cette femme hors de la chambre dans un petit passage, jette les diamants à terre devant elle. « Ah ! ce ne sont pas eux qui m'ont séduite, vous le savez; mais celui qui les a donnés ne me reverra jamais. » L'amie les ramassait, et Saint-Yves ajoutait : « Qu'il les reprenne ou qu'il vous les donne; allez, ne me rendez plus honteuse de moi-même. » L'ambassadrice enfin s'en retourna, ne pouvant comprendre les remords dont elle était témoin.

La belle Saint-Yves, oppressée, éprouvant dans son corps une révolution qui la suffoquait, fut obligée de se mettre au lit; mais pour n'alarmer personne elle ne parla point de ce qu'elle souffrait, et, ne prétextant que sa lassitude, elle demanda la permission de prendre du repos; mais ce fut après avoir rassuré la compagnie par des paroles consolantes et flatteuses, et jeté sur son amant des regards qui portaient le feu dans son âme.

Le souper, qu'elle n'animait pas, fut triste dans le commencement, mais de cette tristesse intéressante qui fournit des conversations attachantes et utiles, si supérieures à la frivole joie qu'on recherche, et qui n'est d'ordinaire qu'un bruit importun.

Gordon fit en peu de mots l'histoire du jansénisme et du molinisme, des persécutions dont un parti accablait l'autre, et de l'opiniâtreté de tous les deux. L'Ingénu en fit la critique, et plaignit les hommes qui, non contents de tant de discordes que leurs intérêts allument, se font de nouveaux maux pour des intérêts chimériques, et pour des absurdités inintelligibles. Gordon racontait, l'autre jugeait; les convives écoutaient avec émotion, et s'éclairaient d'une lumière nouvelle. On parla de la longueur de nos infortunes et de la brièveté de la vie. On remarqua que chaque profession a un vice et un danger qui lui sont attachés, et que, depuis le prince jusqu'au dernier des mendiants, tout semble accuser la nature. Comment se trouve-t-il tant d'hommes qui, pour si peu d'argent, se font les persécuteurs, les satellites, les bourreaux des autres hommes ? Avec quelle indifférence inhumaine un homme en place signe la destruction d'une famille, et avec quelle joie plus barbare des mercenaires l'exécutent !

« J'ai vu dans ma jeunesse, dit le bonhomme Gordon, un parent du maréchal de Marillac, qui, étant poursuivi dans sa province pour la cause de cet illustre malheureux[112], se cachait dans Paris sous un nom supposé. C'était un vieillard de soixante et douze ans. Sa femme, qui l'accompagnait, était à peu près de son âge. Ils avaient eu un fils libertin qui, à l'âge de quatorze ans, s'était enfui de la maison paternelle : devenu soldat, puis déserteur, il avait passé par tous les degrés de la débauche et de la misère ; enfin, ayant pris un nom de terre, il était dans les gardes du cardinal de Richelieu (car ce prêtre, ainsi que le Mazarin, avait des gardes) ; il avait obtenu un bâton d'exempt[113] dans cette compagnie de satellites. Cet aventurier fut chargé d'arrêter le vieillard et son épouse, et s'en acquitta avec toute la dureté d'un homme qui voulait plaire à son maître. Comme il les conduisait, il entendit ces deux victimes déplorer la longue suite des malheures qu'elles avaient éprouvés depuis leur berceau. Le père et la mère comptaient parmi leurs plus grandes infortunes les égarements et la perte de leur fils. Il les reconnut ; il ne les conduisit pas moins en prison, en les assurant que Son Éminence devait être servie de préférence à tout. Son Éminence récompensa son zèle.

« J'ai vu un espion du père de La Chaise trahir son propre frère, dans l'espérance d'un petit bénéfice qu'il n'eut point ; et je l'ai vu mourir, non de remords, mais de douleur d'avoir été trompé par le jésuite.

« L'emploi de confesseur, que j'ai longtemps exercé, m'a fait connaître l'intérieur des familles ; je n'en ai guère vu qui ne fussent plongées dans l'amertume, tandis qu'au-dehors, couvertes du masque du bonheur, elles paraissaient nager dans la joie ; et j'ai toujours remarqué que les grands chagrins étaient le fruit de notre cupidité effrénée.

— Pour moi, dit l'Ingénu, je pense qu'une âme noble, reconnaissante et sensible, peut vivre heureuse ; et je compte bien jouir d'une félicité sans mélange avec la belle et généreuse Saint-Yves : car je me flatte, ajouta-t-il, en s'adressant à son frère avec le sourire de l'amitié, que vous ne me refuserez pas, comme l'année passée, et que je m'y prendrai d'une manière plus décente. »

L'abbé se confondit en excuse du passé et en protestations d'un attachement éternel.

L'oncle Kerkabon dit que ce serait le plus beau jour de sa vie. La bonne tante, en s'extasiant et en pleurant de joie, s'écriait : « Je vous l'avais bien dit que vous ne seriez jamais sous-diacre ! ce sacrement-ci vaut mieux que l'autre ; plût à Dieu que j'en eusse été honorée ! mais je vous servirai de mère. » Alors ce fut à qui renchérirait sur les louanges de la tendre Saint-Yves.

Son amant avait le cœur trop plein de ce qu'elle avait fait pour lui, il l'aimait trop pour que l'aventure des diamants eût fait sur son cœur une impression dominante. Mais ces mots qu'il avait trop entendus, *vous me donnez la mort*, l'effrayaient encore en secret, et corrompaient toute sa joie, tandis que les éloges de sa belle maîtresse augmentaient encore son amour. Enfin on n'était plus occupé que d'elle ; on ne parlait que du bonheur que ces deux amants méritaient ; on s'arrangeait pour vivre tous ensemble dans Paris ; on faisait des projets de fortune et d'agrandissement ; on se livrait à toutes ces espérances que la moindre lueur de félicité fait naître si aisément. Mais l'Ingénu, dans le fond de son cœur, éprouvait un sentiment secret qui repoussait cette illusion. Il relisait ces promesses signées Saint-Pouange, et les brevets signés Louvois ; on lui dépeignit ces deux hommes tels qu'ils étaient, ou qu'on les croyait être. Chacun parla des ministres et du ministère avec cette liberté de table, regardée en France comme la plus précieuse liberté qu'on puisse goûter sur la terre.

« Si j'étais roi de France, dit l'Ingénu, voici le ministre de la Guerre que je choisirais [114] : je voudrais un homme de la plus haute naissance, par la raison qu'il donne des ordres à la noblesse. J'exigerais qu'il eût été lui-même officier, qu'il eût passé par tous les grades, qu'il fût au moins lieutenant général des armées, et digne d'être maréchal de France : car n'est-il pas nécessaire qu'il ait servi lui-même, pour mieux connaître les détails du service ? et les officiers n'obéiront-ils pas avec cent fois plus d'allégresse à un homme de guerre, qui aura comme eux signalé son courage, qu'à un homme de cabinet qui ne peut que deviner tout au plus les opérations d'une campagne, quelque esprit qu'il puisse avoir ? Je ne serais pas fâché que mon ministre fût généreux, quoique mon garde du trésor royal[115] en fût quelquefois un peu embarrassé. J'aimerais qu'il eût un travail facile, et que même il se distinguât par cette gaieté d'esprit, partage d'un homme supérieur aux affaires qui plaît tant à la nation, et qui rend tous les devoirs moins pénibles. » Il désirait qu'un ministre eût ce caractère, parce qu'il avait toujours remarqué que cette belle humeur est incompatible avec la cruauté.

Mons de Louvois n'aurait peut-être pas été satisfait des souhaits de l'Ingénu ; il avait une autre sorte de mérite.

Mais pendant qu'on était à table, la maladie de cette fille malheureuse prenait un caractère funeste ; son sang s'était allumé, une fièvre dévorante s'était déclarée[116], elle souffrait et ne se plaignait point, attentive à ne pas troubler la joie des convives.

Son frère, sachant qu'elle ne dormait pas, alla au chevet de son lit ; il fut surpris de l'état où elle était. Tout le monde accourut ; l'amant se présentait à la suite du frère. Il était, sans doute, le plus alarmé et le plus attendri de tous ; mais il avait appris à joindre la discrétion à tous les dons heureux que la nature lui avait prodigués, et le sentiment prompt des bienséances commençait à dominer dans lui.

On fit venir aussitôt un médecin du voisinage. C'était un de ceux qui visitent leurs malades en courant, qui confondent la maladie qu'ils viennent de voir avec celle qu'ils voient, qui mettent une pratique aveugle dans une science à laquelle toute la maturité d'un discernement sain et réfléchi ne peut ôter son incertitude et ses dangers. Il redoubla le mal par sa

précipitation à prescrire un remède alors à la mode.
De la mode jusque dans la médecine! Cette manie
était trop commune dans Paris.

La triste Saint-Yves contribuait encore plus que son
médecin à rendre sa maladie dangereuse. Son âme
tuait son corps. La foule des pensées qui l'agitaient
portait dans ses veines un poison plus dangereux que
celui de la fièvre la plus brûlante.

CHAPITRE VINGTIÈME

LA BELLE SAINT-YVES MEURT, ET CE QUI EN ARRIVE

On appela un autre médecin : celui-ci, au lieu
d'aider la nature et de la laisser agir dans une jeune
personne dans qui tous les organes rappelaient la vie,
ne fut occupé que de contrecarrer son confrère. La
maladie devint mortelle en deux jours. Le cerveau,
qu'on croit le siège de l'entendement, fut attaqué aussi
violemment que le cœur, qui est, dit-on, le siège des
passions.

Quelle mécanique incompréhensible a soumis les
organes au sentiment et à la pensée? Comment une
seule idée douloureuse dérange-t-elle le cours du
sang? Et comment le sang à son tour porte-t-il ses
irrégularités dans l'entendement humain? Quel est ce
fluide inconnu et dont l'existence est certaine, qui,
plus prompt, plus actif que la lumière, vole, en moins
d'un clin d'œil, dans tous les canaux de la vie, produit
les sensations, la mémoire, la tristesse ou la joie, la raison ou le vertige, rappelle avec horreur ce qu'on voudrait oublier, et fait d'un animal pensant ou un objet
d'admiration, ou un sujet de pitié et de larmes?

C'était là ce que disait le bon Gordon; et cette
réflexion si naturelle, que rarement font les hommes,
ne dérobait rien à son attendrissement; car il n'était
pas de ces malheureux philosophes qui s'efforcent
d'être insensibles. Il était touché du sort de cette jeune

fille, comme un père qui voit mourir lentement son enfant chéri. L'abbé de Saint-Yves était désespéré, le prieur et sa sœur répandaient des ruisseaux de larmes. Mais qui pourrait peindre l'état de son amant? Nulle langue n'a des expressions qui répondent à ce comble des douleurs; les langues sont trop imparfaites.

La tante, presque sans vie, tenait la tête de la mourante dans ses faibles bras; son frère était à genoux au pied du lit; son amant pressait sa main, qu'il baignait de pleurs, et éclatait en sanglots: il la nommait sa bienfaitrice, son espérance, sa vie, la moitié de lui-même, sa maîtresse, son épouse. A ce mot d'épouse elle soupira, le regarda avec une tendresse inexprimable, et soudain jeta un cri d'horreur; puis, dans un de ces intervalles où l'accablement, et l'oppression des sens, et les souffrances suspendues, laissent à l'âme sa liberté et sa force, elle s'écria: « Moi, votre épouse! Ah! cher amant, ce nom, ce bonheur, ce prix, n'étaient plus faits pour moi; je meurs, et je le mérite. O dieu de mon cœur! ô vous que j'ai sacrifié à des démons infernaux, c'en est fait, je suis punie, vivez heureux. » Ces paroles tendres et terribles ne pouvaient être comprises; mais elles portaient dans tous les cœurs l'effroi et l'attendrissement; elle eut le courage de s'expliquer. Chaque mot fit frémir d'étonnement, de douleur et de pitié, tous les assistants. Tous ce réunissaient à détester l'homme puissant qui n'avait réparé une horrible injustice que par un crime, et qui avait forcé la plus respectable innocence à être sa complice.

« Qui? vous coupable! lui dit son amant; non, vous ne l'êtes pas; le crime ne peut être que dans le cœur, le vôtre est à la vertu et à moi. »

Il confirmait ce sentiment par des paroles qui semblaient ramener à la vie la belle Saint-Yves. Elle se sentit consolée, et s'étonnait d'être aimée encore. Le vieux Gordon l'aurait condamnée dans le temps qu'il n'était que janséniste; mais, étant devenu sage, il l'estimait, et il pleurait.

Au milieu de tant de larmes et de craintes, pendant

que le danger de cette fille si chère remplissait tous les
cœurs, que tout était consterné, on annonce un courrier de la cour. Un courrier! et de qui? et pourquoi?
C'était de la part du confesseur du roi pour le prieur
de la Montagne; ce n'était pas le père de La Chaise
qui écrivait, c'était le frère Vadbled[117], son valet de
chambre, homme très important dans ce temps-là, lui
qui mandait aux archevêques les volontés du révérend
père, lui qui donnait audience, lui qui promettait des
bénéfices, lui qui faisait quelquefois expédier des
lettres de cachet. Il écrivait à l'abbé de la Montagne
que « Sa Révérence était informée des aventures de
son neveu, que sa prison n'était qu'une méprise, que
ces petites disgrâces arrivaient fréquemment, qu'il ne
fallait pas y faire attention, et qu'enfin il convenait que
lui prieur vînt lui présenter son neveu le lendemain,
qu'il devait amener avec lui le bonhomme Gordon,
que lui frère Vadbled les introduirait chez Sa Révérence et chez mons de Louvois, lequel leur dirait un
mot dans son antichambre. »
    Il ajoutait que l'histoire de l'Ingénu et son combat
contre les Anglais avaient été contés au roi, que sûrement le roi daignerait le remarquer quand il passerait ·
dans la galerie[118], et peut-être même lui ferait un signe
de tête. La lettre finissait par l'espérance dont on le
flattait, que toutes les dames de la cour s'empresse-
raient de faire venir son neveu à leur toilette, que plusieurs d'entre elles lui diraient : « Bonjour, monsieur
l'Ingénu »; et qu'assurément il serait question de lui au
souper du roi. La lettre était signée : « Votre affec-
tionné Vadbled, frère jésuite. »
    Le prieur ayant lu la lettre tout haut, son neveu
furieux, et commandant un moment à sa colère, ne dit
rien au porteur; mais se tournant vers le compagnon
de ses infortunes, il lui demanda ce qu'il pensait de ce
style. Gordon lui répondit : « C'est donc ainsi qu'on
traite les hommes comme des singes! On les bat et on
les fait danser. » L'Ingénu, reprenant son caractère,
qui revient toujours dans les grands mouvements de
l'âme, déchira la lettre par morceaux, et les jeta au nez

du courrier : « Voilà ma réponse. » Son oncle, épou-
vanté, crut voir le tonnerre et vingt lettres de cachet
tomber sur lui. Il alla vite écrire et excuser, comme il
put, ce qu'il prenait pour l'emportement d'un jeune
homme, et qui était la saillie d'une grande âme.

Mais des soins plus douleureux s'emparaient de
tous les cœurs. La belle et infortunée Saint-Yves sentait déjà sa fin approcher ; elle était dans le calme, mais
dans ce calme affreux de la nature affaissée qui n'a
plus la force de combattre. « O mon cher amant ! dit-
elle d'une voix tombante, la mort me punit de ma faiblesse ; mais j'expire avec la consolation de vous savoir
libre. Je vous ai adoré en vous trahissant, et je vous
adore en vous disant un éternel adieu. »

Elle ne se parait pas d'une vaine fermeté ; elle ne
concevait pas cette misérable gloire de faire dire à
quelques voisins : « Elle est morte avec courage. » Qui
peut perdre à vingt ans son amant, sa vie, et ce qu'on
appelle l'*honneur*, sans regrets et sans déchirements ?
Elle sentait toute l'horreur de son état, et le faisait sentir par ces mots et par ces regards mourants qui
parlent avec tant d'empire. Enfin elle pleurait comme
les autres dans les moments où elle eut la force de
pleurer.

Que d'autres cherchent à louer les morts fastueuses
de ceux qui entrent dans la destruction avec insensibilité : c'est le sort de tous les animaux. Nous ne mou-
rons comme eux avec indifférence que quand l'âge ou
la maladie nous rend semblables à eux par la stupidité
de nos organes. Quiconque fait une grande perte a de
grands regrets ; s'il les étouffe, c'est qu'il porte la
vanité jusque dans les bras de la mort.

Lorsque le moment fatal fut arrivé, tous les assistants jetèrent des larmes et des cris. L'Ingénu perdit
l'usage de ses sens. Les âmes fortes ont des sentiments
bien plus violents que les autres quand elles sont
tendres. Le bon Gordon le connaissait assez pour
craindre qu'étant revenu à lui il ne se donnât la mort.
On écarta toutes les armes ; le malheureux jeune
homme s'en aperçut ; il dit à ses parents et à Gordon,

sans pleurer, sans gémir, sans s'émouvoir : « Pensez-vous donc qu'il y ait quelqu'un sur la terre qui ait le droit et le pouvoir de m'empêcher de finir ma vie ? » Gordon se garda bien de lui étaler ces lieux communs fastidieux par lesquels on essaye de prouver qu'il n'est pas permis d'user de sa liberté pour cesser d'être quand on est horriblement mal, qu'il ne faut pas sortir de sa maison quand on ne peut plus y demeurer, que l'homme est sur la terre comme un soldat à son poste : comme s'il importait à l'Être des êtres que l'assemblage de quelques parties de matière fût dans un lieu ou dans un autre ; raisons impuissantes qu'un désespoir ferme et réfléchi dédaigne d'écouter, et auxquelles Caton ne répondit que par un coup de poignard[119].

Le morne et terrible silence de l'Ingénu, ses yeux sombres, ses lèvres tremblantes, les frémissements de son corps, portaient dans l'âme de tous ceux qui le regardaient ce mélange de compassion et d'effroi qui enchaîne toutes les puissances de l'âme, qui exclut tout discours, et qui ne se manifeste que par des mots entrecoupés. L'hôtesse et sa famille étaient accourues ; on tremblait de son désespoir, on le gardait à vue, on observait tous ses mouvements. Déjà le corps glacé de la belle Saint-Yves avait été porté dans une salle basse[120], loin des yeux de son amant, qui semblait la chercher encore, quoiqu'il ne fût plus en état de rien voir.

Au milieu de ce spectacle de la mort, tandis que le corps est exposé à la porte de la maison[121], que deux prêtres à côté d'un bénitier récitent des prières d'un air distrait, que des passants jettent quelques gouttes d'eau bénite sur la bière par oisiveté, que d'autres poursuivent leur chemin avec indifférence, que les parents pleurent, et qu'un amant est prêt de s'arracher la vie, le Saint-Pouange arrive avec l'amie de Versailles.

Son goût passager, n'ayant été satisfait qu'une fois, était devenu de l'amour. Le refus de ses bienfaits l'avait piqué. Le père de La Chaise n'aurait jamais

pensé à venir dans cette maison; mais Saint-Pouange
ayant tous les jours devant les yeux l'image de la belle
Saint-Yves, brûlant d'assouvir une passion qui par
une seule jouissance avait enfoncé dans son cœur
l'aiguillon des désirs, ne balança pas à venir lui-même
chercher celle qu'il n'aurait pas peut-être voulu revoir
trois fois si elle était venue d'elle-même.

Il descend de carrosse; le premier objet qui se présente à lui est une bière; il détourne les yeux avec ce
simple dégoût d'un homme nourri dans les plaisirs,
qui pense qu'on doit lui épargner tout spectacle qui
pourrait le ramener à la contemplation de la misère
humaine. Il veut monter. La femme de Versailles
demande par curiosité qui on va enterrer; on pro-
nonce le nom de mademoiselle de Saint-Yves. A ce
nom, elle pâlit et poussa un cri affreux; Saint-
Pouange se retourne; la surprise et la douleur rem-
plissent son âme. Le bon Gordon était là, les yeux
remplis de larmes. Il interrompt ses tristes prières
pour apprendre à l'homme de cour toute cette horrible catastrophe. Il lui parle avec cet empire que
donnent la douleur et la vertu. Saint-Pouange n'était
point né méchant; le torrent des affaires et des amuse-
ments avait emporté son âme, qui ne se connaissait
pas encore. Il ne touchait point à la vieillesse, qui
endurcit d'ordinaire le cœur des ministres; il écoutait
Gordon, les yeux baissés, et il en essuyait quelques
pleurs qu'il était étonné de répandre : il connut le
repentir.

« Je veux voir absolument, dit-il, cet homme extraordinaire dont vous m'avez parlé; il m'attendrit
presque autant que cette innocente victime dont j'ai
causé la mort. » Gordon le suit jusqu'à la chambre où
le prieur, la Kerkabon, l'abbé de Saint-Yves, et quelques voisins, rappelaient à la vie le jeune homme
retombé en défaillance.

« J'ai fait votre malheur, lui dit le sous-ministre,
j'emploierai ma vie à le réparer. » La première idée qui
vint à l'Ingénu fut de le tuer, et de se tuer lui-même
après. Rien n'était plus à sa place; mais il était sans

armes et veillé de près. Saint-Pouange ne se rebuta point des refus accompagnés du reproche, du mépris, et de l'horreur qu'il avait mérités, et qu'on lui prodigua. Le temps adoucit tout. Mons de Louvois vint enfin à bout de faire un excellent officier de l'Ingénu, qui a paru sous un autre nom à Paris et dans les armées, avec l'approbation de tous les honnêtes gens, et qui a été à la fois un guerrier et un philosophe intrépide.

Il ne parlait jamais de cette aventure sans gémir ; et cependant sa consolation était d'en parler. Il chérit la mémoire de la tendre Saint-Yves jusqu'au dernier moment de sa vie. L'abbé de Saint-Yves et le prieur eurent chacun un bon bénéfice [122] ; la bonne Kerkabon aima mieux voir son neveu dans les honneurs militaires que dans le sous-diaconat. La dévote de Versailles garda les boucles de diamants, et reçut encore un beau présent. Le père Tout-à-tous eut des boîtes de chocolat, de café, de sucre candi, de citrons confits, avec les *Méditations du révérend père Croiset*, et *La Fleur des saints*, reliées en maroquin [123]. Le bon Gordon vécut avec l'Ingénu jusqu'à sa mort dans la plus intime amitié ; il eut un bénéfice aussi, et oublia pour jamais la grâce efficace et le concours concomitant [124]. Il prit pour sa devise : *malheur est bon à quelque chose.* Combien d'honnêtes gens dans le monde ont pu dire : *malheur n'est bon à rien !*

LA PRINCESSE DE BABYLONE

I

Le vieux Bélus, roi de Babylone[1], se croyait le premier homme de la terre : car tous ses courtisans le lui
disaient, et ses historiographes[2] le lui prouvaient. Ce
qui pouvait excuser en lui ce ridicule, c'est qu'en effet
ses prédécesseurs avaient bâti Babylone plus de trente
mille ans avant lui, et qu'il l'avait embellie. On sait que
son palais et son parc, situés à quelques parasanges[3]
de Babylone, s'étendaient entre l'Euphrate et le Tigre,
qui baignaient ces rivages enchantés. Sa vaste maison,
de trois mille pas[4] de façade, s'élevait jusqu'aux nues.
La plate-forme était entourée d'une balustrade de
marbre blanc de cinquante pieds de hauteur[5], qui
portait les statues colossales de tous les rois et de tous
les grands hommes de l'empire. Cette plate-forme,
composée de deux rangs de briques couvertes d'une
épaisse surface de plomb d'une extrémité à l'autre,
était chargée de douze pieds de terre, et sur cette terre
on avait élevé des forêts d'oliviers, d'orangers, de
citronniers, de palmiers, de gérofliers[6], de cocotiers,
de cannelliers[7], qui formaient des allées impénétrables
aux rayons du soleil.
   Les eaux de l'Euphrate, élevées par des pompes
dans cent colonnes creusées, venaient dans ces jardins
remplir de vastes bassins de marbre, et, retombant
ensuite par d'autres canaux, allaient former dans le
parc des cascades de six mille pieds de longueur[8], et

cent mille jets d'eau dont la hauteur pouvait à peine être aperçue : elles retournaient ensuite dans l'Euphrate, dont elles étaient parties. Les jardins de Sémiramis[9], qui étonnèrent l'Asie plusieurs siècles après, n'étaient qu'une faible imitation de ces antiques merveilles : car, du temps de Sémiramis, tout commençait à dégénérer chez les hommes et chez les femmes.

Mais ce qu'il y avait de plus admirable à Babylone, ce qui éclipsait tout le reste, était la fille unique du roi, nommée Formosante. Ce fut d'après ses portraits et ses statues que dans la suite des siècles Praxitèle sculpta son Aphrodite, et celle qu'on nomma *la Vénus aux belles fesses*[10]. Quelle différence, ô ciel! de l'original aux copies! Aussi Bélus était plus fier de sa fille que de son royaume. Elle avait dix-huit ans : il lui fallait un époux digne d'elle; mais où le trouver? Un ancien oracle avait ordonné que Formosante ne pourrait appartenir qu'à celui qui tendrait l'arc de Nembrod. Ce Nembrod[11], le fort chasseur devant le Seigneur, avait laissé un arc de sept pieds babyloniques de haut, d'un bois d'ébène plus dur que le fer du mont Caucase, qu'on travaille dans les forges de Derbent[12]; et nul mortel, depuis Nembrod, n'avait pu bander cet arc merveilleux.

Il était dit encore que le bras qui aurait tendu cet arc tuerait le lion le plus terrible et le plus dangereux qui serait lâché dans le cirque de Babylone. Ce n'était pas tout : le bandeur de l'arc, le vainqueur du lion devait terrasser tous ses rivaux; mais il devait surtout avoir beaucoup d'esprit, être le plus magnifique des hommes, le plus vertueux, et posséder la chose la plus rare qui fût dans l'univers entier.

Il se présenta trois rois qui osèrent disputer Formosante : le pharaon d'Égypte, le scha des Indes, et le grand kan des Scythes. Bélus assigna le jour, et le lieu du combat à l'extrémité de son parc, dans le vaste espace bordé par les eaux de l'Euphrate et du Tigre réunies. On dressa autour de la lice un amphithéâtre de marbre qui pouvait contenir cinq cent mille spectateurs. Vis-à-vis l'amphithéâtre était le trône du roi, qui devait paraître avec Formosante, accompagnée de toute la cour ; et à droite et à gauche entre le trône et l'amphithéâtre, étaient d'autres trônes et d'autres sièges pour les trois rois et pour tous les autres souverains qui seraient curieux de venir voir cette auguste cérémonie.

Le roi d'Égypte arriva le premier, monté sur le bœuf Apis, et tenant en main le sistre d'Isis[13]. Il était suivi de deux mille prêtres vêtus de robes de lin plus blanches que la neige, de deux mille eunuques, de deux mille magiciens, et de deux mille guerriers.

Le roi des Indes arriva bientôt après dans un char traîné par douze éléphants. Il avait une suite encore plus nombreuse et plus brillante que le pharaon d'Égypte.

Le dernier qui parut était le roi des Scythes. Il n'avait auprès de lui que des guerriers choisis, armés d'arcs et de flèches. Sa monture était un tigre superbe qu'il avait dompté, et qui était aussi haut que les plus beaux chevaux de Perse. La taille de ce monarque, imposante et majestueuse, effaçait celle de ses rivaux ; ses bras nus, aussi nerveux que blancs, semblaient déjà tendre l'arc de Nembrod.

Les trois princes se prosternèrent d'abord devant Bélus et Formosante. Le roi d'Égypte offrit à la princesse les deux plus beaux crocodiles du Nil, deux hippopotames, deux zèbres, deux rats d'Égypte, et deux momies, avec les livres du grand Hermès[14], qu'il croyait être ce qu'il y avait de plus rare sur la terre.

Le roi des Indes lui offrit cent éléphants qui portaient chacun une tour de bois doré, et mit à ses pieds le *Veidam*, écrit de la main de Xaca lui-même[15].

Le roi des Scythes, qui ne savait ni lire ni écrire, présenta cent chevaux de bataille couverts de housses de peaux de renards noirs.

La princesse baissa les yeux devant ses amants, et s'inclina avec des grâces aussi modestes que nobles.

Bélus fit conduire ces monarques sur les trônes qui leur étaient préparés. « Que n'ai-je trois filles ! leur

dit-il, je rendrais aujourd'hui six personnes heu-
reuses. » Ensuite il fit tirer au sort à qui essayerait le
premier l'arc de Nembrod. On mit dans un casque
d'or les noms des trois prétendants. Celui du roi
d'Égypte sortit le premier ; ensuite parut le nom du roi
des Indes. Le roi scythe, en regardant l'arc et ses
rivaux, ne se plaignit point d'être le troisième.

Tandis qu'on préparait ces brillantes épreuves,
vingt mille pages et vingt mille jeunes filles distri-
buaient sans confusion des rafraîchissements aux
spectateurs entre les rangs des sièges. Tout le monde
avouait que les dieux n'avaient établi les rois que pour
donner tous les jours des fêtes, pourvu qu'elles fussent
diversifiées ; que la vie est trop courte pour en user
autrement ; que les procès, les intrigues, la guerre, les
disputes des prêtres, qui consument la vie humaine,
sont des choses absurdes et horribles ; que l'homme
n'est né que pour la joie ; qu'il n'aimerait pas les plaisirs passionnément et continuellement s'il n'était pas
formé pour eux ; que l'essence de la nature humaine
est de se réjouir, et que tout le reste est folie. Cette
excellente morale n'a jamais été démentie que par les
faits.

Comme on allait commencer ces essais, qui
devaient décider de la destinée de Formosante, un
jeune inconnu monté sur une licorne[16], accompagné
de son valet monté de même, et portant sur le poing
un gros oiseau, se présente à la barrière. Les gardes
furent surpris de voir en cet équipage une figure qui
avait l'air de la divinité. C'était, comme on a dit
depuis, le visage d'Adonis[17] sur le corps d'Hercule ;
c'était la majesté avec les grâces. Ses sourcils noirs et
ses longs cheveux blonds, mélange de beauté inconnu
à Babylone, charmèrent l'assemblée : tout l'amphithéâtre se leva pour le mieux regarder ; toutes les
femmes de la cour fixèrent sur lui des regards étonnés.
Formosante elle-même, qui baissait toujours les yeux,
les releva et rougit ; les trois rois pâlirent ; tous les
spectateurs, en comparant Formosante avec
l'inconnu, s'écriaient : « Il n'y a dans le monde que ce
jeune homme qui soit aussi beau que la princesse. »

Les huissiers, saisis d'étonnement, lui demandèrent s'il était roi. L'étranger répondit qu'il n'avait pas cet honneur, mais qu'il était venu de fort loin par curiosité pour voir s'il y avait des rois qui fussent dignes de Formosante. On l'introduisit dans le premier rang de l'amphithéâtre, lui, son valet, ses deux licornes, et son oiseau. Il salua profondément Bélus, sa fille, les trois rois, et toute l'assemblée. Puis il prit place en rougissant. Ses deux licornes se couchèrent à ses pieds, son oiseau se percha sur son épaule, et son valet, qui portait un petit sac, se mit à côté de lui.

Les épreuves commencèrent. On tira de son étui d'or l'arc de Nembrod. Le grand maître des cérémonies, suivi de cinquante pages et précédé de vingt trompettes, le présenta au roi d'Égypte, qui le fit bénir par ses prêtres; et, l'ayant posé sur la tête du bœuf Apis, il ne douta pas de remporter cette première victoire. Il descend au milieu de l'arène, il essaie, il épuise ses forces, il fait des contorsions qui excitent le rire de l'amphithéâtre, et qui font même sourire Formosante.

Son grand aumônier s'approcha de lui : « Que Votre Majesté, lui dit-il, renonce à ce vain honneur, qui n'est que celui des muscles et des nerfs; vous triompherez dans tout le reste. Vous vaincrez le lion, puisque vous avez le sabre d'Osiris. La princesse de Babylone doit appartenir au prince qui a le plus d'esprit, et vous avez deviné des énigmes. Elle doit épouser le plus vertueux, vous l'êtes, puisque vous avez été élevé par les prêtres d'Égypte. Le plus généreux doit l'emporter, et vous avez donné les deux plus beaux crocodiles et les deux plus beau rats qui soient dans le Delta. Vous possédez le bœuf Apis et les livres d'Hermès, qui sont la chose la plus rare de l'univers. Personne ne peut vous disputer Formosante.

— Vous avez raison » dit le roi d'Égypte, et il se remit sur son trône.

On alla mettre l'arc entre les mains du roi des Indes. Il en eut des ampoules pour quinze jours, et se consola en présumant que le roi des Scythes ne serait pas plus heureux que lui.

Le Scythe mania l'arc à son tour. Il joignait l'adresse à la force : l'arc parut prendre quelque élasticité entre ses mains ; il le fit un peu plier, mais jamais il ne put venir à bout de le tendre. L'amphithéâtre, à qui la bonne mine de ce prince inspirait des inclinations favorables, gémit de son peu de succès, et jugea que la belle princesse ne serait jamais mariée.

Alors le jeune inconnu descendit d'un saut dans l'arène, et, s'adressant au roi des Scythes : « Que Votre Majesté, lui dit-il, ne s'étonne point de n'avoir pas entièrement réussi. Ces arcs d'ébène se font dans mon pays ; il n'y a qu'un certain tour à donner. Vous avez beaucoup plus de mérite à l'avoir fait plier que je n'en peux avoir à la tendre. » Aussitôt il prit une flèche, l'ajusta sur la corde, tendit l'arc de Nembrod, et fit voler la flèche bien au-delà des barrières. Un million de mains applaudit à ce prodige. Babylone retentit d'acclamations, et toutes les femmes disaient : « Quel bonheur qu'un si beau garçon ait tant de force ! »

Il tira ensuite de sa poche une petite lame d'ivoire, écrivit sur cette lame avec une aiguille d'or, attacha la tablette d'ivoire à l'arc, et présenta le tout à la princesse avec une grâce qui ravissait tous les assistants. Puis il alla modestement se remettre à sa place entre son oiseau et son valet. Babylone entière était dans la surprise ; les trois rois étaient confondus, et l'inconnu ne paraissait pas s'en apercevoir.

Formosante fut encore plus étonnée en lisant sur la tablette d'ivoire attachée à l'arc ces petits vers en beau langage chaldéen [18] :

> L'arc de Nembrod est celui de la guerre ;
> L'arc de l'amour est celui du bonheur ;
> Vous le portez. Par vous ce dieu vainqueur
> Est devenu le maître de la terre.
> Trois rois puissants, trois rivaux aujourd'hui,
> Osent prétendre à l'honneur de vous plaire :
> Je ne sais pas qui votre cœur préfère,
> Mais l'univers sera jaloux de lui.

Ce petit madrigal ne fâcha point la princesse. Il fut critiqué par quelques seigneurs de la vieille cour, qui dirent qu'autrefois dans le bon temps on aurait comparé Bélus au soleil, et Formosante à la lune, son cou à une tour, et sa gorge à un boisseau de froment[19]. Ils dirent que l'étranger n'avait point d'imagination, et qu'il s'écartait des règles de la véritable poésie; mais toutes les dames trouvèrent les vers fort galants. Elles s'émerveillèrent qu'un homme qui bandait si bien un arc eût tant d'esprit. La dame d'honneur de la princesse lui dit : « Madame, voilà bien des talents en pure perte. De quoi servira à ce jeune homme son esprit et l'arc de Bélus? — A le faire admirer, répondit Formosante. — Ah! dit la dame d'honneur entre ses dents, encore un madrigal, et il pourrait bien être aimé. »

Cependant Bélus, ayant consulté ses mages, déclara qu'aucun des trois rois n'ayant pu bander l'arc de Nembrod, il n'en fallait pas moins marier sa fille, et qu'elle appartiendrait à celui qui viendrait à bout d'abattre le grand lion qu'on nourrissait exprès dans sa ménagerie. Le roi d'Égypte, qui avait été élevé dans toute la sagesse de son pays[20], trouva qu'il était fort ridicule d'exposer un roi aux bêtes pour le marier. Il avouait que la possession de Formosante était d'un grand prix; mais il prétendait que, si le lion l'étranglait, il ne pourrait jamais épouser cette belle Babylonienne. Le roi des Indes entra dans les sentiments de l'Égyptien; tous deux conclurent que le roi de Babylone se moquait d'eux; qu'il fallait faire venir des armées pour le punir; qu'ils avaient assez de sujets qui se tiendraient fort honorés de mourir au service de leurs maîtres, sans qu'il en coûtât un cheveu à leurs têtes sacrées; qu'ils détrôneraient aisément le roi de Babylone, et qu'ensuite ils tireraient au sort la belle Formosante.

Cet accord étant fait, les deux rois dépêchèrent chacun dans leur pays un ordre exprès d'assembler une armée de trois cent mille hommes pour enlever Formosante.

Cependant le roi des Scythes descendit seul dans l'arène, le cimeterre à la main. Il n'était pas éperdu-

ment épris des charmes de Formosante ; la gloire avait
été jusque-là sa seule passion ; elle l'avait conduit à
Babylone. Il voulait faire voir que si les rois de l'Inde
et de l'Égypte étaient assez prudents pour ne se pas
compromettre avec des lions, il était assez courageux
pour ne pas dédaigner ce combat, et qu'il réparerait
l'honneur du diadème. Sa rare valeur ne lui permit
pas seulement de se servir du secours de son tigre. Il
s'avance seul, légèrement armé, couvert d'un casque
d'acier garni d'or, ombragé de trois queues de cheval
blanches comme la neige.

On lâche contre lui le plus énorme lion qui ait
jamais été nourri dans les montagnes de l'Anti-
Liban[21]. Ses terribles griffes semblaient capables de
déchirer les trois rois à la fois, et sa vaste gueule de les
dévorer. Ses affreux rugissements faisaient retentir
l'amphithéâtre. Les deux fiers champions se précipitent l'un contre l'autre d'une course rapide. Le courageux Scythe enfonce son épée dans le gosier du lion,
mais la pointe, rencontrant une de ces épaisses dents
que rien ne peut percer, se brise en éclats, et le
monstre des forêts, furieux de sa blessure, imprimait
déjà ses ongles sanglants dans les flancs du monarque.

Le jeune inconnu, touché du péril d'un si brave
prince, se jette dans l'arène plus prompt qu'un éclair ;
il coupe la tête du lion avec la même dextérité qu'on a
vu depuis dans nos carrousels de jeunes chevaliers
adroits enlever des têtes de maures ou des bagues.

Puis, tirant une petite boîte, il la présente au roi
scythe, en lui disant : « Votre Majesté trouvera dans
cette petite boîte le véritable dictame[22] qui croît dans
mon pays. Vos glorieuses blessures seront guéries en
un moment. Le hasard seul vous a empêché de triompher du lion ; votre valeur n'en est pas moins admirable. »

Le roi scythe, plus sensible à la reconnaissance qu'à
la jalousie, remercia son libérateur, et, après l'avoir
tendrement embrassé, rentra dans son quartier pour
appliquer le dictame sur ses blessures.

L'inconnu donna la tête du lion à son valet ;

celui-ci, après l'avoir lavée à la grande fontaine qui
était au-dessous de l'amphithéâtre, et en avoir fait
écouler tout le sang, tira un fer de son petit sac, arra-
cha les quarante dents du lion, et mit à leur place quarante diamants d'une égale grosseur.

Son maître, avec sa modestie ordinaire, se remit à
sa place ; il donna la tête du lion à son oiseau : « Bel
oiseau, dit-il, allez porter aux pieds de Formosante ce
faible hommage. » L'oiseau part, tenant dans une de
ses serres le terrible trophée ; il le présente à la princesse en baissant humblement le cou, et en s'aplatis-
sant devant elle. Les quarante brillants éblouirent tous
les yeux. On ne connaissait pas encore cette magnificence dans la superbe Babylone : l'émeraude, la
topaze, le saphir, et le pyrope[23], étaient regardés
encore comme les plus précieux ornements. Bélus et
toute la cour étaient saisis d'admiration. L'oiseau qui
offrait ce présent les surprit encore davantage. Il était
de la taille d'un aigle, mais ses yeux étaient aussi doux
et aussi tendres que ceux de l'aigle sont fiers et mena-
çants. Son bec était couleur de rose, et semblait tenir
quelque chose de la belle bouche de Formosante. Son
cou rassemblait toutes les couleurs de l'iris, mais plus
vives et plus brillantes. L'or en mille nuances éclatait
sur son plumage. Ses pieds paraissaient un mélange
d'argent et de pourpre ; et la queue des beaux oiseaux
qu'on attela depuis au char de Junon n'approchait pas
de la sienne.

L'attention, la curiosité, l'étonnement, l'extase de
toute la cour, se partageaient entre les quarante diamants et l'oiseau. Il s'était perché sur la balustrade,
entre Bélus et sa fille Formosante ; elle le flattait, le
caressait, le baisait. Il semblait recevoir ses caresses
avec un plaisir mêlé de respect. Quand la princesse lui
donnait des baisers, il les rendait, et la regardait
ensuite avec des yeux attendris. Il recevait d'elle des
biscuits et des pistaches, qu'il prenait de sa patte pur-
purine et argentée, et qu'il portait à son bec avec des
grâces inexprimables[24].

Bélus, qui avait considéré les diamants avec attention, jugeait qu'une de ses provinces pouvait à peine payer un présent si riche. Il ordonna qu'on préparât pour l'inconnu des dons encore plus magnifiques que ceux qui étaient destinés aux trois monarques. « Ce jeune homme, disait-il, est sans doute le fils du roi de la Chine, ou de cette partie du monde qu'on nomme Europe, dont j'ai entendu parler, ou de l'Afrique, qui est, dit-on, voisine du royaume d'Égypte. »

Il envoya sur-le-champ son grand écuyer complimenter l'inconnu, et lui demander s'il était souverain d'un de ces empires, et pourquoi, possédant de si étonnants trésors, il était venu avec un valet et un petit sac.

Tandis que le grand écuyer avançait vers l'amphithéâtre pour s'acquitter de sa commission, arriva un autre valet sur une licorne. Ce valet, adressant la parole au jeune homme, lui dit : « Ormar votre père touche à l'extrémité de sa vie, et je suis venu vous en avertir. » L'inconnu leva les yeux au ciel, versa des larmes, et ne répondit que par ce mot : « Partons. »

Le grand écuyer, après avoir fait les compliments de Bélus au vainqueur du lion, au donneur des quarante diamants, au maître du bel oiseau, demanda au valet de quel royaume était souverain le père de ce jeune héros. Le valet répondit : « Son père est un vieux berger qui est fort aimé dans le canton. »

Pendant ce court entretien l'inconnu était déjà monté sur sa licorne. Il dit au grand écuyer : « Seigneur, daignez me mettre aux pieds de Bélus et de sa fille. J'ose la supplier d'avoir grand soin de l'oiseau que je lui laisse ; il est unique comme elle. » En achevant ces mots, il partit comme un éclair ; les deux valets le suivirent, et on les perdit de vue.

Formosante ne put s'empêcher de jeter un grand cri. L'oiseau, se retournant vers l'amphithéâtre où son maître avait été assis, parut très affligé de ne le plus voir. Puis regardant fixement la princesse, et frottant doucement sa belle main de son bec, il sembla se vouer à son service.

Bélus, plus étonné que jamais, apprenant que ce

jeune homme si extraordinaire était le fils d'un berger,
ne put le croire. Il fit courir après lui ; mais bientôt on
lui rapporta que les licornes sur lesquelles ces trois
hommes couraient ne pouvaient être atteintes, et
qu'au galop dont elles allaient elles devaient faire cent
lieues [25] par jour.

II

Tout le monde raisonnait sur cette aventure
étrange, et s'épuisait en vaines conjectures. Comment
le fils d'un berger peut-il donner quarante gros diamants ? Pourquoi est-il monté sur une licorne ? On s'y
perdait ; et Formosante, en caressant son oiseau, était
plongée dans une rêverie profonde.

La princesse Aldée, sa cousine issue de germaine [26],
très bien faite, et presque aussi belle que Formosante,
lui dit : « Ma cousine, je ne sais pas si ce jeune demi-
dieu est le fils d'un berger ; mais il me semble qu'il a
rempli toutes les conditions attachées à votre mariage.
Il a bandé l'arc de Nembrod, il a vaincu le lion, il a
beaucoup d'esprit puisqu'il a fait pour vous un assez
joli impromptu. Après les quarante énormes diamants
qu'il vous a donnés, vous ne pouvez nier qu'il ne soit
le plus généreux des hommes. Il possédait dans son
oiseau ce qu'il y a de plus rare sur la terre. Sa vertu n'a
point d'égale, puisque, pouvant demeurer auprès de
vous, il est parti sans délibérer dès qu'il a su que son
père était malade. L'oracle est accompli dans tous ses
points, excepté dans celui qui exige qu'il terrasse ses
rivaux ; mais il a fait plus, il a sauvé la vie du seul
concurrent qu'il pouvait craindre ; et, quand il s'agira
de battre les deux autres, je crois que vous ne doutez
pas qu'il n'en vienne à bout aisément.

— Tout ce que vous dites est bien vrai, répondit
Formosante ; mais est-il possible que le plus grand des
hommes, et peut-être même le plus aimable, soit le fils
d'un berger ? »

La dame d'honneur, se mêlant de la conversation, dit que très souvent ce mot de berger était appliqué aux rois; qu'on les appelait *bergers*, parce qu'ils tondent de fort près leur troupeau; que c'était sans doute une mauvaise plaisanterie de son valet; que ce jeune héros n'était venu si mal accompagné que pour faire voir combien son seul mérite était au-dessus du faste des rois, et pour ne devoir Formosante qu'à lui-même. La princesse ne répondit qu'en donnant à son oiseau mille tendres baisers.

On préparait cependant un grand festin pour les trois rois et pour tous les princes qui étaient venus à la fête. La fille et la nièce du roi devaient en faire les honneurs. On portait chez les rois des présents dignes de la magnificence de Babylone. Bélus, en attendant qu'on servît, assembla son conseil sur le mariage de la belle Formosante, et voici comme il parla en grand politique :

« Je suis vieux, je ne sais plus que faire, ni à qui donner ma fille. Celui qui la méritait n'est qu'un vil berger, le roi des Indes et celui d'Égypte sont des poltrons; le roi des Scythes me conviendrait assez, mais il n'a rempli aucune des conditions imposées. Je vais encore consulter l'oracle. En attendant, délibérez, et nous conclurons suivant ce que l'oracle aura dit : car un roi ne doit se conduire que par l'ordre exprès des dieux immortels. »

Alors il va dans sa chapelle; l'oracle lui répond en peu de mots, suivant sa coutume : « Ta fille ne sera mariée que quand elle aura couru le monde. » Bélus, étonné, revient au conseil, et rapporte cette réponse.

Tous les ministres avaient un profond respect pour les oracles; tous convenaient ou feignaient de convenir qu'ils étaient le fondement de la religion; que la raison doit se taire devant eux; que c'est par eux que les rois règnent sur les peuples, et les mages sur les rois; que sans les oracles il n'y aurait ni vertu ni repos sur la terre. Enfin, après avoir témoigné la plus profonde vénération pour eux, presque tous conclurent que celui-ci était impertinent, qu'il ne fallait pas lui obéir; que rien n'était plus indécent pour une fille, et surtout pour celle du grand roi de Babylone, que d'aller courir sans savoir où; que c'était le vrai moyen de n'être point mariée, ou de faire un mariage clandestin, honteux et ridicule; qu'en un mot cet oracle n'avait pas le sens commun.

Le plus jeune des ministres, nommé Onadase, qui avait plus d'esprit qu'eux, dit que l'oracle entendait sans doute quelque pèlerinage de dévotion, et qu'il s'offrait à être le conducteur de la princesse. Le conseil revint à son avis, mais chacun voulut servir d'écuyer. Le roi décida que la princesse pourrait aller à trois cents parasanges sur le chemin de l'Arabie, à un temple dont le saint avait la réputation de procurer d'heureux mariages aux filles, et que ce serait le doyen du conseil qui l'accompagnerait. Après cette décision on alla souper.

III

Au milieu des jardins, entre deux cascades, s'élevait un salon ovale de trois cents pieds de diamètre [27], dont la voûte d'azur semée d'étoiles d'or représentait toutes les constellations avec les planètes, chacune à leur véritable place, et cette voûte tournait, ainsi que le ciel, par des machines aussi invisibles que le sont celles qui dirigent les mouvements célestes. Cent mille flambeaux enfermés dans des cylindres de cristal de roche éclairaient les dehors et l'intérieur de la salle à manger. Un buffet en gradins portait vingt mille vases ou plats d'or; et vis-à-vis le buffet d'autres gradins étaient remplis de musiciens. Deux autres amphithéâtres étaient chargés, l'un, des fruits de toutes les saisons; l'autre, d'amphores de cristal où brillaient tous les vins de la terre.

Les convives prirent leurs places autour d'une table de compartiments qui figuraient des fleurs et des fruits, tous en pierres précieuses. La belle Formosante

fut placée entre le roi des Indes et celui d'Égypte, la
belle Aldée auprès du roi des Scythes. Il y avait une
trentaine de princes, et chacun d'eux était à côté
d'une des plus belles dames du palais. Le roi de Babylone au milieu, vis-à-vis de sa fille, paraissait partagé
entre le chagrin de n'avoir pu la marier et le plaisir de
la garder encore. Formosante lui demanda la permission de mettre son oiseau sur la table à côté d'elle. Le
roi le trouva très bon.

La musique, qui se fit entendre, donna une pleine
liberté à chaque prince d'entretenir sa voisine. Le festin parut aussi agréable que magnifique. On avait servi
devant Formosante un ragoût que le roi son père
aimait beaucoup. La princesse dit qu'il fallait le porter
devant Sa Majesté ; aussitôt l'oiseau se saisit du plat
avec une dextérité merveilleuse et va le présenter au
roi. Jamais on ne fut plus étonné à souper. Bélus lui fit
autant de caresses que sa fille. L'oiseau reprit ensuite
son vol pour retourner auprès d'elle. Il déployait en
volant une si belle queue, ses ailes étendues étalaient
tant de brillantes couleurs, l'or de son plumage jetait
un éclat si éblouissant, que tous les yeux ne regardaient que lui. Tous les concertants cessèrent leur
musique et devinrent immobiles. Personne ne mangeait, personne ne parlait, on n'entendait qu'un mur-
mure d'admiration. La princesse de Babylone le baisa
pendant tout le souper, sans songer seulement s'il y
avait des rois dans le monde. Ceux des Indes et
d'Égypte sentirent redoubler leur dépit et leur indi-
gnation, et chacun d'eux se promit bien de hâter la
marche de ses trois cent mille hommes pour se venger.

Pour le roi des Scythes, il était occupé à entretenir
la belle Aldée : son cœur altier, méprisant sans dépit
les inattentions de Formosante, avait conçu pour elle
plus d'indifférence que de colère. « Elle est belle,
disait-il, je l'avoue ; mais elle me paraît de ces femmes
qui ne sont occupées que de leur beauté, et qui
pensent que le genre humain doit leur être bien obligé
quand elles daignent se laisser voir en public. On

n'adore point des idoles dans mon pays. J'aimerais mieux une laideron complaisante et attentive que cette belle statue. Vous avez, madame, autant de charmes qu'elle, et vous daignez au moins faire conversation avec les étrangers. Je vous avoue, avec la franchise d'un Scythe, que je vous donne la préférence sur votre cousine. » Il se trompait pourtant sur le caractère de Formosante : elle n'était pas si dédaigneuse qu'elle le paraissait; mais son compliment fut très bien reçu de la princesse Aldée. Leur entretien devint fort intéressant : ils étaient très contents, et déjà sûrs l'un de l'autre avant qu'on sortît de table.

Après le souper, on alla se promener dans les bosquets. Le roi des Scythes et Aldée ne manquèrent pas de chercher un cabinet solitaire. Aldée, qui était la franchise même, parla ainsi à ce prince :

« Je ne hais point ma cousine, quoiqu'elle soit plus belle que moi, et qu'elle soit destinée au trône de Babylone : l'honneur de vous plaire me tient lieu d'attraits. Je préfère la Scythie avec vous à la couronne de Babylone sans vous; mais cette couronne m'appartient de droit, s'il y a des droits dans le monde : car je suis de la branche aînée de Nembrod, et Formosante n'est que de la cadette. Son grand-père détrôna le mien, et le fit mourir.

— Telle est donc la force du sang dans la maison de Babylone! dit le Scythe. Comment s'appelait votre grand-père? — Il se nommait Aldée, comme moi. Mon père avait le même nom : il fut relégué au fond de l'empire avec ma mère; et Bélus, après leur mort, ne craignant rien de moi, voulut m'élever auprès de sa fille; mais il a décidé que je ne serais jamais mariée.

— Je veux venger votre père, et votre grand-père, et vous, dit le roi des Scythes. Je vous réponds que vous serez mariée; je vous enlèverai après-demain de grand matin, car il faut dîner demain avec le roi de Babylone, et je reviendrai soutenir vos droits avec une armée de trois cent mille hommes. — Je le veux bien », dit la belle Aldée; et, après s'être donné leur parole d'honneur, ils se séparèrent.

Il y avait longtemps que l'incomparable Formosante s'était allée coucher. Elle avait fait placer à côté de son lit un petit oranger dans une caisse d'argent pour y faire reposer son oiseau. Ses rideaux étaient fermés; mais elle n'avait nulle envie de dormir. Son cœur et son imagination étaient trop éveillés. Le charmant inconnu était devant ses yeux; elle le voyait tirant une flèche avec l'arc de Nembrod; elle le contemplait coupant la tête du lion; elle récitait son madrigal; enfin elle le voyait s'échapper de la foule, monté sur sa licorne; alors elle éclatait en sanglots; elle s'écriait avec larmes : « Je ne le reverrai donc plus; il ne reviendra pas.

— Il reviendra, madame, lui répondit l'oiseau du haut de son oranger; peut-on vous avoir vue, et ne pas vous revoir?

— O ciel! ô puissances éternelles! mon oiseau parle le pur chaldéen [28]. » En disant ces mots, elle tire ses rideaux, lui tend les bras, se met à genoux sur son lit : « Êtes-vous un dieu descendu sur la terre? êtes-vous le grand Orosmade [29] caché sous ce beau plumage? Si vous êtes un dieu, rendez-moi ce beau jeune homme.

— Je ne suis qu'un volatile, répliqua l'autre; mais je naquis dans le temps que toutes les bêtes parlaient encore, et que les oiseaux, les serpents, les ânesses, les chevaux, et les griffons [30], s'entretenaient familièrement avec les hommes. Je n'ai pas voulu parler devant le monde, de peur que vos dames d'honneur ne me prissent pour un sorcier : je ne veux me découvrir qu'à vous. »

Formosante, interdite, égarée, enivrée de tant de merveilles, agitée de l'empressement de faire cent questions à la fois, lui demanda d'abord quel âge il avait. « Vingt-sept mille neuf cents ans et six mois, madame; je suis de l'âge de la petite révolution du ciel que vos mages appellent la précession des équinoxes et qui s'accomplit en près de vingt-huit mille de vos années [31]. Il y a des révolutions infiniment plus longues : aussi nous avons des êtres beaucoup plus vieux que moi. Il y a vingt-deux mille ans que j'appris le chaldéen dans un de mes voyages. J'ai toujours conservé beaucoup de goût pour la langue chaldéenne; mais les autres animaux mes confrères ont renoncé à parler dans vos climats. — Et pourquoi cela, mon divin oiseau? — Hélas! c'est parce que les hommes ont pris enfin l'habitude de nous manger, au lieu de converser et de s'instruire avec nous. Les barbares! ne devaient-ils pas être convaincus qu'ayant les mêmes organes qu'eux, les mêmes sentiments, les mêmes besoins, les mêmes désirs, nous avions ce qui s'appelle une âme tout comme eux; que nous étions leurs frères, et qu'il ne fallait cuire et manger que les méchants? Nous sommes tellement vos frères que le grand Être, l'Être éternel et formateur, ayant fait un pacte avec les hommes[a], nous comprit expressément dans le traité. Il vous défendit de vous nourrir de notre sang, et à nous, de sucer le vôtre.

« Les fables de votre ancien Locman[33], traduites en tant de langues, seront un témoignage éternellement subsistant de l'heureux commerce que vous avez eu autrefois avec nous. Elles commencent toutes par ces mots : *Du temps que les bêtes parlaient*. Il est vrai qu'il y a beaucoup de femmes parmi vous qui parlent toujours à leurs chiens; mais ils ont résolu de ne point répondre depuis qu'on les a forcés à coups de fouet d'aller à la chasse, et d'être les complices du meurtre de nos anciens amis communs, les cerfs, les daims, les lièvres et les perdrix.

« Vous avez encore d'anciens poèmes dans lesquels les chevaux parlent, et vos cochers leur adressent la parole tous les jours; mais c'est avec tant de grossièreté, et en prononçant des mots si infâmes, que les chevaux, qui vous aimaient tant autrefois, vous détestent aujourd'hui.

« Le pays où demeure votre charmant inconnu, le plus parfait des hommes, est demeuré le seul où votre espèce sache encore aimer la nôtre et lui parler; et

a. Voyez le chapitre IX de la *Genèse*; et le chapitre III, XVIII et XIX de l'*Ecclésiaste*[32].

c'est la seule contrée de la terre où les hommes soient
justes.

— Et où est-il ce pays de mon cher inconnu ? quel
est le nom de ce héros ? comment se nomme son
empire ? car je ne croirai pas plus qu'il est un berger
que je ne crois que vous êtes une chauve-souris.

— Son pays, madame, est celui des Gangarides,
peuple vertueux et invincible qui habite la rive orientale du Gange. Le nom de mon ami est Amazan. Il
n'est pas roi, et je ne sais même s'il voudrait s'abaisser
à l'être ; il aime trop ses compatriotes : il est berger
comme eux. Mais n'allez pas vous imaginer que ces
bergers ressemblent aux vôtres, qui, couverts à peine
de lambeaux déchirés, gardent des moutons infiniment mieux habillés qu'eux ; qui gémissent sous le fardeau de la pauvreté, et qui payent à un exacteur[34] la
moitié des gages chétifs qu'ils reçoivent de leurs
maîtres. Les bergers gangarides, nés tous égaux, sont
les maîtres des troupeaux innombrables qui couvrent
leurs prés éternellement fleuris. On ne les tue jamais :
c'est un crime horrible vers le Gange de tuer et de
manger son semblable. Leur laine, plus fine et plus
brillante que la plus belle soie, est le plus grand commerce de l'Orient. D'ailleurs la terre des Gangarides
produit tout ce qui peut flatter les désirs de
l'homme[35]. Ces gros diamants qu'Amazan a eu l'honneur de vous offrir sont d'une mine qui lui appartient.
Cette licorne que vous l'avez vu monter est la monture ordinaire des Gangarides. C'est le plus bel animal, le plus fier, le plus terrible, et le plus doux qui
orne la terre. Il suffirait de cent Gangarides et de cent
licornes pour dissiper des armées innombrables. Il y a
environ deux siècles qu'un roi des Indes fut assez fou
pour vouloir conquérir cette nation : il se présenta
suivi de dix mille éléphants et d'un million de guerriers. Les licornes percèrent les éléphants, comme j'ai
vu sur votre table des mauviettes enfilées dans des
brochettes d'or. Les guerriers tombaient sous le sabre
des Gangarides comme les moissons de riz sont cou-
pées par les mains des peuples de l'Orient. On prit le

roi prisonnier avec plus de six cent mille hommes. On le baigna dans les eaux salutaires du Gange[36]; on le mit au régime du pays, qui consiste à ne se nourrir que de végétaux prodigués par la nature pour nourrir tout ce qui respire. Les hommes alimentés de carnage et abreuvés de liqueurs fortes ont tous un sang aigri et aduste qui les rend fous en cent manières différentes. Leur principale démence est la fureur de verser le sang de leurs frères, et de dévaster des plaines fertiles pour régner sur des cimetières. On employa six mois entiers à guérir le roi des Indes de sa maladie. Quand les médecins eurent enfin jugé qu'il avait le pouls plus tranquille et l'esprit plus rassis, ils en donnèrent le certificat au conseil des Gangarides. Ce conseil, ayant pris l'avis des licornes, renvoya humainement le roi des Indes, sa sotte cour et ses imbéciles guerriers dans leur pays. Cette leçon les rendit sages, et, depuis ce temps, les Indiens respectèrent les Gangarides, comme les ignorants qui voudraient s'instruire respectent parmi vous les philosophes chaldéens, qu'ils ne peuvent égaler. — A propos, mon cher oiseau, lui dit la princesse, y a-t-il une religion chez les Gangarides[37]? — S'il y en a une? Madame, nous nous assemblons pour rendre grâces à Dieu, les jours de la pleine lune, les hommes dans un grand temple de cèdre, les femmes dans un autre, de peur des distractions; tous les oiseaux dans un bocage, les quadrupèdes sur une belle pelouse. Nous remercions Dieu de tous les biens qu'il nous a faits. Nous avons surtout des perroquets qui prêchent à merveille.

« Telle est la patrie de mon cher Amazan; c'est là que je demeure; j'ai autant d'amitié pour lui qu'il vous a inspiré d'amour. Si vous m'en croyez, nous partirons ensemble, et vous irez lui rendre sa visite.

— Vraiment, mon oiseau, vous faites là un joli métier, répondit en souriant la princesse, qui brûlait d'envie de faire le voyage, et qui n'osait le dire. — Je sers mon ami, dit l'oiseau; et, après le bonheur de vous aimer, le plus grand est celui de servir vos amours. »

Formosante ne savait plus où elle en était; elle se croyait transportée hors de la terre. Tout ce qu'elle avait vu dans cette journée, tout ce qu'elle voyait, tout ce qu'elle entendait, et surtout ce qu'elle sentait dans son cœur, la plongeait dans un ravissement qui passait de bien loin celui qu'éprouvent aujourd'hui les fortunés musulmans quand, dégagés de leurs liens terrestres, ils se voient dans le neuvième ciel entre les bras de leurs houris [38] environnés et pénétrés de la gloire et de la félicité célestes.

IV

Elle passa toute la nuit à parler d'Amazan. Elle ne l'appelait plus que son *berger*; et c'est depuis ce temps-là que les noms de *berger* et d'*amant* sont toujours employés l'un pour l'autre chez quelques nations.

Tantôt elle demandait à l'oiseau si Amazan avait eu d'autres maîtresses. Il répondait que non, et elle était au comble de la joie. Tantôt elle voulait savoir à quoi il passait sa vie; et elle apprenait avec transport qu'il l'employait à faire du bien, à cultiver les arts, à pénétrer les secrets de la nature, à perfectionner son être. Tantôt elle voulait savoir si l'âme de son oiseau était de la même nature que celle de son amant; pourquoi il avait vécu près de vingt-huit mille ans, tandis que son amant n'en avait que dix-huit ou dix-neuf. Elle faisait cent questions pareilles, auxquelles l'oiseau répondait avec une discrétion qui irritait sa curiosité. Enfin, le sommeil ferma leurs yeux, et livra Formosante à la douce illusion des songes envoyés par les dieux, qui surpassent quelquefois la réalité même, et que toute la philosophie des Chaldéens a bien de la peine à expliquer.

Formosante ne s'éveilla que très tard. Il était petit jour chez elle [39] quand le roi son père entra dans sa chambre. L'oiseau reçut Sa Majesté avec une politesse respectueuse, alla au-devant de lui, battit des ailes, allongea son cou, et se remit sur son oranger. Le roi s'assit sur le lit de sa fille, que ses rêves avaient encore embellie. Sa grande barbe s'approcha de ce beau visage, et après lui avoir donné deux baisers, il lui parla en ces mots :

« Ma chère fille, vous n'avez pu trouver hier un mari, comme je l'espérais ; il vous en faut un pourtant : le salut de mon empire l'exige. J'ai consulté l'oracle, qui, comme vous savez, ne ment jamais, et qui dirige toute ma conduite. Il m'a ordonné de vous faire courir le monde. Il faut que vous voyagiez. — Ah ! chez les Gangarides sans doute », dit la princesse ; et en prononçant ces mots, qui lui échappaient, elle sentit bien qu'elle disait une sottise. Le roi, qui ne savait pas un mot de géographie, lui demanda ce qu'elle entendait par des Gangarides. Elle trouva aisément une défaite. Le roi lui apprit qu'il fallait faire un pèlerinage ; qu'il avait nommé les personnes de sa suite, le doyen des conseillers d'État, le grand aumônier, une dame d'honneur, un médecin, un apothicaire, et son oiseau, avec tous les domestiques convenables.

Formosante, qui n'était jamais sortie du palais du roi son père, et qui jusqu'à la journée des trois rois et d'Amazan n'avait mené qu'une vie très insipide dans l'étiquette du faste et dans l'apparence des plaisirs, fut ravie d'avoir un pèlerinage à faire. « Qui sait, disait-elle tout bas à son cœur, si les dieux n'inspireront pas à mon cher Gangaride le même désir d'aller à la même chapelle, et si je n'aurai pas le bonheur de revoir le pèlerin ? » Elle remercia tendrement son père, en lui disant qu'elle avait eu toujours une secrète dévotion pour le saint chez lequel on l'envoyait.

Bélus donna un excellent dîner à ses hôtes ; il n'y avait que des hommes. C'étaient tous gens fort mal assortis : rois, princes, ministres, pontifes, tous jaloux les uns des autres, tous pesant leurs paroles, tous embarrassés de leurs voisins et d'eux-mêmes. Le repas fut triste, quoiqu'on y bût beaucoup. Les princesses restèrent dans leurs appartements, occupées chacune de leur départ. Elles mangèrent à leur petit couvert[40]. Formosante ensuite alla se promener dans les jardins avec son cher oiseau, qui, pour l'amuser, vola d'arbre en arbre en étalant sa superbe queue et son divin plumage.

Le roi d'Égypte, qui était chaud de vin, pour ne pas dire ivre, demanda un arc et des flèches à un de ses pages. Ce prince était à la vérité l'archer le plus maladroit de son royaume. Quand il tirait au blanc[41], la place où l'on était le plus en sûreté était le but où il visait. Mais le bel oiseau, en volant aussi rapidement que la flèche, se présenta lui-même au coup, et tomba tout sanglant entre les bras de Formosante. L'Égyptien, en riant d'un sot rire, se retira dans son quartier. La princesse perça le ciel de ses cris, fondit en larmes, se meurtrit les joues et la poitrine. L'oiseau mourant lui dit tout bas : « Brûlez-moi, et ne manquez pas de porter mes cendres vers l'Arabie Heureuse, à l'orient de l'ancienne ville d'Aden ou d'Éden, et de les exposer au soleil sur un petit bûcher de gérofle et de cannelle. » Après avoir proféré ces paroles, il expira. Formosante resta longtemps évanouie et ne revit le jour que pour éclater en sanglots. Son père, partageant sa douleur et faisant des imprécations contre le roi d'Égypte, ne douta pas que cette aventure n'annonçât un avenir sinistre. Il alla vite consulter l'oracle de sa chapelle. L'oracle répondit : « Mélange de tout ; mort vivant, infidélité et constance, perte et gain, calamités et bonheur. » Ni lui ni son conseil n'y purent rien comprendre ; mais enfin il était satisfait d'avoir rempli ses devoirs de dévotion.

Sa fille, éplorée, pendant qu'il consultait l'oracle, fit rendre à l'oiseau les honneurs funèbres qu'il avait ordonnés, et résolut de le porter en Arabie au péril de ses jours. Il fut brûlé dans du lin incombustible avec l'oranger sur lequel il avait couché ; elle en recueillit la cendre dans un petit vase d'or tout entouré d'escarboucles[42] et des diamants qu'on ôta de la gueule du lion. Que ne put-elle, au lieu d'accomplir ce devoir funeste, brûler tout en vie le détestable roi d'Égypte! C'était là tout son désir. Elle fit tuer, dans son dépit, les deux crocodiles, ses deux hippopotames, ses deux zèbres, ses deux rats, et fit jeter ses deux momies dans l'Euphrate; si elle avait tenu son bœuf Apis, elle ne l'aurait pas épargné.

Le roi d'Égypte, outré de cet affront, partit sur-le-champ pour faire avancer ses trois cent mille hommes. Le roi des Indes, voyant partir son allié, s'en retourna le jour même, dans le ferme dessein de joindre ses trois cent mille Indiens à l'armée égyptienne. Le roi de Scythie délogea dans la nuit avec la princesse Aldée, bien résolu de venir combattre pour elle à la tête de trois cent mille Scythes, et de lui rendre l'héritage de Babylone, qui lui était dû, puisqu'elle descendait de la branche aînée.

De son côté la belle Formosante se mit en route à trois heures du matin avec sa caravane de pèlerins, se flattant bien qu'elle pourrait aller en Arabie exécuter les dernières volontés de son oiseau, et que la justice des dieux immortels lui rendrait son cher Amazan sans qui elle ne pouvait plus vivre.

Ainsi, à son réveil, le roi de Babylone ne trouva plus personne. « Comme les grandes fêtes se terminent, disait-il, et comme elles laissent un vide étonnant dans l'âme, quand le fracas est passé. » Mais il fut transporté d'une colère vraiment royale lorsqu'il apprit qu'on avait enlevé la princesse Aldée. Il donna ordre qu'on éveillât tous ses ministres, et qu'on assemblât le conseil. En attendant qu'ils vinssent, il ne manqua pas de consulter son oracle; mais il ne put jamais en tirer que ces paroles si célèbres depuis dans tout l'univers : *Quand on ne marie pas les filles, elles se marient elles-mêmes.*

Aussitôt l'ordre fut donné de faire marcher trois cent mille hommes contre le roi des Scythes. Voilà donc la guerre la plus terrible allumée de tous les côtés; et elle fut produite par les plaisirs de la plus belle fête qu'on ait jamais donnée sur la terre. L'Asie allait être désolée par quatre armées de trois cent mille

combattants chacune. On sent bien que la guerre de
Troie, qui étonna le monde quelques siècles après,
n'était qu'un jeu d'enfants en comparaison; mais aussi
on doit considérer que dans la querelle des Troyens il
ne s'agissait que d'une vieille femme fort libertine qui
s'était fait enlever deux fois [43], au lieu qu'ici il s'agissait
de deux filles et d'un oiseau.

Le roi des Indes allait attendre son armée sur le
grand et magnifique chemin qui conduisait alors en
droiture de Babylone à Cachemire. Le roi des Scythes
courait avec Aldée par la belle route qui menait au
mont Immaüs [44]. Tous ces chemins ont disparu dans
la suite par le mauvais gouvernement. Le roi d'Égypte
avait marché à l'occident, et côtoyait la petite mer
Méditerranée, que les ignorants Hébreux ont depuis
nommée la Grande Mer [45].

A l'égard de la belle Formosante, elle suivait le chemin de Bassora, planté de hauts palmiers qui fournis-
saient un ombrage éternel et des fruits dans toutes les
saisons. Le temple où elle allait en pèlerinage était
dans Bassora même. Le saint à qui ce temple avait été
dédié était à peu près dans le goût de celui qu'on
adora depuis à Lampsaque [46]. Non seulement il pro-
curait des maris aux filles, mais il tenait lieu souvent
de mari. C'était le saint le plus fêté de toute l'Asie.

Formosante ne se souciait point du tout du saint de
Bassora : elle n'invoquait que son cher berger gangaride, son bel Amazan. Elle comptait s'embarquer à
Bassora [47], et entrer dans l'Arabie Heureuse pour faire
ce que l'oiseau mort avait ordonné.

A la troisième couchée [48], à peine était-elle entrée
dans une hôtellerie où ses fourriers avaient tout préparé pour elle, qu'elle apprit que le roi d'Égypte y
entrait aussi. Instruit de la marche de la princesse par
ses espions, il avait sur-le-champ changé de route,
suivi d'une nombreuse escorte. Il arrive; il fait placer
des sentinelles à toutes les portes; il monte dans la
chambre de la belle Formosante, et lui dit : « Mademoiselle, c'est vous précisément que je cherchais;
vous avez fait très peu de cas de moi lorsque j'étais à

Babylone ; il est juste de punir les dédaigneuses et les capricieuses : vous aurez, s'il vous plaît, la bonté de souper avec moi ce soir ; vous n'aurez point d'autre lit que le mien, et je me conduirai avec vous selon que j'en serai content. »

Formosante vit bien qu'elle n'était pas la plus forte ; elle savait que le bon esprit consiste à se conformer à sa situation ; elle prit le parti de se délivrer du roi d'Égypte par une innocente adresse : elle le regarda du coin de l'œil, ce qui plusieurs siècles après s'est appelé *lorgner*[49] ; et voici comme elle lui parla avec une modestie, une grâce, une douceur, un embarras, et une foule de charmes qui auraient rendu fou le plus sage des hommes, et aveuglé le plus clairvoyant :

« Je vous avoue, monsieur, que je baissai toujours les yeux devant vous quand vous fîtes l'honneur au roi mon père de venir chez lui. Je craignais mon cœur, je craignais ma simplicité trop naïve : je tremblais que mon père et vos rivaux ne s'aperçussent de la préférence que je vous donnais, et que vous méritez si bien. Je puis à présent me livrer à mes sentiments. Je jure par le bœuf Apis, qui est, après vous, tout ce que je respecte le plus au monde, que vos propositions m'ont enchantée. J'ai déjà soupé avec vous chez le roi mon père ; j'y souperai encore bien ici sans qu'il soit de la partie : tout ce que je vous demande, c'est que votre grand aumônier boive avec nous, il m'a paru à Babylone un très bon convive ; j'ai d'excellent vin de Chiraz[50], je veux vous en faire goûter à tous deux. A l'égard de votre seconde proposition, elle est très engageante ; mais il ne convient pas à une fille bien née d'en parler : qu'il vous suffise de savoir que je vous regarde comme le plus grand des rois et le plus aimable des hommes. »

Ce discours fit tourner la tête au roi d'Égypte ; il voulut bien que l'aumônier fût en tiers. « J'ai encore une grâce à vous demander, lui dit la princesse ; c'est de permettre que mon apothicaire vienne me parler : les filles ont toujours de certaines petites incommodités qui demandent de certains soins, comme vapeurs de tête, battements de cœur, coliques, étouffements, auxquels il faut mettre un certain ordre dans de certaines circonstances ; en un mot, j'ai un besoin pressant de mon apothicaire, et j'espère que vous ne me refuserez pas cette légère marque d'amour.

— Mademoiselle, lui répondit le roi d'Égypte, quoiqu'un apothicaire ait des vues précisément opposées aux miennes [51], et que les objets de son art soient le contraire de ceux du mien, je sais trop bien vivre pour vous refuser une demande si juste : je vais ordonner qu'il vienne vous parler en attendant le souper ; je conçois que vous devez être un peu fatiguée du voyage ; vous devez aussi avoir besoin d'une femme de chambre, vous pourrez faire venir celle qui vous agréera davantage ; j'attendrai ensuite vos ordres et votre commodité. » Il se retira ; l'apothicaire et la femme de chambre nommée Irla arrivèrent. La princesse avait en elle une entière confiance ; elle lui ordonna de faire apporter six bouteilles de vin de Chiraz pour le souper, et d'en faire boire de pareil à tous les sentinelles qui tenaient ses officiers aux arrêts ; puis elle recommanda à l'apothicaire de faire mettre dans toutes les bouteilles certaines drogues de sa pharmacie qui faisaient dormir les gens vingt-quatre heures, et dont il était toujours pourvu. Elle fut ponctuellement obéie. Le roi revint avec le grand aumônier au bout d'une demi-heure : le souper fut très gai ; le roi et le prêtre vidèrent les six bouteilles, et avouèrent qu'il n'y avait pas de si bon vin en Égypte ; la femme de chambre eut soin d'en faire boire aux domestiques qui avaient servi. Pour la princesse, elle eut grande attention de n'en point boire, disant que son médecin l'avait mise au régime. Tout fut bientôt endormi.

L'aumônier du roi d'Égypte avait la plus belle barbe que pût porter un homme de sa sorte. Formosante la coupa très adroitement ; puis, l'ayant fait coudre à un petit ruban, elle l'attacha à son menton. Elle s'affubla de la robe du prêtre et de toutes les marques de sa dignité, habilla sa femme de chambre en sacristain de la déesse Isis ; enfin, s'étant munie de son urne et de ses pierreries, elle sortit de l'hôtellerie à travers les sentinelles, qui dormaient comme leur maître. La suivante avait eu soin de faire tenir à la porte deux chevaux prêts. La princesse ne pouvait mener avec elle aucun des officiers de sa suite : ils auraient été arrêtés par les grandes gardes [52].

Formosante et Irla passèrent à travers des haies de soldats qui, prenant la princesse pour le grand prêtre, l'appelaient *mon révérendissime père en Dieu*, et lui demandaient sa bénédiction [53]. Les deux fugitives arrivent en vingt-quatre heures à Bassora, avant que le roi fût éveillé. Elles quittèrent alors leur déguisement, qui eût pu donner des soupçons. Elles frétèrent au plus vite un vaisseau qui les porta, par le détroit d'Ormus, au beau rivage d'Éden, dans l'Arabie Heureuse [54]. C'est cet Éden dont les jardins furent si renommés qu'on en fit depuis la demeure des justes; ils furent le modèle des Champs Élysées, des jardins des Hespérides, et de ceux des îles Fortunées : car, dans ces climats chauds, les hommes n'imaginèrent point de plus grande béatitude que les ombrages et les murmures des eaux. Vivre éternellement dans les cieux avec l'Être suprême, ou aller se promener dans le jardin, dans le paradis [55], fut la même chose pour les hommes, qui parlent toujours sans s'entendre, et qui n'ont pu guère avoir encore d'idées nettes ni d'expressions justes.

Dès que la princesse se vit dans cette terre, son premier soin fut de rendre à son cher oiseau les honneurs funèbres qu'il avait exigés d'elle. Ses belles mains dressèrent un petit bûcher de gérofle et de cannelle. Quelle fut sa surprise lorsqu'ayant répandu les cendres de l'oiseau sur ce bûcher, elle le vit s'enflammer de lui-même! Tout fut bientôt consumé. Il ne parut, à la place des cendres, qu'un gros œuf dont elle vit sortir son oiseau plus brillant qu'il ne l'avait jamais été. Ce fut le plus beau des moments que la princesse eût éprouvés dans toute sa vie; il n'y en avait qu'un qui pût lui être plus cher : elle le désirait, mais elle ne l'espérait pas.

« Je vois bien, dit-elle à l'oiseau, que vous êtes le phénix dont on m'avait tant parlé. Je suis prête à mourir d'étonnement et de joie. Je ne croyais point à la résurrection; mais mon bonheur m'en a convaincue. — La résurrection, madame, lui dit le phénix, est la chose du monde la plus simple. Il n'est pas plus surprenant de naître deux fois qu'une. Tout est résurrection dans ce monde; les chenilles ressuscitent en papillons; un noyau mis en terre ressuscite en arbre; tous les animaux ensevelis dans la terre ressuscitent en herbes, en plantes, et nourrissent d'autres animaux dont ils font bientôt une partie de la substance : toutes les particules qui composaient les corps sont changées en différents êtres. Il est vrai que je suis le seul à qui le puissant Orosmade[56] ait fait la grâce de ressusciter dans sa propre nature. »

Formosante, qui, depuis le jour qu'elle vit Amazan et le phénix pour la première fois, avait passé toutes ses heures à s'étonner, lui dit : « Je conçois bien que le grand Être ait pu former de vos cendres un phénix à peu près semblable à vous; mais que vous soyez précisément la même personne, que vous ayez la même âme, j'avoue que je ne le comprends pas bien clairement. Qu'est devenue votre âme pendant que je vous portais dans ma poche après votre mort ?

— Eh! mon Dieu! madame, n'est-il pas aussi facile au grand Orosmade de continuer son action sur une petite étincelle de moi-même que de commencer cette action ? Il m'avait accordé auparavant le sentiment, la mémoire et la pensée : il me les accorde encore; qu'il ait attaché cette faveur à un atome de feu élémentaire caché dans moi[57], ou à l'assemblage de mes organes, cela ne fait rien au fond : les phénix et les hommes ignoreront toujours comment la chose se passe; mais la plus grande grâce que l'Être suprême m'ait accordée est de me faire renaître pour vous. Que ne puis-je passer les vingt-huit mille ans que j'ai encore à vivre jusqu'à ma prochaine résurrection entre vous et mon cher Amazan!

— Mon phénix, lui repartit la princesse, songez

que les premières paroles que vous me dîtes à Babylone, et que je n'oublierai jamais, me flattèrent de
l'espérance de revoir ce cher berger que j'idolâtre : il
faut absolument que nous allions ensemble chez les
Gangarides, et que je le ramène à Babylone. — C'est
bien mon dessein, dit le phénix ; il n'y a pas un
moment à perdre. Il faut aller trouver Amazan par le
plus court chemin, c'est-à-dire par les airs. Il y a dans
l'Arabie Heureuse deux griffons[58], mes amis intimes,
qui ne demeurent qu'à cent cinquante milles d'ici : je
vais leur écrire par la poste aux pigeons ; ils viendront
avant la nuit. Nous aurons tout le temps de vous faire
travailler un petit canapé commode avec des tiroirs où
l'on mettra vos provisions de bouche. Vous serez très
à votre aise dans cette voiture avec votre demoiselle.
Les deux griffons sont les plus vigoureux de leur
espèce ; chacun d'eux tiendra un des bras du canapé
entre ses griffes ; mais, encore une fois, les moments
sont chers. » Il alla sur-le-champ avec Formosante
commander le canapé à un tapissier de sa connaissance. Il fut achevé en quatre heures. On mit dans les
tiroirs des petits pains à la reine, des biscuits meilleurs
que ceux de Babylone, des poncires[59] ; des ananas,
des cocos, des pistaches, et du vin d'Éden, qui
l'emporte sur le vin de Chiras autant que celui de
Chiras est au-dessus de celui de Surene[60].

Le canapé était aussi léger que commode et solide.
Les deux griffons arrivèrent dans Éden à point
nommé. Formosante et Irla se placèrent dans la voiture. Les deux griffons l'enlevèrent comme une
plume. Le phénix tantôt volait auprès, tantôt se per-
chait sur le dossier. Les deux griffons cinglèrent vers
le Gange avec la rapidité d'une flèche qui fend les airs.
On ne se reposait que la nuit pendant quelques
moments pour manger, et pour faire boire un coup
aux deux voituriers[61].

On arriva enfin chez les Gangarides. Le cœur de la
princesse palpitait d'espérance, d'amour et de joie. Le
phénix fit arrêter la voiture devant la maison d'Amazan : il demande à lui parler ; mais il y avait trois

heures qu'il en était parti, sans qu'on sût où il était
allé.

Il n'y a point de termes dans la langue même des
Gangarides qui puissent exprimer le désespoir dont
Formosante fut accablée. « Hélas ! voilà ce que j'avais
craint, dit le phénix ; les trois heures que vous avez
passées dans votre hôtellerie sur le chemin de Bassora
avec ce malheureux roi d'Égypte vous ont enlevé
peut-être pour jamais le bonheur de votre vie : j'ai
bien peur que nous n'ayons perdu Amazan sans
retour. »

Alors il demanda aux domestiques si on pouvait
saluer madame sa mère. Ils répondirent que son mari
était mort l'avant-veille et qu'elle ne voyait personne.
Le phénix, qui avait du crédit dans la maison, ne
laissa pas de faire entrer la princesse de Babylone dans
un salon dont les murs étaient revêtus de bois d'oranger à filets d'ivoire ; les sous-bergers et sous-bergères,
en longues robes blanches ceintes de garnitures
aurore, lui servirent dans cent corbeilles de simple
porcelaine cent mets délicieux, parmi lesquels ont ne
voyait aucun cadavre déguisé : c'était du riz, du
sagou[62], de la semoule, du vermicelle, des macaronis,
des omelettes, des œufs au lait, des fromages à la
crème, des pâtisseries de toute espèce, des légumes,
des fruits d'un parfum et d'un goût dont on n'a point
d'idée dans les autres climats ; c'était une profusion de
liqueurs rafraîchissantes, supérieures aux meilleurs
vins.

Pendant que la princesse mangeait, couchée sur un
lit de roses[63], quatre pavons, ou paons, ou pans, heureusement muets, l'éventaient de leurs brillantes ailes ;
deux cents oiseaux, cent bergers et cent bergères, lui
donnèrent un concert à deux chœurs ; les rossignols,
les serins, les fauvettes, les pinsons, chantaient le dessus avec les bergères ; les bergers faisaient la haute-
contre et la basse[64] : c'était en tout la belle et simple
nature. La princesse avoua que, s'il y avait plus de
magnificence à Babylone, la nature était mille fois plus
agréable chez les Gangarides ; mais, pendant qu'on lui

donnait cette musique si consolante et si voluptueuse,
elle versait des larmes ; elle disait à la jeune Irla sa
compagne : « Ces bergers et ces bergères, ces rossignols et ces serins font l'amour[65], et moi, je suis privée du héros gangaride, digne objet de mes très
tendres et très impatients désirs. »

Pendant qu'elle faisait ainsi cette collation, qu'elle
admirait et qu'elle pleurait, le phénix disait à la mère
d'Amazan : « Madame, vous ne pouvez vous dispen-
ser de voir la princesse de Babylone ; vous savez... —
Je sais tout, dit-elle, jusqu'à son aventure dans l'hôtellerie sur le chemin de Bassora ; un merle m'a tout
conté ce matin ; et ce cruel merle est cause que mon
fils, au désespoir, est devenu fou, et a quitté la maison
paternelle. — Vous ne savez donc pas, reprit le phénix, que la princesse m'a ressuscité ? — Non, mon
cher enfant ; je savais par le merle que vous étiez mort,
et j'en étais inconsolable. J'étais si affligée de cette
perte, de la mort de mon mari, et du départ précipité
de mon fils, que j'avais fait défendre ma porte. Mais
puisque la princesse de Babylone me fait l'honneur de
me venir voir, faites-la entrer au plus vite ; j'ai des
choses de la dernière conséquence à lui dire, et je veux
que vous y soyez présent. » Elle alla aussitôt dans un
autre salon au-devant de la princesse. Elle ne marchait
pas facilement : c'était une dame d'environ trois cents
années[66] ; mais elle avait encore de beaux restes, et on
voyait bien que vers les deux cents trente à quarante
ans elle avait été charmante. Elle reçut Formosante
avec une noblesse respectueuse, mêlée d'un air d'intérêt et de douleur qui fit sur la princesse une vive
impression.

Formosante lui fit d'abord ses tristes compliments
sur la mort de son mari. « Hélas ! dit la veuve, vous
devez vous intéresser à sa perte plus que vous ne pensez. — J'en suis touchée sans doute, dit Formosante ; il
était le père de... » A ces mots elle pleura. « Je n'étais
venue que pour lui et à travers bien des dangers. J'ai
quitté pour lui mon père et la plus brillante cour de
l'univers ; j'ai été enlevée par un roi d'Égypte, que je

déteste. Échappée à ce ravisseur, j'ai traversé les airs
pour venir voir ce que j'aime; j'arrive, et il me fuit!»
Les pleurs et les sanglots l'empêchèrent d'en dire
davantage.

La mère lui dit alors: «Madame, lorsque le roi
d'Égypte vous ravissait, lorsque vous soupiez avec lui
dans un cabaret sur le chemin de Bassora, lorsque vos
belles mains lui versaient du vin de Chiras, vous souvenez-vous d'avoir vu un merle qui voltigeait dans la
chambre? — Vraiment oui, vous m'en rappelez la
mémoire; je n'y avais pas fait d'attention; mais, en
recueillant mes idées, je me souviens très bien qu'au
moment que le roi d'Égypte se leva de table pour me
donner un baiser, le merle s'envola par la fenêtre en
jetant un grand cri, et ne reparut plus.

— Hélas! madame, reprit la mère d'Amazan, voilà
ce qui fait précisément le sujet de nos malheurs; mon
fils avait envoyé ce merle s'informer de l'état de votre
santé et de tout ce qui se passait à Babylone; il
comptait revenir bientôt se mettre à vos pieds et vous
consacrer sa vie. Vous ne savez pas à quel excès il
vous adore. Tous les Gangarides sont amoureux et
fidèles; mais mon fils est le plus passionné et le plus
constant de tous. Le merle vous rencontra dans un
cabaret; vous buviez très gaiement avec le roi
d'Égypte et un vilain prêtre; il vous vit enfin donner
un tendre baiser à ce monarque, qui avait tué le phénix, et pour qui mon fils conserve une horreur invincible. Le merle à cette vue fut saisi d'une juste indi-
gnation; il s'envola en maudissant vos funestes
amours; il est revenu aujourd'hui, il a tout conté; mais
dans quels moments, juste ciel! dans le temps où mon
fils pleurait avec moi la mort de son père et celle du
phénix; dans le temps qu'il apprenait de moi qu'il est
votre cousin issu de germain!

— Ô ciel! mon cousin! madame, est-il possible?
par quelle aventure? comment? quoi! je serais heureuse à ce point! et je serais en même temps assez
infortunée pour l'avoir offensé

— Mon fils est votre cousin, vous dis-je, reprit la

mère, et je vais bientôt vous en donner la preuve ; mais
en devenant ma parente vous m'arrachez mon fils ; il
ne pourra survivre à la douleur que lui a causée votre
baiser donné au roi d'Égypte.

— Ah ! ma tante, s'écria la belle Formosante, je jure
par lui et par le puissant Orosmade que ce baiser
funeste, loin d'être criminel, était la plus forte preuve
d'amour que je pusse donner à votre fils. Je désobéis-
sais à mon père pour lui. J'allais pour lui de l'Euphrate
au Gange. Tombée entre les mains de l'indigne pharaon d'Égypte, je ne pouvais lui échapper qu'en le
trompant. J'en atteste les cendres et l'âme du phénix,
qui étaient alors dans ma poche ; il peut me rendre
justice ; mais comment votre fils, né sur les bords du
Gange, peut-il être mon cousin, moi dont la famille
règne sur les bords de l'Euphrate depuis tant de siècles ?

— Vous savez, lui dit la vénérable Gangaride, que
votre grand-oncle Aldée était roi de Babylone, et qu'il
fut détrôné par le père de Bélus. — Oui, madame. —
Vous savez que son fils Aldée avait eu de son mariage
la princesse Aldée, élevée dans votre cour. C'est ce
prince, qui, étant persécuté par votre père, vint se
réfugier dans notre heureuse contrée, sous un autre
nom ; c'est lui qui m'épousa ; j'en ai eu le jeune prince
Aldée-Amazan, le plus beau, le plus fort, le plus courageux, le plus vertueux des mortels, et aujourd'hui le
plus fou. Il alla aux fêtes de Babylone sur la réputation
de votre beauté : depuis ce temps-là il vous idolâtre, et
peut-être je ne reverrai jamais mon cher fils. »

Alors elle fit déployer devant la princesse tous les
titres de la maison des Aldées ; à peine Formosante
daigna les regarder. « Ah ! madame, s'écria-t-elle,
examine-t-on ce qu'on désire ? Mon cœur vous en
croit assez. Mais où est Aldée-Amazan ? où est mon
parent, mon amant, mon roi ? où est ma vie ? quel
chemin a-t-il pris ? J'irais le chercher dans tous les
globes que l'Éternel a formés, et dont il est le plus bel
ornement. J'irais dans l'étoile Canope, dans Sheat,
dans Aldébaran ; j'irais le convaincre de mon amour et
de mon innocence. »

Le phénix justifia la princesse du crime que lui imputait le merle d'avoir donné par amour un baiser au roi d'Égypte; mais il fallait détromper Amazan et le ramener. Il envoie des oiseaux sur tous les chemins; il met en campagne les licornes : on lui rapporte enfin qu'Amazan a pris la route de la Chine. « Eh bien! allons à la Chine, s'écria la princesse; le voyage n'est pas long; j'espère bien vous ramener votre fils dans quinze jours au plus tard. » A ces mots, que de larmes de tendresse versèrent la mère gangaride et la princesse de Babylone! que d'embrassements! que d'effusion de cœur!

Le phénix commanda sur-le-champ un carrosse à six licornes. La mère fournit deux cents cavaliers, et fit présent à la princesse, sa nièce, de quelques milliers des plus beaux diamants du pays. Le phénix, affligé du mal que l'indiscrétion du merle avait causé, fit ordonner à tous les merles de vider le pays; et c'est depuis ce temps qu'il ne s'en trouve plus sur les bords du Gange.

V

Les licornes, en moins de huit jours, amenèrent Formosante, Irla, et le phénix, à Cambalu[67], capitale de la Chine. C'était une ville plus grande que Babylone, et d'une espèce de magnificence toute différente. Ces nouveaux objets, ces mœurs nouvelles, auraient amusé Formosante si elle avait pu être occupée d'autre chose que d'Amazan.

Dès que l'empereur de la Chine eut appris que la princesse de Babylone était à une porte de la ville, il lui dépêcha quatre mille mandarins en robes de cérémonie; tous se prosternèrent devant elle, et lui présentèrent chacun un compliment écrit en lettres d'or sur une feuille de soie pourpre. Formosante leur dit que si elle avait quatre mille langues, elle ne manquerait pas de répondre sur-le-champ à chaque mandarin; mais que, n'en ayant qu'une, elle les priait de trouver bon qu'elle s'en servît pour les remercier tous en général. Ils la conduisirent respectueusement chez l'empereur.

C'était le monarque de la terre le plus juste, le plus poli, et le plus sage. Ce fut lui qui, le premier, laboura un petit champ de ses mains impériales, pour rendre l'agriculture respectable à son peuple. Il établit, le premier, des prix pour la vertu. Les lois, partout ailleurs, étaient honteusement bornées à punir les crimes. Cet empereur venait de chasser de ses États une troupe de bonzes étrangers qui étaient venus du fond de l'Occident[68], dans l'espoir insensé de forcer toute la Chine à penser comme eux, et qui, sous prétexte d'annoncer des vérités, avaient acquis déjà des richesses et des honneurs. Il leur avait dit, en les chassant, ces propres paroles enregistrées dans les annales de l'empire[69] :

« Vous pourriez faire ici autant de mal que vous en avez fait ailleurs : vous êtes venus prêcher des dogmes d'intolérance chez la nation la plus tolérante de la terre. Je vous renvoie pour n'être jamais forcé de vous punir. Vous serez reconduits honorablement sur mes frontières ; on vous fournira tout pour retourner aux bornes de l'hémisphère dont vous êtes partis. Allez en paix si vous pouvez être en paix, et ne revenez plus. »

La princesse de Babylone apprit avec joie ce jugement et ce discours ; elle en était plus sûre d'être bien reçue à la cour, puisqu'elle était très éloignée d'avoir des dogmes intolérants. L'empereur de la Chine, en dînant avec elle tête à tête, eut la politesse de bannir l'embarras de toute étiquette gênante ; elle lui présenta le phénix, qui fut très caressé de l'empereur, et qui se percha sur son fauteuil. Formosante, sur la fin du repas, lui confia ingénument le sujet de son voyage, et le pria de faire chercher dans Cambalu le bel Amazan, dont elle lui conta l'aventure, sans lui rien cacher de la fatale passion dont son cœur était enflammé pour ce jeune héros. « A qui en parlez-vous ? lui dit l'empereur de la Chine ; il m'a fait le plaisir de venir dans ma cour ; il m'a enchanté, cet aimable Amazan : il est vrai

qu'il est profondément affligé; mais ses grâces n'en
sont que plus touchantes; aucun de mes favoris n'a
plus d'esprit que lui; nul mandarin de robe n'a de plus
vastes connaissances; nul mandarin d'épée[70] n'a l'air
plus martial et plus héroïque; son extrême jeunesse
donne un nouveau prix à tous ses talents; si j'étais
assez malheureux, assez abandonné du Tien et du
Changti[71] pour vouloir être conquérant, je prierais
Amazan de se mettre à la tête de mes armées, et je
serais sûr de triompher de l'univers entier. C'est bien
dommage que son chagrin lui dérange quelquefois
l'esprit.

— Ah! monsieur[72], lui dit Formosante avec un air
enflammé et un ton de douleur, de saisissement et de
reproche, pourquoi ne m'avez-vous pas fait dîner avec
lui? Vous me faites mourir; envoyez-le prier tout à
l'heure. — Madame il est parti ce matin, et il n'a point
dit dans quelle contrée il portait ses pas. » Formosante
se tourna vers le phénix : « Eh bien, dit-elle, phénix,
avez-vous jamais vu une fille plus malheureuse que
moi? Mais, monsieur, continua-t-elle, comment,
pourquoi a-t-il pu quitter si brusquement une cour
aussi polie que la vôtre, dans laquelle il me semble
qu'on voudrait passer sa vie?

— Voici, madame, ce qui est arrivé. Une princesse
du sang, des plus aimables, s'est éprise de passion
pour lui, et lui a donné un rendez-vous chez elle à
midi; il est parti au point du jour, et il a laissé ce billet,
qui a coûté bien des larmes à ma parente.

« Belle princesse du sang de la Chine, vous méritez
un cœur qui n'ait jamais été qu'à vous; j'ai juré aux
dieux immortels de n'aimer jamais que Formosante,
princesse de Babylone, et de lui apprendre comment
on peut dompter ses désirs dans ses voyages; elle a eu
le malheur de succomber avec un indigne roi
d'Égypte : je suis le plus malheureux des hommes; j'ai
perdu mon père et le phénix, et l'espérance d'être
aimé de Formosante; j'ai quitté ma mère affligée, ma
patrie, ne pouvant vivre un moment dans les lieux où
j'ai appris que Formosante en aimait un autre que

moi; j'ai juré de parcourir la terre et d'être fidèle. Vous me mépriseriez, et les dieux me puniraient, si je violais mon serment; prenez un amant[73], madame, et soyez aussi fidèle que moi. »

— Ah! laissez-moi cette étonnante lettre, dit la belle Formosante, elle fera ma consolation; je suis heureuse dans mon infortune. Amazan m'aime; Amazan renonce pour moi à la possession des princesses de la Chine; il n'y a que lui sur la terre capable de remporter une telle victoire; il me donne un grand exemple; le phénix sait que je n'en avais pas besoin; il est bien cruel d'être privée de son amant pour le plus innocent des baisers donné par pure fidélité. Mais enfin où est-il allé? quel chemin a-t-il pris? daignez me l'enseigner, et je pars. »

L'empereur de la Chine lui répondit qu'il croyait, sur les rapports qu'on lui avait faits, que son amant avait suivi une route qui menait en Scythie. Aussitôt les licornes furent attelées, et la princesse, après les plus tendres compliments, prit congé de l'empereur avec le phénix, sa femme de chambre, Irla, et toute sa suite.

Dès qu'elle fut en Scythie[74], elle vit plus que jamais combien les hommes et les gouvernements diffèrent, et différeront toujours jusqu'au temps où quelque peuple plus éclairé que les autres communiquera la lumière de proche en proche après mille siècles de ténèbres, et qu'il se trouvera dans des climats barbares des âmes héroïques qui auront la force et la persévérance de changer les brutes en hommes. Point de villes en Scythie, par conséquent point d'arts agréables. On ne voyait que de vastes prairies et des nations entières sous des tentes et sur des chars. Cet aspect imprimait la terreur. Formosante demanda dans quelle tente ou dans quelle charrette logeait le roi. On lui dit que depuis huit jours il s'était mis en marche à la tête de trois cent mille hommes de cavalerie pour aller à la rencontre du roi de Babylone, dont il avait enlevé la nièce, la belle princesse Aldée. « Il a enlevé ma cousine! s'écria Formosante; je ne m'atten-

dais pas à cette nouvelle aventure. Quoi! ma cousine,
qui était trop heureuse de me faire la cour, est devenue reine, et je ne suis pas encore mariée. » Elle se fit
conduire incontinent aux tentes de la reine.

Leur réunion inespérée dans ces climats lointains,
les choses singulières qu'elles avaient mutuellement à
s'apprendre, mirent dans leur entrevue un charme qui
leur fit oublier qu'elles ne s'étaient jamais aimées; elles
se revirent avec transport; une douce illusion se mit à
la place de la vraie tendresse; elles s'embrassèrent en
pleurant, et il y eut même entre elles de la cordialité et
de la franchise, attendu que l'entrevue ne se faisait pas
dans un palais.

Aldée reconnut le phénix et la confidente Irla; elle
donna des fourrures de zibeline[75] à sa cousine, qui lui
donna des diamants. On parla de la guerre que les
deux rois entreprenaient; on déplora la condition des
hommes, que des monarques envoient par fantaisie
s'égorger pour des différends que deux honnêtes gens
pourraient concilier en une heure; mais surtout on
s'entretint du bel étranger vainqueur des lions, donneur des plus gros diamants de l'univers, faiseur de
madrigaux, possesseur du phénix, devenu le plus malheureux des hommes sur le rapport d'un merle.
« C'est mon cher frère, disait Aldée. — C'est mon
amant! s'écriait Formosante; vous l'avez vu sans
doute, il est peut-être encore ici; car, ma cousine, il
sait qu'il est votre frère; il ne vous aura pas quittée
brusquement comme il a quitté le roi de la Chine.

— Si je l'ai vu, grands dieux! reprit Aldée; il a
passé quatre jours entiers avec moi. Ah! ma cousine,
que mon frère est à plaindre! Un faux rapport l'a
rendu absolument fou; il court le monde sans savoir
où il va. Figurez-vous qu'il a poussé la démence
jusqu'à refuser les faveurs de la plus belle Scythe de
toute la Scythie. Il partit hier après lui avoir écrit une
lettre dont elle a été désespérée. Pour lui, il est allé
chez les Cimmériens. — Dieu soit loué! s'écria Formosante; encore un refus en ma faveur! mon bonheur
a passé mon espoir, comme mon malheur a surpassé

toutes mes craintes. Faites-moi donner cette lettre charmante, que je parte, que je le suive, les mains pleines de ses sacrifices. Adieu, ma cousine ; Amazan est chez les Cimmériens ; j'y vole. »

Aldée trouva que la princesse sa cousine était encore plus folle que son frère Amazan. Mais comme elle avait senti elle-même les atteintes de cette épidémie, comme elle avait quitté les délices et la magnificence de Babylone pour le roi des Scythes, comme les femmes s'intéressent toujours aux folies dont l'amour est cause, elle s'attendrit véritablement pour Formosante, lui souhaita un heureux voyage, et lui promit de servir sa passion si jamais elle était assez heureuse pour revoir son frère.

VI

Bientôt la princesse de Babylone et le phénix arrivèrent dans l'empire des Cimmériens[76], bien moins peuplé, à la vérité, que la Chine, mais deux fois plus étendu ; autrefois semblable à la Scythie, et devenu depuis quelque temps aussi florissant que les royaumes qui se vantaient d'instruire les autres États.

Après quelques jours de marche on entra dans une très grande ville[77] que l'impératrice régnante faisait embellir ; mais elle n'y était pas : elle voyageait alors des frontières de l'Europe à celles de l'Asie pour connaître ses États par ses yeux, pour juger des maux et porter les remèdes, pour accroître les avantages, pour semer l'instruction[78].

Un des principaux officiers de cette ancienne capitale, instruit de l'arrivée de la Babylonienne et du phénix, s'empressa de rendre ses hommages à la princesse, et de lui faire les honneurs du pays, bien sûr que sa maîtresse, qui était la plus polie et la plus magnifique des reines, lui saurait gré d'avoir reçu une si grande dame avec les mêmes égards qu'elle aurait prodigués elle-même.

On logea Formosante au palais [79], dont on écarta une foule importune du peuple ; on lui donna des fêtes ingénieuses. Le seigneur cimmérien, qui était un grand naturaliste, s'entretint beaucoup avec le phénix dans les temps où la princesse était retirée dans son appartement. Le phénix lui avoua qu'il avait autrefois voyagé chez les Cimmériens, et qu'il ne reconnaissait plus le pays. « Comment de si prodigieux changements, disait-il, ont-ils pu être opérés dans un temps si court ? Il n'y a pas trois cents ans que je vis ici la nature sauvage dans toute son horreur ; j'y trouve aujourd'hui les arts, la splendeur, la gloire et la politesse. — Un seul homme a commencé ce grand ouvrage, répondit le Cimmérien ; une femme l'a perfectionné [80] ; une femme a été meilleure législatrice que l'Isis des Égyptiens et la Cérès des Grecs. La plupart des législateurs ont eu un génie étroit et despotique qui a resserré leurs vues dans le pays qu'ils ont gouverné ; chacun a regardé son peuple comme étant seul sur la terre, ou comme devant être l'ennemi du reste de la terre. Ils ont formé des institutions pour ce seul peuple, introduit des usages pour lui seul, établi une religion pour lui seul. C'est ainsi que les Égyptiens, si fameux par des monceaux de pierres, se sont abrutis et déshonorés par leurs superstitions barbares. Ils croient les autres nations profanes, ils ne communiquent point avec elles ; et, excepté la cour, qui s'élève quelquefois au-dessus des préjugés vulgaires, il n'y a pas un Égyptien qui voulût manger dans un plat dont un étranger se serait servi. Leurs prêtres sont cruels et absurdes. Il vaudrait mieux n'avoir point de lois, et n'écouter que la nature, qui a gravé dans nos cœurs les caractères du juste et de l'injuste, que de soumettre la société à des lois si insociables.

« Notre impératrice embrasse des projets entièrement opposés : elle considère son vaste État, sur lequel tous les méridiens viennent se joindre, comme devant correspondre à tous les peuples qui habitent sous ces différents méridiens. La première de ses lois a été la tolérance de toutes les religions, et la compassion pour toutes les erreurs. Son puissant génie a connu que si les cultes sont différents, la morale est partout la même ; par ce principe elle a lié sa nation à toutes les nations du monde, et les Cimmériens vont regarder le Scandinavien et le Chinois comme leurs frères. Elle a fait plus : elle a voulu que cette précieuse tolérance, le premier lien des hommes, s'établît chez ses voisins[81] ; ainsi elle a mérité le titre de mère de la patrie, et elle aura celui de bienfaitrice du genre humain, si elle persévère.

« Avant elle, des hommes malheureusement puissants envoyaient des troupes de meurtriers ravir à des peuplades inconnues et arroser de leur sang les héritages de leurs pères : on appelait ces assassins des héros ; leur brigandage était de la gloire. Notre souveraine a une autre gloire : elle a fait marcher des armées pour apporter la paix, pour empêcher les hommes de se nuire, pour les forcer à se supporter les uns les autres ; et ses étendards ont été ceux de la concorde publique[82]. »

Le phénix, enchanté de tout ce que lui apprenait ce seigneur, lui dit : « Monsieur, il y a vingt-sept mille neuf cents années et sept mois que je suis au monde ; je n'ai encore rien vu de comparable à ce que vous me faites entendre. » Il lui demanda des nouvelles de son ami Amazan ; le Cimmérien lui conta les mêmes choses qu'on avait dites à la princesse chez les Chinois et chez les Scythes. Amazan s'enfuyait de toutes les cours qu'il visitait sitôt qu'une dame lui avait donné un rendez-vous auquel il craignait de succomber. Le phénix instruisit bientôt Formosante de cette nouvelle marque de fidélité qu'Amazan lui donnait, fidélité d'autant plus étonnante qu'il ne pouvait pas soupçonner que sa princesse en fût jamais informée.

Il était parti pour la Scandinavie. Ce fut dans ces climats que des spectacles nouveaux frappèrent encore ses yeux. Ici[83] la royauté et la liberté subsistaient ensemble par un accord qui paraît impossible dans d'autres États ; les agriculteurs avaient part à la législation, aussi bien que les grands du royaume ; et

un jeune prince donnait les plus grandes espérances
d'être digne de commander à une nation libre. Là[84]
c'était quelque chose de plus étrange : le seul roi qui
fût despotique de droit sur la terre par un contrat for-
mel avec son peuple était en même temps le plus
jeune et le plus juste des rois.

Chez les Sarmates, Amazan vit un philosophe sur le
trône : on pouvait l'appeler le roi de l'anarchie, car il
était le chef de cent mille petits rois dont un seul[85]
pouvait d'un mot anéantir les résolutions de tous les
autres. Éole n'avait pas plus de peine à contenir tous
les vents qui se combattent sans cesse, que ce
monarque n'en avait à concilier les esprits : c'était un
pilote environné d'un éternel orage ; et cependant le
vaisseau ne se brisait pas, car le prince était un
excellent pilote.

En parcourant tous ces pays si différents de sa
patrie, Amazan refusait constamment toutes les
bonnes fortunes qui se présentaient à lui, toujours
désespéré du baiser que Formosante avait donné au
roi d'Égypte, toujours affermi dans son inconcevable
résolution de donner à Formosante l'exemple d'une
fidélité unique et inébranlable.

La princesse de Babylone avec le phénix le suivait
partout à la piste, et ne le manquait jamais que d'un
jour ou deux, sans que l'un se lassât de courir, et sans
que l'autre perdît un moment à le suivre.

Ils traversèrent ainsi toute la Germanie ; ils admi-
rèrent les progrès que la raison et la philosophie faisaient dans le Nord : tous les princes y étaient instruits, tous autorisaient la liberté de penser ; leur
éducation n'avait point été confiée à des hommes qui
eussent intérêt de les tromper, ou qui fussent trompés
eux-mêmes : on les avait élevés dans la connaissance
de la morale universelle, et dans le mépris des superstitions ; on avait banni dans tous ces États un usage
insensé, qui énervait et dépeuplait plusieurs pays
méridionaux : cette coutume était d'enterrer tout
vivant, dans de vastes cachots, un nombre infini des
deux sexes éternellement séparés l'un de l'autre, et de

leur faire jurer de n'avoir jamais de communication ensemble[86]. Cet excès de démence, accrédité pendant des siècles, avait dévasté la terre autant que les guerres les plus cruelles.

Les princes du Nord avaient à la fin compris que, si on voulait avoir des haras, il ne fallait pas séparer les plus forts chevaux des cavales. Ils avaient détruit aussi des erreurs non moins bizarres et non moins pernicieuses. Enfin les hommes osaient être raisonnables dans ces vastes pays, tandis qu'ailleurs on croyait encore qu'on ne peut les gouverner qu'autant qu'ils sont imbéciles.

VII

Amazan arriva chez les Bataves[87]; son cœur éprouva une douce satisfaction dans son chagrin d'y retrouver quelque faible image du pays des heureux Gangarides : la liberté, l'égalité, la propreté, l'abondance, la tolérance; mais les dames du pays étaient si froides qu'aucune ne lui fit d'avances comme on lui en avait fait partout ailleurs; il n'eut pas la peine de résister. S'il avait voulu attaquer ces dames, il les aurait toutes subjuguées l'une après l'autre, sans être aimé d'aucune; mais il était bien éloigné de songer à faire des conquêtes.

Formosante fut sur le point de l'attraper chez cette nation insipide : il ne s'en fallut que d'un moment.

Amazan avait entendu parler chez les Bataves avec tant d'éloges d'une certaine île, nommée Albion[88], qu'il s'était déterminé à s'embarquer, lui et ses licornes, sur un vaisseau qui, par un vent d'orient favorable, l'avait porté en quatre heures au rivage de cette terre plus célèbre que Tyr et que l'île Atlantide.

La belle Formosante, qui l'avait suivi au bord de la Duina, de la Vistule, de l'Elbe, du Véser, arrive enfin aux bouches du Rhin, qui portait alors ses eaux rapides dans la mer Germanique[89].

Elle apprend que son cher amant a vogué aux côtes d'Albion; elle croit voir son vaisseau; elle pousse des cris de joie dont toutes les dames bataves furent surprises, n'imaginant pas qu'un jeune homme pût causer tant de joie; et à l'égard du phénix, elles n'en firent pas grand cas, parce qu'elles jugèrent que ses plumes ne pourraient probablement se vendre aussi bien que celles des canards et des oisons de leurs marais. La princesse de Babylone loua ou nolisa[90] deux vaisseaux pour la transporter avec tout son monde dans cette bienheureuse île, qui allait posséder l'unique objet de tous ses désirs, l'âme de sa vie, le dieu de son cœur.

Un vent funeste d'occident s'éleva tout à coup dans le moment même où le fidèle et malheureux Amazan mettait pied à terre en Albion : les vaisseaux de la princesse de Babylone ne purent démarrer[91]. Un serrement de cœur, une douleur amère, une mélancolie profonde, saisirent Formosante : elle se mit au lit, dans sa douleur, en attendant que le vent changeât; mais il souffla huit jours entiers avec une violence désespérante. La princesse, pendant ce siècle de huit jours, se faisait lire par Irla des romans : ce n'est pas que les Bataves en sussent faire; mais, comme ils étaient les facteurs[92] de l'univers, ils vendaient l'esprit des autres nations, ainsi que leurs denrées. La princesse fit acheter chez Marc-Michel Rey[93] tous les contes que l'on avait écrits chez les Ausoniens et chez les Velches[94], et dont le débit était défendu sagement chez ces peuples pour enrichir les Bataves; elle espérait qu'elle trouverait dans ces histoires quelque aventure qui ressemblerait à la sienne, et qui charmerait sa douleur. Irla lisait, le phénix disait son avis, et la princesse ne trouvait rien dans *La Paysanne parvenue*, ni dans *Le Sopha*, ni dans *Les Quatre Facardins*[95], qui eût le moindre rapport à ses aventures; elle interrompait à tout moment la lecture pour demander de quel côté venait le vent.

VIII

Cependant Amazan était déjà sur le chemin de la capitale d'Albion[96], dans son carrosse à six licornes et rêvait à sa princesse. Il aperçut un équipage versé dans un fossé ; les domestiques s'étaient écartés pour aller chercher du secours ; le maître de l'équipage restait tranquillement dans sa voiture, ne témoignant pas la plus légère impatience, et s'amusant à fumer, car on fumait alors[97] : il se nommait milord *What-then*, ce qui signifie à peu près milord *Qu'importe* en la langue dans laquelle je traduis ces mémoires.

Amazan se précipita pour lui rendre service ; il releva tout seul la voiture, tant sa force était supérieure à celle des autres hommes. Milord Qu'importe se contenta de dire : « Voilà un homme bien vigoureux. » Des rustres du voisinage, étant accourus, se mirent en colère de ce qu'on les avait fait venir inutilement, et s'en prirent à l'étranger : ils le menacèrent en l'appelant *chien d'étranger*, et ils voulurent le battre.

Amazan en saisit deux de chaque main, et les jeta à vingt pas ; les autres le respectèrent, le saluèrent, lui demandèrent pour boire : il leur donna plus d'argent qu'ils n'en avaient jamais vu. Milord Qu'importe lui dit : « Je vous estime ; venez dîner avec moi dans ma maison de campagne, qui n'est qu'à trois milles » ; il monta dans la voiture d'Amazan, parce que la sienne était dérangée par la secousse.

Après un quart d'heure de silence, il regarda un moment Amazan, et lui dit : *How dye do* ; à la lettre : *Comment faites-vous faire ?* et dans la langue du traducteur : *Comment vous portez-vous ?* ce qui ne veut rien dire du tout en aucune langue ; puis il ajouta : « Vous avez là six jolies licornes » ; et il se remit à fumer.

Le voyageur lui dit que ses licornes étaient à son service ; qu'il venait avec elles du pays des Gangarides ; et il en prit occasion de lui parler de la princesse de Babylone, et du fatal baiser qu'elle avait donné au

roi d'Égypte ; à quoi l'autre ne répliqua rien du tout,
se souciant très peu qu'il y eût dans le monde un roi
d'Égypte et une princesse de Babylone. Il fut encore
un quart d'heure sans parler ; après quoi il redemanda
à son compagnon *comment il faisait faire*, et si on mangeait du bon *roastbeef* [98] dans le pays des Gangarides.
Le voyageur lui répondit avec sa politesse ordinaire
qu'on ne mangeait point ses frères sur les bords du
Gange. Il lui expliqua le système qui fut, après tant de
siècles, celui de Pythagore, de Porphyre, de Iam-
blique [99]. Sur quoi milord s'endormit, et ne fit qu'un
somme jusqu'à ce qu'on fût arrivé à sa maison.

   Il avait une femme jeune et charmante, à qui la
nature avait donné une âme aussi vive et aussi sensible
que celle de son mari était indifférente. Plusieurs seigneurs albioniens étaient venus ce jour-là dîner avec
elle. Il y avait des caractères de toutes les espèces : car
le pays n'ayant presque jamais été gouverné que par
des étrangers, les familles venues avec ces princes
avaient toutes apporté des mœurs différentes. Il se
trouva dans la compagnie des gens très aimables,
d'autres d'un esprit supérieur, quelques-uns d'une
science profonde.

   La maîtresse de la maison n'avait rien de cet air
emprunté et gauche, de cette roideur, de cette mauvaise honte qu'on reprochait alors aux jeunes femmes
d'Albion ; elle ne cachait point, par un maintien dédai-
gneux et par un silence affecté, la stérilité de ses idées
et l'embarras humiliant de n'avoir rien à dire : nulle
femme n'était plus engageante. Elle reçut Amazan
avec la politesse et les grâces qui lui étaient naturelles.
L'extrême beauté de ce jeune étranger, et la comparaison soudaine qu'elle fit entre lui et son mari, la
frappèrent d'abord sensiblement.

   On servit. Elle fit asseoir Amazan à côté d'elle, et lui
fit manger des poudings de toute espèce, ayant su de
lui que les Gangarides ne se nourrissaient de rien qui
eût reçu des dieux le don céleste de la vie. Sa beauté,
sa force, les mœurs des Gangarides, les progrès des
arts, la religion et le gouvernement, furent le sujet

d'une conversation aussi agréable qu'instructive pendant le repas, qui dura jusqu'à la nuit, et pendant lequel milord Qu'importe but beaucoup et ne dit mot.

Après le dîner, pendant que milady versait du thé et qu'elle dévorait des yeux le jeune homme, il s'entretenait avec un membre du parlement : car chacun sait que dès lors il y avait un parlement, et qu'il s'appelait *wittenagemoth*[100], ce qui signifie *l'assemblée des gens d'esprit*. Amazan s'informait de la constitution, des mœurs, des lois, des forces, des usages, des arts, qui rendaient ce pays si recommandable; et ce seigneur lui parlait en ces termes :

« Nous avons longtemps marché tout nus, quoique le climat ne soit pas chaud. Nous avons été longtemps traités en esclaves par des gens venus de l'antique terre de Saturne, arrosée des eaux du Tibre[101]; mais nous nous sommes fait nous-mêmes beaucoup plus de maux que nous n'en avions essuyé de nos premiers vainqueurs. Un de nos rois poussa la bassesse jusqu'à se déclarer sujet d'un prêtre qui demeurait aussi sur les bords du Tibre, et qu'on appelait *le Vieux des sept montagnes*[102] : tant la destinée de ces sept montagnes a été longtemps de dominer sur une grande partie de l'Europe habitée alors par des brutes !

« Après ces temps d'avilissement sont venus des siècles de férocité et d'anarchie. Notre terre, plus orageuse que les mers qui l'environnent, a été saccagée et ensanglantée par nos discordes. Plusieurs têtes couronnées ont péri par le dernier supplice. Plus de cent princes du sang des rois ont fini leurs jours sur l'échafaud; on a arraché le cœur de tous leurs adhérents, et on en a battu leurs joues[103]. C'était au bourreau qu'il appartenait d'écrire l'histoire de notre île, puisque c'était lui qui avait terminé toutes les grandes affaires.

« Il n'y a pas longtemps que, pour comble d'horreur, quelques personnes portant un manteau noir, et d'autres qui mettaient une chemise blanche par-dessus leur jaquette, ayant été mordues par des chiens enragés communiquèrent la rage à la nation entière[104]. Tous les citoyens furent ou meurtriers ou égorgés, ou bourreaux ou suppliciés, ou déprédateurs ou esclaves, au nom du ciel et en cherchant le Seigneur.

« Qui croirait que de cet abîme épouvantable, de ce chaos de dissensions, d'atrocités, d'ignorance et de fanatisme, il est enfin résulté le plus parfait gouvernement peut-être qui soit aujourd'hui dans le monde? Un roi honoré et riche, tout-puissant pour faire le bien, impuissant pour faire le mal, est à la tête d'une nation libre, guerrière, commerçante et éclairée. Les grands d'un côté, et les représentants des villes de l'autre, partagent la législation avec le monarque[105].

« On avait vu, par une fatalité singulière, le désordre, les guerres civiles, l'anarchie et la pauvreté, désoler le pays quand les rois affectaient le pouvoir arbitraire. La tranquillité, la richesse, la félicité publique, n'ont régné chez nous que quand les rois ont reconnu qu'ils n'étaient pas absolus. Tout était subverti quand on disputait sur des choses inintelligibles; tout a été dans l'ordre quand on les a méprisées. Nos flottes victorieuses portent notre gloire sur toutes les mers; et les lois mettent en sûreté nos fortunes : jamais un juge ne peut les expliquer arbitrairement; jamais on ne rend un arrêt qui ne soit motivé[106]. Nous punirions comme des assassins des juges qui oseraient envoyer à la mort un citoyen sans manifester les témoignages qui l'accusent et la loi qui le condamne.

« Il est vrai qu'il y a toujours chez nous deux partis[107] qui se combattent avec la plume et avec des intrigues; mais aussi ils se réunissent toujours quand il s'agit de prendre les armes pour défendre la patrie et la liberté. Ces deux partis veillent l'un sur l'autre; ils s'empêchent mutuellement de violer le dépôt sacré des lois; ils se haïssent, mais ils aiment l'État : ce sont des amants jaloux qui servent à l'envi la même maîtresse.

« Du même fonds d'esprit qui nous a fait connaître et soutenir les droits de la nature humaine nous avons porté les sciences au plus haut point où elles puissent parvenir chez les hommes. Vos Égyptiens, qui passent pour de si grands mécaniciens ; vos Indiens, qu'on croit de si grands philosophes ; vos Babyloniens, qui se vantent d'avoir observé les astres pendant quatre cent trente mille années ; les Grecs, qui ont écrit tant de phrases et si peu de choses, ne savent précisément rien en comparaison de nos moindres écoliers, qui ont étudié les découvertes de nos grands maîtres[108]. Nous avons arraché plus de secrets à la nature dans l'espace de cent années que le genre humain n'en avait découvert dans la multitude des siècles.

« Voilà au vrai l'état où nous sommes. Je ne vous ai caché ni le bien, ni le mal, ni nos opprobres, ni notre gloire ; et je n'ai rien exagéré. »

Amazan, à ce discours, se sentit pénétré du désir de s'instruire dans ces sciences sublimes dont on lui parlait ; et si sa passion pour la princesse de Babylone, son respect filial pour sa mère, qu'il avait quittée, et l'amour de sa patrie, n'eussent fortement parlé à son cœur déchiré, il aurait voulu passer sa vie dans l'île d'Albion ; mais ce malheureux baiser donné par sa princesse au roi d'Égypte ne lui laissait pas assez de liberté dans l'esprit pour étudier les hautes sciences.

« Je vous avoue, dit-il, que m'ayant imposé la loi de courir le monde et de m'éviter moi-même, je serais curieux de voir cette antique terre de Saturne, ce peuple du Tibre et des sept montagnes à qui vous avez obéi autrefois ; il faut, sans doute, que ce soit le premier peuple de la terre. — Je vous conseille de faire ce voyage, lui répondit l'Albionien, pour peu que vous aimiez la musique et la peinture. Nous allons très souvent nous-mêmes porter quelquefois notre ennui vers les sept montagnes[109]. Mais vous serez bien étonné en voyant les descendants de nos vainqueurs. »

Cette conversation fut longue. Quoique le bel Amazan eût la cervelle un peu attaquée, il parlait avec tant d'agréments, sa voix était si touchante, son maintien si noble et si doux, que la maîtresse de la maison ne put s'empêcher de l'entretenir à son tour tête à tête. Elle lui serra tendrement la main en lui parlant, et en le regardant avec des yeux humides et étincelants qui portaient les désirs dans tous les ressorts de la vie. Elle le retint à souper et à coucher. Chaque instant, chaque parole, chaque regard, enflammèrent sa passion. Dès que tout le monde fut retiré, elle lui écrivit un petit billet, ne doutant pas qu'il ne vînt lui faire la cour dans son lit, tandis que milord Qu'importe dormait dans le sien. Amazan eut encore le courage de résister : tant un grain de folie produit d'effets miraculeux dans une âme forte et profondément blessée.

Amazan, selon sa coutume, fit à la dame une réponse respectueuse, par laquelle il lui représentait la sainteté de son serment, et l'obligation étroite où il était d'apprendre à la princesse de Babylone à dompter ses passions ; après quoi il fit atteler ses licornes, et repartit pour la Batavie, laissant toute la compagnie émerveillée de lui, et la dame du logis désespérée. Dans l'excès de sa douleur, elle laissa traîner la lettre d'Amazan ; milord Qu'importe la lut le lendemain matin. « Voilà, dit-il en levant les épaules, de bien plates niaiseries » ; et il alla chasser au renard avec quelques ivrognes du voisinage.

Amazan voguait déjà sur la mer, muni d'une carte géographique dont lui avait fait présent le savant Albionien qui s'était entretenu avec lui chez milord Qu'importe. Il voyait avec surprise une grande partie de la terre sur une feuille de papier.

Ses yeux et son imagination s'égaraient dans ce petit espace ; il regardait le Rhin, le Danube, les Alpes du Tyrol, marqués alors par d'autres noms, et tous les pays par où il devait passer avant d'arriver à la ville des sept montagnes ; mais surtout il jetait les yeux sur la contrée des Gangarides, sur Babylone, où il avait vu sa chère princesse, et sur le fatal pays de Bassora, où elle avait donné un baiser au roi d'Égypte. Il soupirait, il versait des larmes ; mais il convenait que l'Albionien, qui lui avait fait présent de l'univers en raccourci, n'avait pas eu tort en disant qu'on était mille fois plus instruit sur les bords de la Tamise que sur ceux du Nil, de l'Euphrate, et du Gange.

Comme il retournait en Batavie, Formosante volait

vers Albion avec ses deux vaisseaux, qui cinglaient à
pleines voiles; celui d'Amazan et celui de la princesse
se croisèrent, se touchèrent presque : les deux amants
étaient près l'un de l'autre, et ne pouvaient s'en douter. Ah, s'ils l'avaient su! Mais l'impérieuse destinée
ne le permit pas.

IX

Sitôt qu'Amazan fut débarqué sur le terrain égal et
fangeux de la Batavie, il partit comme un éclair pour
la ville aux sept montagnes. Il fallut traverser la partie
méridionale de la Germanie. De quatre milles en
quatre milles on trouvait un prince et une princesse,
des filles d'honneur, et des gueux[110]. Il était étonné
des coquetteries que ces dames et ces filles d'honneur
lui faisaient partout avec la bonne foi germanique, et il
n'y répondait que par de modestes refus. Après avoir
franchi les Alpes, il s'embarqua sur la mer de Dalmatie, et aborda dans une ville qui ne ressemblait à rien
du tout de ce qu'il avait vu jusqu'alors[111]. La mer formait les rues, les maisons étaient bâties dans l'eau. Le
peu de places publiques qui ornaient cette ville était
couvert d'hommes et de femmes qui avaient un
double visage, celui que la nature leur avait donné, et
une face de carton mal peint, qu'ils appliquaient par-
dessus : en sorte que la nation semblait composée de
spectres. Les étrangers qui venaient dans cette contrée
commençaient par acheter un visage[112], comme on se
pourvoit ailleurs de bonnets et de souliers. Amazan
dédaigna cette mode contre nature; il se présenta tel
qu'il était. Il y avait dans la ville douze mille filles enregistrées dans le grand livre de la république : filles
utiles à l'État, chargées du commerce le plus avanta-
geux et le plus agréable qui ait jamais enrichi une
nation. Les négociants ordinaires envoyaient à grands
frais et à grands risques des étoffes dans l'Orient; ces
belles négociantes faisaient sans aucun risque un trafic

toujours renaissant de leurs attraits. Elles vinrent
toutes se présenter au bel Amazan, et lui offrir le
choix. Il s'enfuit au plus vite en prononçant le nom de
l'incomparable princesse de Babylone, et en jurant par
les dieux immortels qu'elle était plus belle que toutes
les douze mille filles vénitiennes. « Sublime friponne,
s'écriait-il dans ses transports, je vous apprendrai à
être fidèle ! »

Enfin les ondes jaunes du Tibre, des marais empes-
tés[113], des habitants hâves, décharnés et rares, couverts de vieux manteaux troués qui laissaient voir leur
peau sèche et tannée, se présentèrent à ses yeux, et lui
annoncèrent qu'il était à la porte de la ville aux sept
montagnes, de cette ville de héros et de législateurs
qui avaient conquis et policé une grande partie du
globe.

Il s'était imaginé qu'il verrait à la porte triomphale
cinq cents bataillons commandés par des héros, et,
dans le sénat, une assemblée de demi-dieux, donnant
des lois à la terre ; il trouva, pour toute armée, une
trentaine de gredins montant la garde avec un parasol,
de peur du soleil. Ayant pénétré jusqu'à un temple qui
lui parut très beau[114], mais moins que celui de Babylone, il fut assez surpris d'y entendre une musique
exécutée par des hommes qui avaient des voix de
femmes.

« Voilà, dit-il, un plaisant pays que cette antique
terre de Saturne ! J'ai vu une ville où personne n'avait
son visage ; en voici une autre où les hommes n'ont ni
leur voix ni leur barbe. » On lui dit que ces chantres
n'étaient plus hommes, qu'on les avait dépouillés de
leur virilité afin qu'ils chantassent plus agréablement
les louanges d'une prodigieuse quantité de gens de
mérite. Amazan ne comprit rien à ce discours. Ces
messieurs le prièrent de chanter ; il chanta un air gangaride avec sa grâce ordinaire.

Sa voix était une très belle haute-contre. « Ah ! monsignor, lui dirent-ils, quel charmant soprano vous
auriez ! Ah ! si... — Comment, si ? Que prétendez-
vous dire ? — Ah ! monsignor !... — Eh bien ? — Si

vous n'aviez point de barbe!» Alors ils lui expli-
quèrent très plaisamment, et avec des gestes fort
comiques, selon leur coutume, de quoi il était question. Amazan demeura tout confondu. «J'ai voyagé,
dit-il, et jamais je n'ai entendu parler d'une telle fantaisie.»

Lorsqu'on eut bien chanté, le *Vieux des sept montagnes* alla en grand cortège à la porte du temple; il
coupa l'air en quatre avec le pouce élevé, deux doigts
étendus et deux autres pliés, en disant ces mots dans
une langue qu'on ne parlait plus : *A la ville et à l'univers*[a]. Le Gangaride ne pouvait comprendre que deux
doigts pussent atteindre si loin.

Il vit bientôt défiler toute la cour du maître du
monde : elle était composée de graves personnages,
les uns en robes rouges, les autres en violet[115];
presque tous regardaient le bel Amazan en adoucis-
sant les yeux; ils lui faisaient des révérences, et se
disaient l'un à l'autre : *San Martino, che bel ragazzo!
San Pancratio, che bel fanciullo*[116]!

Les ardents[117], dont le métier était de montrer aux
étrangers les curiosités de la ville, s'empressèrent de
lui faire voir des masures où un muletier ne voudrait
pas passer la nuit, mais qui avaient été autrefois de
dignes monuments de la grandeur d'un peuple roi. Il
vit encore des tableaux de deux cents ans, et des statues de plus de vingt siècles[118], qui lui parurent des
chefs-d'œuvre. «Faites-vous encore de pareils
ouvrages?

— Non, Votre Excellence, lui répondit un des
ardents; mais nous méprisons le reste de la terre,
parce que nous conservons ces raretés. Nous sommes
des espèces de fripiers qui tirons notre gloire des vieux
habits qui restent dans nos magasins.»

Amazan voulut voir le palais du prince : on l'y
conduisit. Il vit des hommes en violet qui comptaient
l'argent des revenus de l'État[119] : tant d'une terre
située sur le Danube, tant d'une autre sur la Loire, ou

a. *Urbi et orbi.*

sur le Guadalquivir, ou sur la Vistule. « Oh! oh! dit
Amazan après avoir consulté sa carte de géographie,
votre maître possède donc toute l'Europe comme ces
anciens héros des sept montagnes? — Il doit posséder
l'univers entier de droit divin, lui répondit un violet;
et même il a été un temps où ses prédécesseurs ont
approché de la monarchie universelle; mais leurs suc-
cesseurs ont la bonté de se contenter aujourd'hui de
quelque argent que les rois leurs sujets leur font payer
en forme de tribut.

— Votre maître est donc en effet le roi des rois?
C'est donc là son titre? dit Amazan. — Non, Votre
Excellence; son titre est *serviteur des serviteurs*; il est
originairement poissonnier et portier [120], et c'est pourquoi les emblèmes de sa dignité sont des clefs et des
filets; mais il donne toujours des ordres à tous les rois.
Il n'y a pas longtemps qu'il envoya cent et un
commandements à un roi du pays des Celtes, et le roi
obéit [121].

— Votre poissonnier, dit Amazan, envoya donc
cinq ou six cent mille hommes pour faire exécuter ses
cent et une volontés?

— Point du tout, Votre Excellence; notre saint
maître n'est point assez riche pour soudoyer dix mille
soldats; mais il a quatre à cinq cent mille prophètes
divins distribués dans les autres pays. Ces prophètes
de toutes couleurs sont, comme de raison, nourris aux
dépens des peuples; ils annoncent de la part du ciel
que mon maître peut avec ses clefs ouvrir et fermer
toutes les serrures, et surtout celles des coffres-forts.
Un prêtre normand, qui avait auprès du roi dont je
vous parle la charge de confident de ses pensées, le
convainquit qu'il devait obéir sans réplique aux cent
et une pensées de mon maître : car il faut que vous
sachiez qu'une des prérogatives du *Vieux des sept montagnes* est d'avoir toujours raison, soit qu'il daigne parler, soit qu'il daigne écrire [122].

— Parbleu, dit Amazan, voilà un singulier homme!
je serais curieux de dîner avec lui. — Votre Excellence, quand vous seriez roi, vous ne pourriez manger

à sa table; tout ce qu'il pourrait faire pour vous, ce
serait de vous en faire servir une à côté de lui plus
petite et plus basse que la sienne. Mais, si vous voulez
avoir l'honneur de lui parler, je lui demanderai
audience pour vous, moyennant la *buona mancia*[123],
que vous aurez la bonté de me donner. — Très volontiers », dit le Gangaride. Le violet s'inclina. « Je vous
introduirai demain, dit-il; vous ferez trois génu-
flexions, et vous baiserez les pieds du *Vieux des sept
montagnes*. » A ces mots, Amazan fit de si prodigieux
éclats de rire qu'il fut près de suffoquer; il sortit en se
tenant les côtés, et rit aux larmes pendant tout le chemin, jusqu'à ce qu'il fût arrivé à son hôtellerie, où il rit
encore très longtemps.

A son dîner, il se présenta vingt hommes sans barbe
et vingt violons qui lui donnèrent un concert. Il fut
courtisé le reste de la journée par les seigneurs les plus
importants de la ville : ils lui firent des propositions
encore plus étranges que celle de baiser les pieds du
Vieux des sept montagnes. Comme il était extrêmement
poli, il crut d'abord que ces messieurs le prenaient
pour une dame, et les avertit de leur méprise avec
l'honnêteté la plus circonspecte. Mais, étant pressé un
peu vivement par deux ou trois des plus déterminés
violets, il les jeta par les fenêtres, sans croire faire un
grand sacrifice à la belle Formosante. Il quitta au plus
vite cette ville des maîtres du monde, où il fallait baiser un vieillard à l'orteil, comme si sa joue était à son
pied, et où l'on n'abordait les jeunes gens qu'avec des
cérémonies encore plus bizarres.

X

De province en province, ayant toujours repoussé
les agaceries de toute espèce, toujours fidèle à la princesse de Babylone, toujours en colère contre le roi
d'Égypte, ce modèle de constance parvint à la capitale
nouvelle [124] des Gaules. Cette ville avait passé,

comme tant d'autres, par tous les degrés de la barbarie, de l'ignorance, de la sottise et de la misère. Son premier nom avait été *la boue*[125] et *la crotte*; ensuite elle avait pris celui d'Isis[126], du culte d'Isis parvenu jusque chez elle. Son premier sénat avait été une compagnie de bateliers. Elle avait été longtemps esclave des héros déprédateurs des sept montagnes[127]; et, après quelques siècles, d'autres héros brigands, venus de la rive ultérieure du Rhin, s'étaient emparés de son petit terrain[128].

Le temps, qui change tout, en avait fait une ville dont la moitié était très noble et très agréable, l'autre un peu grossière et ridicule : c'était l'emblème de ses habitants. Il y avait dans son enceinte environ cent mille personnes au moins qui n'avaient rien à faire qu'à jouer et à se divertir. Ce peuple d'oisifs jugeait des arts que les autres cultivaient. Ils ne savaient rien de ce qui se passait à la cour; quoiqu'elle ne fût qu'à quatre petits milles d'eux[129], il semblait qu'elle en fût à six cents milles au moins. La douceur de la société, la gaieté, la frivolité, étaient leur importante et leur unique affaire; on les gouvernait comme des enfants à qui l'on prodigue des jouets pour les empêcher de crier. Si on leur parlait des horreurs qui avaient, deux siècles auparavant[130], désolé leur patrie, et des temps épouvantables où la moitié de la nation avait massacré l'autre pour des sophismes, ils disaient qu'en effet cela n'était pas bien, et puis ils se mettaient à rire et à chanter des vaudevilles[131].

Plus les oisifs étaient polis, plaisants, et aimables, plus on observait un triste contraste entre eux et des compagnies d'occupés.

Il était, parmi ces occupés, ou qui prétendaient l'être, une troupe de sombres fanatiques[132], moitié absurdes, moitié fripons, dont le seul aspect contristait la terre, et qui l'auraient bouleversée, s'ils l'avaient pu, pour se donner un peu de crédit; mais la nation des oisifs, en dansant et en chantant, les faisait rentrer dans leurs cavernes, comme les oiseaux obligent les chats-huants à se replonger dans les trous des masures.

D'autres occupés, en plus petit nombre, étaient les conservateurs d'anciens usages barbares[133] contre lesquels la nature effrayée réclamait à haute voix; ils ne consultaient que leurs registres rongés de vers. S'ils y voyaient une coutume insensée et horrible, ils la regardaient comme une loi sacrée. C'est par cette lâche habitude de n'oser penser par eux-mêmes, et de puiser leurs idées dans les débris des temps où l'on ne pensait pas, que, dans la ville des plaisirs, il était encore des mœurs atroces. C'est par cette raison qu'il n'y avait nulle proportion entre les délits et les peines[134]. On faisait quelquefois souffrir mille morts à un innocent pour lui faire avouer un crime qu'il n'avait pas commis[135].

On punissait une étourderie de jeune homme comme on aurait puni un empoisonnement ou un parricide[136]. Les oisifs en poussaient des cris perçants, et le lendemain ils n'y pensaient plus, et ne parlaient que de modes nouvelles.

Ce peuple avait vu s'écouler un siècle entier pendant lequel les beaux-arts s'élevèrent à un degré de perfection qu'on n'aurait jamais osé espérer; les étrangers venaient alors, comme à Babylone, admirer les grands monuments d'architecture, les prodiges des jardins, les sublimes efforts de la sculpture et de la peinture. Ils étaient enchantés d'une musique qui allait à l'âme sans étonner les oreilles.

La vraie poésie, c'est-à-dire celle qui est naturelle et harmonieuse, celle qui parle au cœur autant qu'à l'esprit, ne fut connue de la nation que dans cet heureux siècle. De nouveaux genres d'éloquence déployèrent des beautés sublimes. Les théâtres surtout retentirent de chefs-d'œuvre dont aucun peuple n'approcha jamais. Enfin le bon goût se répandit dans toutes les professions, au point qu'il y eut de bons écrivains même chez les druides[137].

Tant de lauriers, qui avaient levé leurs têtes jusqu'aux nues, se séchèrent bientôt dans une terre épuisée[138]. Il n'en resta qu'un très petit nombre dont les feuilles étaient d'un vert pâle et mourant. La déca-

dence fut produite par la facilité de faire et par la
paresse de bien faire, par la satiété du beau et par le
goût du bizarre. La vanité protégea des artistes qui
ramenaient les temps de la barbarie; et cette même
vanité, en persécutant les talents véritables, les força
de quitter leur patrie; les frelons firent disparaître les
abeilles.

Presque plus de véritables arts, presque plus de
génie; le mérite consistait à raisonner à tort et à travers sur le mérite du siècle passé : le barbouilleur des
murs d'un cabaret critiquait savamment les tableaux
des grands peintres; les barbouilleurs de papier défi-
guraient les ouvrages des grands écrivains. L'ignorance et le mauvais goût avaient d'autres barbouilleurs
à leurs gages; on répétait les mêmes choses dans cent
volumes sous des titres différents. Tout était ou dictionnaire ou brochure. Un gazetier druide écrivait
deux fois par semaine les annales obscures de quelques énergumènes ignorés de la nation, et de prodiges
célestes opérés dans des galetas par de petits gueux et
de petites gueuses [139]; d'autres ex-druides, vêtus de
noir, prêts de mourir de colère et de faim, se plaignaient dans cent écrits qu'on ne leur permît plus de
tromper les hommes, et qu'on laissât ce droit à des
boucs vêtus de gris. Quelques archi-druides impri-
maient des libelles diffamatoires [140].

Amazan ne savait rien de tout cela; et, quand il
l'aurait su, il ne s'en serait guère embarrassé, n'ayant
la tête remplie que de la princesse de Babylone, du roi
de l'Égypte, et de son serment inviolable de mépriser
toutes les coquetteries des dames, dans quelque pays
que le chagrin conduisît ses pas.

Toute la populace légère, ignorante, et toujours
poussant à l'excès cette curiosité naturelle au genre
humain, s'empressa longtemps autour de ses licornes;
les femmes, plus sensées, forcèrent les portes de son
hôtel pour contempler sa personne.

Il témoigna d'abord à son hôte quelque désir d'aller
à la cour; mais des oisifs de bonne compagnie, qui se
trouvèrent là par hasard, lui dirent que ce n'était plus

la mode, que les temps étaient bien changés, et qu'il n'y avait plus de plaisirs qu'à la ville. Il fut invité le soir même à souper par une dame dont l'esprit et les talents étaient connus hors de sa patrie, et qui avait voyagé dans quelques pays où Amazan avait passé[141]. Il goûta fort cette dame et la société rassemblée chez elle. La liberté y était décente, la gaieté n'y était point bruyante, la science n'y avait rien de rebutant, et l'esprit rien d'apprêté. Il vit que le nom de bonne compagnie n'est pas un vain nom, quoiqu'il soit souvent usurpé. Le lendemain il dîna dans une société non moins aimable, mais beaucoup plus voluptueuse. Plus il fut satisfait des convives, plus on fut content de lui. Il sentait son âme s'amollir et se dissoudre comme les aromates de son pays se fondent doucement à un feu modéré, et s'exhalent en parfums délicieux.

Après le dîner, on le mena à un spectacle enchanteur, condamné par les druides parce qu'il leur enlevait les auditeurs dont ils étaient les plus jaloux. Ce spectacle était un composé de vers agréables, de chants délicieux, de danses qui exprimaient les mouvements de l'âme, et de perspectives qui charmaient les yeux en les trompant. Ce genre de plaisir, qui rassemblait tant de genres, n'était connu que sous un nom étranger : il s'appelait *Opéra*, ce qui signifiait autrefois dans la langue des sept montagnes *travail, soin, occupation, industrie, entreprise, besogne, affaire.* Cette affaire l'enchanta. Une fille surtout le charma par sa voix mélodieuse et par les grâces qui l'accompagnaient : cette fille d'*affaire*, après le spectacle, lui fut présentée par ses nouveaux amis. Il lui fit présent d'une poignée de diamants. Elle en fut si reconnaissante qu'elle ne put le quitter du reste du jour. Il soupa avec elle, et, pendant le repas, il oublia sa sobriété ; et, après le repas, il oublia son serment d'être toujours insensible à la beauté, et inexorable aux tendres coquetteries. Quel exemple de la faiblesse humaine !

La belle princesse de Babylone arrivait alors avec le phénix, sa femme de chambre Irla, et ses deux cents

cavaliers gangarides montés sur leurs licornes. Il fallut
attendre assez longtemps pour qu'on ouvrît les
portes[142]. Elle demanda d'abord si le plus beau des
hommes, le plus courageux, le plus spirituel et le plus
fidèle, était encore dans cette ville. Les magistrats
virent bien qu'elle voulait parler d'Amazan. Elle se fit
conduire à son hôtel; elle entra, le cœur palpitant
d'amour : toute son âme était pénétrée de l'inexprimable joie de revoir enfin dans son amant le modèle
de la constance. Rien ne put s'empêcher d'entrer dans
sa chambre; les rideaux étaient ouverts; elle vit le bel
Amazan dormant entre les bras d'une jolie brune. Ils
avaient tous deux un très grand besoin de repos.

Formosante jeta un cri de douleur qui retentit dans
toute la maison, mais qui ne put éveiller ni son cousin
ni la fille d'*affaire*. Elle tomba pâmée entre les bras
d'Irla. Dès qu'elle eut repris ses sens, elle sortit de
cette chambre fatale avec une douleur mêlée de rage.
Irla s'informa quelle était cette jeune demoiselle qui
passait des heures si douces avec le bel Amazan. On
lui dit que c'était une fille d'*affaire* fort complaisante,
qui joignait à ses talents celui de chanter avec assez de
grâce. « Ô juste ciel, ô puissant Orosmade ! s'écriait la
belle princesse de Babylone tout en pleurs, par qui
suis-je trahie, et pour qui ! Ainsi donc celui qui a
refusé pour moi tant de princesses m'abandonne pour
une farceuse[143] des Gaules ! Non, je ne pourrai survivre à cet affront.

— Madame, lui dit Irla, voilà comme sont faits tous
les jeunes gens d'un bout du monde à l'autre : fussent-
ils amoureux d'une beauté descendue du ciel, ils lui
feraient, dans de certains moments, des infidélités
pour une servante de cabaret.

— C'en est fait, dit la princesse, je ne le reverrai de
ma vie; partons dans l'instant même, et qu'on attelle
mes licornes. » Le phénix la conjura d'attendre au
moins qu'Amazan fût éveillé, et qu'il pût lui parler. « Il
ne le mérite pas, dit la princesse; vous m'offenseriez
cruellement : il croirait que je vous ai prié de lui faire
des reproches, et que je veux me raccommoder avec

lui. Si vous m'aimez, n'ajoutez pas cette injure à l'injure qu'il m'a faite. » Le phénix, qui après tout devait la vie à la fille du roi de Babylone, ne put lui désobéir. Elle repartit avec tout son monde. « Où allons-nous, madame ? lui demandait Irla. — Je n'en sais rien, répondait la princesse ; nous prendrons le premier chemin que nous trouverons : pourvu que je fuie Amazan pour jamais, je suis contente. »

Le phénix, qui était plus sage que Formosante, parce qu'il était sans passion, la consolait en chemin ; il lui remontrait avec douceur qu'il était triste de se punir pour les fautes d'un autre ; qu'Amazan lui avait donné des preuves assez éclatantes et assez nombreuses de fidélité pour qu'elle pût lui pardonner de s'être oublié un moment ; que c'était un juste à qui la grâce d'Orosmade avait manqué[144] ; qu'il n'en serait que plus constant désormais dans l'amour et dans la vertu ; que le désir d'expier sa faute le mettrait au-dessus de lui-même ; qu'elle n'en serait que plus heureuse : que plusieurs grandes princesses avant elle avaient pardonné de semblables écarts, et s'en étaient bien trouvées ; il lui en rapportait des exemples, et il possédait tellement l'art de conter que le cœur de Formosante fut enfin plus calme et plus paisible ; elle aurait voulu n'être point sitôt partie : elle trouvait que ses licornes allaient trop vite, mais elle n'osait revenir sur ses pas ; combattue entre l'envie de pardonner et celle de montrer sa colère, entre son amour et sa vanité, elle laissait aller ses licornes ; elle courait le monde selon la prédiction de l'oracle de son père.

Amazan, à son réveil, apprend l'arrivée et le départ de Formosante et du phénix ; il apprend le désespoir et le courroux de la princesse ; on lui dit qu'elle a juré de ne lui pardonner jamais. « Il ne me reste plus, s'écria-t-il, qu'à la suivre et à me tuer à ses pieds. »

Ses amis de la bonne compagnie des oisifs accoururent au bruit de cette aventure ; tous lui remontrèrent qu'il valait infiniment mieux demeurer avec eux ; que rien n'était comparable à la douce vie qu'ils menaient dans le sein des arts et d'une volupté tran-

quille et délicate; que plusieurs étrangers et des rois
mêmes avaient préféré ce repos, si agréablement
occupé et si enchanteur, à leur patrie et à leur trône;
que d'ailleurs sa voiture était brisée, et qu'un sellier lui
en faisait une à la nouvelle mode; que le meilleur tailleur de la ville lui avait déjà coupé une douzaine
d'habits du dernier goût; que les dames les plus spiri-
tuelles et les plus aimables de la ville, chez qui on
jouait très bien la comédie, avaient retenu chacune
leur jour pour lui donner des fêtes. La fille d'*affaire*,
pendant ce temps-là, prenait son chocolat à sa toilette,
riait, chantait, et faisait des agaceries au bel Amazan,
qui s'aperçut enfin qu'elle n'avait pas le sens d'un
oison.

Comme la sincérité, la cordialité, la franchise, ainsi
que la magnanimité et le courage, composaient le
caractère de ce grand prince, il avait conté ses malheurs et ses voyages à ses amis; ils savaient qu'il était
cousin issu de germain de la princesse; ils étaient
informés du baiser funeste donné par elle au roi
d'Égypte. « On se pardonne, lui dirent-ils, ces petites
frasques entre parents, sans quoi il faudrait passer sa
vie dans d'éternelles querelles. » Rien n'ébranla son
dessein de courir après Formosante; mais, sa voiture
n'étant pas prête, il fut obligé de passer trois jours
parmi les oisifs dans les fêtes et dans les plaisirs; enfin
il prit congé d'eux en les embrassant, en leur faisant
accepter les diamants de son pays les mieux montés,
en leur recommandant d'être toujours légers et fri-
voles, puisqu'ils n'en étaient que plus aimables et plus
heureux. « Les Germains, disait-il, sont les vieillards
de l'Europe; les peuples d'Albion sont les hommes
faits; les habitants de la Gaule sont les enfants, et
j'aime à jouer avec eux. »

XI

Ses guides n'eurent pas de peine à suivre la route de
la princesse; on ne parlait que d'elle et de son gros
oiseau. Tous les habitants étaient encore dans

l'enthousiasme de l'admiration. Les peuples de la Dalmatie et de la Marche d'Ancône éprouvèrent depuis
une surprise moins délicieuse quand ils virent une
maison voler dans les airs[145]; les bords de la Loire, de
la Dordogne, de la Garonne, de la Gironde, retentis-
saient encore d'acclamations.

Quand Amazan fut au pied des Pyrénées, les magistrats et les druides du pays lui firent danser malgré lui
un tambourin[146]; mais sitôt qu'il eut franchi les Pyrénées, il ne vit plus de gaieté et de joie. S'il entendit
quelques chansons de loin à loin, elles étaient toutes
sur un ton triste : les habitants marchaient gravement
avec des grains enfilés[147] et un poignard à leur cein-
ture. La nation, vêtue de noir, semblait être en deuil.
Si les domestiques d'Amazan interrogeaient les passants, ceux-ci répondaient par signes; si on entrait
dans une hôtellerie, le maître de la maison enseignait
aux gens en trois paroles qu'il n'y avait rien dans la
maison, et qu'on pouvait envoyer chercher à quelques
milles les choses dont on avait un besoin pressant.

Quand on demandait à ces silenciaires[148] s'ils
avaient vu passer la belle princesse de Babylone, ils
répondaient avec moins de brièveté : « Nous l'avons
vue, elle n'est pas si belle : il n'y a de beau que les
teints basanés; elle étale une gorge d'albâtre qui est la
chose du monde la plus dégoûtante, et qu'on ne
connaît presque point dans nos climats. »

Amazan avançait vers la province arrosée du
Bétis[149]. Il ne s'était pas écoulé plus de douze mille
années depuis que ce pays avait été découvert par les
Tyriens, vers le même temps qu'ils firent la découverte de la grande île Atlantique[150], submergée quelques siècles après. Les Tyriens cultivèrent la Bétique,
que les naturels du pays laissaient en friche, prétendant qu'ils ne devaient se mêler de rien, et que c'était
aux Gaulois leurs voisins à venir cultiver leurs terres.
Les Tyriens avaient amené avec eux des Palestins[151],
qui, dès ce temps-là, couraient dans tous les climats,
pour peu qu'il y eût de l'argent à gagner. Ces Palestins, en prêtant sur gages à cinquante pour cent,

avaient attiré à eux presque toutes les richesses du pays. Cela fit croire aux peuples de la Bétique que les Palestins étaient sorciers; et tous ceux qui étaient accusés de magie étaient brûlés sans miséricorde par une compagnie de druides qu'on appelait *les rechercheurs*, ou *les anthropokaies*[152]. Ces prêtres les revêtaient d'abord d'un habit de masque[153], s'emparaient de leurs biens, et récitaient dévotement les propres prières des Palestins[154] tandis qu'on les cuisait à petit feu *por l'amor de Dios*.

La princesse de Babylone avait mis pied à terre dans la ville qu'on appela depuis *Sevilla*. Son dessein était de s'embarquer sur le Bétis pour retourner par Tyr à Babylone revoir le roi Bélus son père, et oublier, si elle pouvait, son infidèle amant, ou bien le demander en mariage. Elle fit venir chez elle deux Palestins qui faisaient toutes les affaires de la cour[155]. Ils devaient lui fournir trois vaisseaux. Le phénix fit avec eux tous les arrangements nécessaires, et convint du prix après avoir un peu disputé.

L'hôtesse était fort dévote, et son mari, non moins dévot, était familier, c'est-à-dire espion des druides rechercheurs anthropokaies[156]; il ne manqua pas de les avertir qu'il avait dans sa maison une sorcière et deux Palestins qui faisaient un pacte avec le diable, déguisé en gros oiseau doré. Les rechercheurs, apprenant que la dame avait une prodigieuse quantité de diamants, la jugèrent incontinent sorcière; ils attendirent la nuit pour enfermer les deux cents cavaliers et les licornes, qui dormaient dans de vastes écuries, car les rechercheurs sont poltrons.

Après avoir bien barricadé les portes, ils se saisirent de la princesse et d'Irla; mais ils ne purent prendre le phénix, qui s'envola à tire d'ailes : il se doutait bien qu'il trouverait Amazan sur le chemin des Gaules à Sevilla.

Il le rencontra sur la frontière de la Bétique, et lui apprit le désastre de la princesse. Amazan ne put parler : il était trop saisi, trop en fureur. Il s'arme d'une cuirasse d'acier damasquinée d'or, d'une lance de douze pieds[157], de deux javelots, et d'une épée tranchante, appelée *la fulminante*, qui pouvait fendre d'un seul coup des arbres, des rochers et des druides; il couvre sa belle tête d'un casque d'or ombragé de plumes de héron et d'autruche. C'était l'ancienne armure de Magog[158], dont sa sœur Aldée lui avait fait présent dans son voyage en Scythie; le peu de suivants qui l'accompagnaient montent comme lui chacun sur sa licorne.

Amazan, en embrassant son cher phénix, ne lui dit que ces tristes paroles : « Je suis coupable; si je n'avais pas couché avec une fille d'*affaire* dans la ville des oisifs, la belle princesse de Babylone ne serait pas dans cet état épouvantable; courons aux anthropokaies. »

Il entre bientôt dans Sevilla : quinze cents alguazils gardaient les portes de l'enclos où les deux cents Gangarides et leurs licornes étaient renfermés sans avoir à manger; tout était préparé pour le sacrifice qu'on allait faire de la princesse de Babylone, de sa femme de chambre Irla, et des deux riches Palestins.

Le grand anthropokaie, entouré de ses petits anthropokaies, était déjà sur son tribunal sacré; une foule de Sévillois portant des grains enfilés à leurs ceintures[159] joignaient les deux mains sans dire un mot, et l'on amenait la belle princesse, Irla, et les deux Palestins, les mains liées derrière le dos et vêtus d'un habit de masque.

Le phénix entre par une lucarne dans la prison où les Gangarides commençaient déjà à enfoncer les portes. L'invincible Amazan les brisait en dehors. Ils sortent tout armés, tous sur leurs licornes; Amazan se met à leur tête. Il n'eut pas de peine à renverser les alguazils, les familiers, les prêtres anthropokaies; chaque licorne en perçait des douzaines à la fois. La fulminante d'Amazan coupait en deux tous ceux qu'il rencontrait; le peuple fuyait en manteau noir et en fraise sale[160], toujours tenant à la main ses grains bénits *por l'amor de Dios*.

Amazan saisit de sa main le grand rechercheur sur son tribunal, et le jette sur le bûcher qui était préparé à

quarante pas; il y jeta aussi les autres petits rechercheurs l'un après l'autre. Il se prosterne ensuite aux
pieds de Formosante. « Ah! que vous êtes aimable,
dit-elle, et que je vous adorerais si vous ne m'aviez pas
fait une infidélité avec une fille d'*affaire!* »

Tandis qu'Amazan faisait sa paix avec la princesse,
tandis que ses Gangarides entassaient dans le bûcher
les corps de tous les anthropokaies, et que les flammes
s'élevaient jusqu'aux nues, Amazan vit de loin comme
une armée qui venait à lui. Un vieux monarque[161], la
couronne en tête, s'avançait sur un char traîné par
huit mules attelées avec des cordes[162]; cent autres
chars suivaient. Ils étaient accompagnés de graves
personnages en manteau noir et en fraise, montés sur
de très beaux chevaux; une multitude de gens à pied
suivait en cheveux gras et en silence.

D'abord Amazan fit ranger autour de lui ses Gangarides, et s'avança, la lance en arrêt. Dès que le roi
l'aperçut, il ôta sa couronne, descendit de son char,
embrassa l'étrier d'Amazan, et lui dit : « Homme
envoyé de Dieu, vous êtes le vengeur du genre
humain, le libérateur de ma patrie, mon protecteur.
Ces monstres sacrés dont vous avez purgé la terre
étaient mes maîtres au nom du *Vieux des sept montagnes*[163]; j'étais forcé de souffrir leur puissance cri-
minelle. Mon peuple m'aurait abandonné si j'avais
voulu seulement modérer leurs abominables atrocités.
D'aujourd'hui je respire, je règne, et je vous le dois. »

Ensuite il baisa respectueusement la main de Formosante, et la supplia de vouloir bien monter avec
Amazan, Irla, et le phénix, dans son carrosse à huit
mules. Les deux Palestins, banquiers de la cour,
encore prosternés à terre de frayeur et de reconnaissance, se relevèrent, et la troupe des licornes suivit le
roi de la Bétique dans son palais.

Comme la dignité du roi d'un peuple grave exigeait
que ses mules allassent au petit pas, Amazan et Formosante eurent le temps de lui conter leurs aventures.
Il entretint aussi le phénix; il l'admira et le baisa cent
fois. Il comprit combien les peuples d'Occident, qui

mangeaient les animaux, et qui n'entendaient plus leur langage, étaient ignorants, brutaux et barbares; que les seuls Gangarides avaient conservé la nature et la dignité primitive de l'homme; mais il convenait surtout que les plus barbares des mortels étaient ces rechercheurs anthropokaies, dont Amazan venait de purger le monde. Il ne cessait de le bénir et de le remercier. La belle Formosante oubliait déjà l'aventure de la fille d'*affaire*, et n'avait l'âme remplie que de la valeur du héros qui lui avait sauvé la vie. Amazan, instruit de l'innocence du baiser donné au roi d'Égypte, et de la résurrection du phénix, goûtait une joie pure, et était enivré du plus violent amour.

On dîna au palais, et on y fit assez mauvaise chère. Les cuisiniers de la Bétique étaient les plus mauvais de l'Europe. Amazan conseilla d'en faire venir des Gaules. Les musiciens du roi exécutèrent pendant le repas cet air célèbre qu'on appela dans la suite des siècles *Les Folies d'Espagne*[164]. Après le repas on parla d'affaires.

Le roi demanda au bel Amazan, à la belle Formosante et au beau phénix, ce qu'ils prétendaient devenir. « Pour moi, dit Amazan, mon intention est de retourner à Babylone, dont je suis l'héritier présomptif, et de demander à mon oncle Bélus ma cousine issue de germaine, l'incomparable Formosante, à moins qu'elle n'aime mieux vivre avec moi chez les Gangarides.

— Mon dessein, dit la princesse, est assurément de ne jamais me séparer de mon cousin issu de germain. Mais je crois qu'il convient que je me rende auprès du roi mon père, d'autant plus qu'il ne m'a donné permission que d'aller en pèlerinage à Bassora, et que j'ai couru le monde. — Pour moi, dit le phénix, je suivrai partout ces deux tendres et généreux amants.

— Vous avez raison, dit le roi de la Bétique; mais le retour à Babylone n'est pas si aisé que vous le pensez. Je sais tous les jours des nouvelles de ce pays-là par les vaisseaux tyriens, et par mes banquiers palestins, qui sont en correspondance avec tous les peuples de la terre. Tout est en armes vers l'Euphrate et le Nil. Le roi de Scythie redemande l'héritage de sa femme, à la tête de trois cent mille guerriers tous à cheval. Le roi d'Égypte et le roi des Indes désolent aussi les bords du Tigre et de l'Euphrate, chacun à la tête de trois cent mille hommes, pour se venger de ce qu'on s'est moqué d'eux. Pendant que le roi d'Égypte est hors de son pays, son ennemi le roi d'Éthiopie ravage l'Égypte avec trois cent mille hommes, et le roi de Babylone n'a encore que six cent mille hommes sur pied pour se défendre.

« Je vous avoue, continua le roi, que lorsque j'entends parler de ces prodigieuses armées que l'Orient vomit de son sein, et de leur étonnante magnificence ; quand je les compare à nos petits corps de vingt à trente mille soldats, qu'il est si difficile de vêtir et de nourrir, je suis tenté de croire que l'Orient a été fait bien longtemps avant l'Occident. Il semble que nous soyons sortis avant-hier du chaos, et hier de la barbarie.

— Sire, dit Amazan, les derniers venus l'emportent quelquefois sur ceux qui sont entrés les premiers dans la carrière. On pense dans mon pays que l'homme est originaire de l'Inde, mais je n'en ai aucune certitude [165].

— Et vous, dit le roi de la Bétique au phénix, qu'en pensez-vous ? — Sire, répondit le phénix, je suis encore trop jeune pour être instruit de l'antiquité. Je n'ai vécu qu'environ vingt-sept mille ans ; mais mon père, qui avait vécu cinq fois cet âge, me disait qu'il avait appris de son père que les contrées de l'Orient avaient toujours été plus peuplées et plus riches que les autres. Il tenait de ses ancêtres que les générations de tous les animaux avaient commencé sur les bords du Gange. Pour moi, je n'ai pas la vanité d'être de cette opinion. Je ne puis croire que les renards d'Albion, les marmottes des Alpes, et les loups de la Gaule, viennent de mon pays ; de même que je ne crois pas que les sapins et les chênes de vos contrées descendent des palmiers et des cocotiers des Indes [166].

— Mais d'où venons-nous donc? dit le roi. — Je n'en sais rien, dit le phénix; je voudrais seulement savoir où la belle princesse de Babylone et mon cher ami Amazan pourront aller. — Je doute fort, repartit le roi, qu'avec ses deux cents licornes il soit en état de percer à travers tant d'armées de trois cent mille hommes chacune. — Pourquoi non? » dit Amazan.

Le roi de la Bétique sentit le sublime du *Pourquoi non*; mais il crut que le sublime seul ne suffisait pas contre des armées innombrables. « Je vous conseille, dit-il, d'aller trouver le roi d'Éthiopie; je suis en relation avec ce prince noir par le moyen de mes Palestins. Je vous donnerai des lettres pour lui. Puisqu'il est l'ennemi du roi d'Égypte, il sera trop heureux d'être fortifié par votre alliance. Je puis vous aider de deux mille homme très sobres et très braves; il ne tiendra qu'à vous d'en engager autant chez les peuples qui demeurent, ou plutôt qui sautent au pied des Pyrénées, et qu'on appelle *Vasques* ou *Vascons* [167]. Envoyez un de vos guerriers sur une licorne avec quelques diamants : il n'y a point de Vascon qui ne quitte le castel, c'est-à-dire la chaumière de son père, pour vous servir. Ils sont infatigables, courageux et plaisants; vous en serez très satisfait. En attendant qu'ils soient arrivés, nous vous donnerons des fêtes et nous vous préparerons des vaisseaux. Je ne puis trop reconnaître le service que vous m'avez rendu. »

Amazan jouissait du bonheur d'avoir retrouvé Formosante, et de goûter en paix dans sa conversation tous les charmes de l'amour réconcilié, qui valent presque ceux de l'amour naissant.

Bientôt une troupe fière et joyeuse de Vascons arriva en dansant un tambourin; l'autre troupe fière et sérieuse de Bétiquois était prête. Le vieux roi tanné embrassa tendrement les deux amants; il fit charger leurs vaisseaux d'armes, de lits, de jeux d'échecs, d'habits noirs, de golilles [168], d'oignons, de moutons, de poules, de farine, et de beaucoup d'ail, en leur souhaitant une heureuse traversée, un amour constant, et des victoires.

La flotte aborda le rivage où l'on dit que tant de siècles après la Phénicienne Didon, sœur d'un Pygmalion, épouse d'un Sichée, ayant quitté cette ville de
Tyr, vint fonder la superbe ville de Carthage, en coupant un cuir de bœuf en lanières[169], selon le témoignage des plus graves auteurs de l'antiquité, lesquels
n'ont jamais conté de fables, et selon les professeurs
qui ont écrit pour les petits garçons; quoique après
tout il n'y ait jamais eu personne à Tyr qui se soit
appelé Pygmalion, ou Didon, ou Sichée, qui sont des
noms entièrement grecs, et quoique enfin il n'y eût
point de roi à Tyr en ces temps-là.

La superbe Carthage n'était point encore un port
de mer; il n'y avait là que quelques Numides qui faisaient sécher des poissons au soleil. On côtoya la
Byzacène[170] et les Syrtes, les bords fertiles où furent
depuis Cyrène et la grande Chersonèse.

Enfin on arriva vers la première embouchure du
fleuve sacré du Nil. C'est à l'extrémité de cette terre
fertile que le port de Canope[171] recevait déjà les vaisseaux de toutes les nations commerçantes, sans qu'on
sût si le dieu Canope avait fondé le port, ou si les
habitants avaient fabriqué le dieu, ni si l'étoile Canope
avait donné son nom à la ville, ou si la ville avait
donné le sien à l'étoile. Tout ce qu'on en savait, c'est
que la ville et l'étoile étaient fort anciennes, et c'est
tout ce qu'on peut savoir de l'origine des choses, de
quelque nature qu'elles puissent être.

Ce fut là que le roi d'Éthiopie, ayant ravagé toute
l'Égypte, vit débarquer l'invincible Amazan et l'ado-
rable Formosante. Il prit l'un pour le dieu des
combats, et l'autre pour la déesse de la beauté. Amazan lui présenta la lettre de recommandation
d'Espagne. Le roi d'Éthiopie donna d'abord des fêtes
admirables, suivant la coutume indispensable des
temps héroïques; ensuite on parla d'aller exterminer
les trois cent mille hommes du roi d'Égypte, les trois
cent mille de l'empereur des Indes, et les trois cent
mille du grand kan des Scythes, qui assiégeaient
l'immense, l'orgueilleuse, la voluptueuse ville de
Babylone.

Les deux mille Espagnols qu'Amazan avait amenés avec lui dirent qu'ils n'avaient que faire du roi d'Éthiopie pour secourir Babylone; que c'était assez que leur roi leur eût ordonné d'aller la délivrer; qu'il suffisait d'eux pour cette expédition.

Les Vascons dirent qu'ils en avaient bien fait d'autres; qu'ils battraient tout seuls les Égyptiens, les Indiens et les Scythes, et qu'ils ne voulaient marcher avec les Espagnols qu'à condition que ceux-ci seraient à l'arrière-garde.

Les deux cents Gangarides se mirent à rire des prétentions de leurs alliés, et ils soutinrent qu'avec cent licornes seulement ils feraient fuir tous les rois de la terre. La belle Formosante les apaisa par sa prudence et par ses discours enchanteurs. Amazan présenta au monarque noir ses Gangarides, ses licornes, les Espagnols, les Vascons, et son bel oiseau.

Tout fut prêt bientôt pour marcher par Memphis, par Héliopolis, par Arsinoé, par Pétra, par Artémite, par Sora, par Apamée [172], pour aller attaquer les trois rois, et pour faire cette guerre mémorable devant laquelle toutes les guerres que les hommes ont faites depuis n'ont été que des combats de coqs et de cailles.

Chacun sait comment le roi d'Éthiopie devint amoureux de la belle Formosante, et comment il la surprit au lit, lorsqu'un doux sommeil fermait ses longues paupières. On se souvient qu'Amazan, témoin de ce spectacle, crut voir le jour et la nuit couchant ensemble. On n'ignore pas qu'Amazan, indigné de l'affront, tira soudain sa fulminante, qu'il coupa la tête perverse du nègre insolent, et qu'il chassa tous les Éthiopiens d'Égypte. Ces prodiges ne sont-ils pas écrits dans le livre des chroniques d'Égypte [173]? La renommée a publié de ses cent bouches les victoires qu'il remporta sur les trois rois avec ses Espagnols, ses Vascons et ses licornes. Il rendit la belle Formosante à son père; il délivra toute la suite de sa maîtresse [174], que le roi d'Égypte avait réduite en esclavage. Le grand kan des Scythes se déclara son vassal, et son mariage avec la princesse Aldée fut confirmé. L'invin-

cible et généreux Amazan, reconnu pour héritier du
royaume de Babylone, entra dans la ville en triomphe
avec le phénix, en présence de cent rois tributaires. La
fête de son mariage surpassa en tout celle que le roi
Bélus avait donnée. On servit à table le bœuf Apis rôti.
Le roi d'Égypte et celui des Indes donnèrent à boire
aux deux époux, et ces noces furent célébrées par cinq
cents grands poètes de Babylone.

Ô muses! qu'on invoque toujours au commencement de son ouvrage[175], je ne vous implore qu'à la fin.
C'est en vain qu'on me reproche de dire grâces sans
avoir dit *benedicite*[176]. Muses! vous n'en serez pas
moins mes protectrices. Empêchez que des continua-
teurs téméraires ne gâtent par leurs fables les vérités
que j'ai enseignées aux mortels dans ce fidèle récit,
ainsi qu'ils ont osé falsifier *Candide, L'Ingénu*[177], et les
chastes aventures de la chaste Jeanne, qu'un ex-capu-
cin a défigurées par des vers dignes des capucins,
dans des éditions bataves[178]. Qu'ils ne fassent pas ce
tort à mon typographe, chargé d'une nombreuse
famille, et qui possède à peine de quoi avoir des caractères, du papier et de l'encre.

Ô muses! imposez silence au détestable Cogé, professeur de bavarderie au collège Mazarin, qui n'a pas
été content des discours moraux de Bélisaire et de
l'empereur Justinien, et qui a écrit de vilains libelles
diffamatoires contre ces deux grands hommes[179].

Mettez un bâillon au pédant Larcher[180], qui, sans
savoir un mot de l'ancien babylonien, sans avoir
voyagé comme moi sur les bords de l'Euphrate et du
Tigre, a eu l'impudence de soutenir que la belle Formosante, fille du plus grand roi du monde, et la princesse Aldée, et toutes les femmes de cette respectable
cour, allaient coucher avec tous les palefreniers de
l'Asie pour de l'argent, dans le grand temple de Babylone, par principe de religion. Ce libertin de collège,
votre ennemi et celui de la pudeur, accuse les belles
Égyptiennes de Mendès de n'avoir aimé que des
boucs, se proposant en secret, par cet exemple, de
faire un tour en Égypte pour avoir enfin de bonnes
aventures.

Comme il ne connaît pas plus le moderne que l'antique, il insinue, dans l'espérance de s'introduire auprès de quelque vieille, que notre incomparable Ninon, à l'âge de quatre-vingts ans, coucha avec l'abbé Gédoin, de l'Académie française et de celle des inscriptions et belles-lettres. Il n'a jamais entendu parler de l'abbé de Châteauneuf, qu'il prend pour l'abbé Gédoin[181]. Il ne connaît pas plus Ninon que les filles de Babylone.

Muses, filles du ciel, votre ennemi Larcher fait plus : il se répand en éloges sur la pédérastie ; il ose dire que tous les bambins de mon pays sont sujets à cette infamie. Il croit se sauver en augmentant le nombre des coupables.

Nobles et chastes muses, qui détestez également le pédantisme et la pédérastie, protégez-moi contre maître Larcher !

Et vous, maître Aliboron, dit Fréron[182], ci-devant soi-disant jésuite, vous dont le Parnasse est tantôt à Bicêtre et tantôt au cabaret du coin ; vous à qui l'on a rendu tant de justice sur tous les théâtres de l'Europe dans l'honnête comédie de *L'Écossaise*[183] ; vous, digne fils du prêtre Desfontaines, qui naquîtes de ses amours avec un de ces beaux enfants qui portent un fer et un bandeau comme le fils de Vénus, et qui s'élancent comme lui dans les airs, quoiqu'ils n'aillent jamais qu'au haut des cheminées ; mon cher Aliboron, pour qui j'ai toujours eu tant de tendresse, et qui m'avez fait rire un mois de suite du temps de cette *Écossaise*, je vous recommande ma princesse de Babylone ; dites-en bien du mal afin qu'on la lise.

Je ne vous oublierai point ici, gazetier ecclésiastique, illustre orateur des convulsionnaires, père de l'Église fondée par l'abbé Bécherand[184] et par Abraham Chaumeix[185] ; ne manquez pas de dire dans vos feuilles, aussi pieuses qu'éloquentes et sensées, que la *Princesse de Babylone* est hérétique, déiste et athée. Tâchez surtout d'engager le sieur Riballier[186] à faire condamner la *Princesse de Babylone* par la Sorbonne ; vous ferez grand plaisir à mon libraire, à qui j'ai donné cette petite histoire pour ses étrennes.

NOTES

L'INGÉNU

1. Tel est le titre de l'édition originale imprimée à Genève (sous la fausse adresse d'Utrecht) par Cramer, ou pour Cramer, en juillet 1767. Mais au début de septembre, parut une « seconde édition », « A Lausanne » (en réalité Paris, Lacombe), portant en titre *Le Huron ou l'Ingénu*. C'est le manuscrit de cette édition qui obtint le 3 septembre 1767 la « permission tacite », retirée dès le 17 septembre.

2. Le Père Quesnel (1634-1719), de l'Oratoire, avait rejoint en exil le chef du jansénisme, le grand Arnauld. Après la mort de celui-ci, il fut considéré comme son successeur à la tête du parti. Il fut l'auteur de nombreux ouvrages condamnés par Rome. L'un d'entre eux, les *Réflexions morales*, donna lieu à la bulle *Unigenitus* (1713), qui en censura cent une propositions comme hérétiques.

3. En 1765, dans la douzième *Lettre sur les miracles*, à propos de la foi qui déplace les montagnes, Voltaire fait dire à un personnage : « J'ai lu dans l'histoire de saint Dunstan [...] qu'il fit venir un jour une montagne d'Irlande en Basse-Bretagne, lui donna sa bénédiction, et la renvoya chez elle. » En réalité, saint Dunstan, évêque anglais du xe siècle, n'est jamais allé en Irlande ni en Bretagne. Il n'existe pas de prieuré ni de montagne à l'embouchure de la Rance.

4. *Bénéficier* : le titulaire, sous l'Ancien Régime, d'un « bénéfice » ecclésiastique, c'est-à-dire des revenus d'un monastère. Souvent le bénéficier ne résidait pas en son couvent, et laissait l'administration de celui-ci à un prieur. Ainsi l'abbé Mignot, neveu de Voltaire, abbé de Scellières en Champagne, vivait à Paris. En ce cas le « bénéfice » constituait l'équivalent d'une pension. Mais on voit que l'abbé de Kerkabon résidait en son prieuré de la Montagne.

5. Saint Augustin était le père de l'Église dont se réclamaient les jansénistes. On conçoit que l'abbé de Kerkabon, bon vivant, ait dû chercher parfois du délassement dans les joyeusetés de Rabelais.

6. L'eau des Barbades : le rhum.

7. Souper, et non dîner qui est le repas du milieu de la journée. Il a été dit plus haut que nous sommes « le 15 juillet au soir ».

8. Jeune fille de Basse-Bretagne. Saint-Malo est considéré aujourd'hui comme appartenant à la Haute-Bretagne. Cependant l'informateur de Voltaire, Le Brigant, avocat à Tréguier, se disait Bas-Breton.

9. Notables locaux. Le bailli au XVIIIᵉ siècle n'a plus qu'une fonction honorifique : présider la noblesse de sa circonscription, le bailliage. Le receveur des tailles perçoit l'impôt de la taille, auquel sont assujettis tous les non-nobles.

10. « Ne s'étonner de rien », maxime d'Horace, *Épîtres*, I, VI, adoptée par lord Bolingbroke, chef du parti tory en Angleterre, et libre penseur. Voltaire l'avait bien connu. Il met sous son nom un traité anti-chrétien, *L'Examen important de milord Bolingbroke*, publié en même temps que *L'Ingénu* (septembre 1767).

11. En accord avec la date de 1689 indiquée au début du récit : la révocation de l'Édit de Nantes et l'exode des protestants français qui s'en est suivi datent de 1685.

12. Écho probable des prétentions du celtomane Le Brigant, correspondant de Voltaire. Voir R. Pomeau, *Voltaire en son temps*, t. IV, p. 257.

13. L'expression au XVIIIᵉ siècle signifie seulement être amoureux et courtiser.

14. Ces mots figurent effectivement dans le *Grand Voyage au pays des Hurons*, avec un lexique du P. Sagard Théodat (1632), que Voltaire possédait dans sa bibliothèque.

15. Le mot, et plus bas celui d'amant, n'impliquent pas dans le vocabulaire du XVIIIᵉ siècle des relations intimes.

16. Cinquante lieues : deux cents kilomètres. Cent lieues : quatre cents kilomètres.

17. Le gallicanisme n'est pas à proprement parler une religion comme l'anglicanisme ou le protestantisme des huguenots : c'est une tendance de l'Église catholique française qui veut, au XVIIIᵉ siècle, limiter l'influence de la papauté.

18. Écho de la propagande des jésuites, qui exagéraient les succès de leurs missions.

19. Les fonts baptismaux, sortes de cuvettes, à l'entrée des églises, où l'on présentait les nouveau-nés pour les baptiser. Il est plaisant d'imaginer dans cette position un grand gaillard comme le Huron.

20. Chaque pièce de gibier avec une seule balle de son fusil à deux coups, tant il est excellent tireur.

21. Scène de la « reconnaissance », poussée ici jusqu'à la parodie.

22. Son menton est couvert d'un poil court et frisé. D'après les voyageurs qu'il a consultés, Voltaire pense que les indigènes d'Amérique « n'ont ni barbe au menton, ni aucun poil sur le corps » (*Questions sur l'Encyclopédie*, « Barbe », *Œuvres complètes*, éd. Moland, XVII, 350).

23. A la différence de *Candide*, Voltaire dans *L'Ingénu* est attentif à la cohérence chronologique du récit.

24. Laquelle naissance et donc l'ascendance bretonne de l'Ingénu restent conjecturales.

25. Chant d'action de grâce : « Nous te louons, seigneur Dieu. »

26. Ce chauvinisme de la bonne demoiselle de Kerkabon ne tardera pas à être démenti par l'événement. Pendant la guerre de Succession d'Espagne, ce sont les Anglais qui s'empareront des colonies françaises du Canada et des Antilles.

27. Lui transmettre la fonction (et les revenus) d'abbé du prieuré de la Montagne. L'Ingénu devrait donc, non pas épouser Mlle de Saint-Yves, mais devenir prêtre (entrer dans les ordres).

28. Le frater (mot latin : frère) désigne ironiquement un chirurgien de bas étage : ici « de village ».

29. La « loi de rigueur » : celle de l'Ancien Testament. La « loi de grâce » : celle du Nouveau Testament. En effet, alors que Jésus avait reçu et la circoncision et le baptême, lorsque le christianisme se répandit hors du monde judaïque, la circoncision fut abandonnée.

30. Épître, V, 16, de saint Jacques, selon Dom Calmet, frère ou cousin de Jésus.

31. Un récollet est un religieux déchaussé de l'ordre de saint François.

32. Gourmer, à l'origine mettre la gourmette à un cheval : donc maltraiter à coups de poing.

33. L'épisode de l'Ingénu « confessé, se battant avec son confesseur » provient de l'esquisse initiale du conte. Mais en ce premier état du récit l'altercation ne précédait pas le baptême puisque l'Ingénu déjà était « tonsuré », donc baptisé. En conservant l'épisode dans la version définitive, Voltaire introduit une incohérence, qu'il tente de rattraper par cette phrase.

34. L'édition Lacombe de 1767 avait imprimé « la reine de Candace ». Voltaire demande une rectification : on « sait que Candace était le titre de la reine d'Éthiopie comme Pharaon était le titre des rois d'Égypte ». (Lettre à Lacombe, 16 septembre 1767.) Il doit cette information au *Dictionnaire de la Bible* de Dom Calmet, article « Candace ». L'Ingénu se fonde sur les Actes des Apôtres, VIII, 26-39. Un « ange du Seigneur » est apparu à l'apôtre Philippe et lui ordonna de se rendre de Jérusalem à Gaza. L'eunuque de la reine Candace d'Éthiopie accompagna Philippe. En chemin, l'apôtre convertit l'eunuque. Comme le char passait auprès d'un cours d'eau, l'eunuque dit : « Voilà de l'eau ; qui empêche que je ne sois baptisé ? » L'apôtre fit arrêter le char, « ils descendirent tous deux dans l'eau, et Philippe baptisa l'eunuque ».

35. Voltaire, *Dictionnaire philosophique*, « Baptême », traite du baptême de feu, d'après Luc, III, 16. Le baptême de sang est celui du martyre.

36. Voir note 19.

37. Voltaire demanda à Lacombe (16 septembre 1767) de corriger : « Comme il n'y eut jamais de ». Correction non effectuée dans les éditions suivantes.

38. Voir note 7.

39. Écclésiastique, XL, 20.

40. C'est ce que Jacob mourant annonce au patriarche Juda, Genèse, XLIX, 11.

41. « Le prénom d'Hercule était assez souvent donné sous l'Ancien Régime, notamment en Bretagne » (Édouard Guitton). Le jésuite « fort savant » interprète les douze travaux du demi-dieu païen Hercule comme « douze miracles » d'un saint chrétien. Sur le treizième, la source de Voltaire est Bayle dans son *Dictionnaire*, « Hercule » : « Quelques-uns disent qu'en sept jours il dépucela les cinquante filles de Thestius ; d'autres veulent qu'il n'y ait eu qu'une seule nuit. »

42. Un « bon prieuré » : un prieuré qui rapporte un bon revenu. « Sous-diacre » : premier degré de la prêtrise, qui entraîne le célibat ecclésiastique.

43. Entre la marraine et son filleul le sacrement aurait établi une sorte de maternité spirituelle : un mariage équivaudrait donc à un inceste. Dans *Candide*, chapitre VI, le cas est un peu différent. C'est celui d'un parrain ayant épousé la marraine (on brûle dans un auto-dafé « un Biscayen convaincu d'avoir épousé sa commère »). Il est évident qu'aucun texte évangélique (« votre livre ») ne fait mention de telles interdictions.

44. Voltaire, lettre à Lacombe du 16 septembre 1767, pour éviter la répétition de « terrible », quatre lignes plus bas, demande de corriger : « cet amant redoutable ». Correction non effectuée.

45. Voltaire s'amuse à attribuer à Hercule, « patron » chrétien de l'Ingénu, un épisode de la légende de l'Hercule païen : celui-ci tua Euryte et enleva « la belle Iole ».

46. En 1689, où se situe l'action de *L'Ingénu*, la flotte anglaise fit quelques incursions sur les côtes bretonnes : il fallait contrecarrer un débarquement français en Angleterre destiné à rétablir le roi détrôné Jacques II. Mais Voltaire a présent à l'esprit l'épisode qu'il rapporte dans le *Précis du Siècle de Louis XV*, chapitre XXXV : le 1er septembre 1758, une flotte anglaise fait une descente à Saint-Cast près de Saint-Malo. Le duc d'Aiguillon à la tête de ses troupes disparates (noblesse, volontaires, milices) rejette les envahisseurs à la mer.

47. Voltaire, lettre à Lacombe, demande de corriger : « larmes de joie et de tendresse ». Correction non effectuée.

48. La guinée, pièce d'or anglaise, de grande valeur (400 francs français de 1995 ?).

49. Le coche d'eau, sur la Loire, entre Nantes et Orléans, plus commode que les routes terrestres en mauvais état. Ce qui permet à l'Ingénu de connaître les méfaits de la révocation de l'Édit de Nantes.

50. Virgile, *Bucoliques*, 1, 3.

51. Saumur était un centre calviniste important, par son académie et par son commerce florissant. La révocation de l'Édit de Nantes le ruina. La moitié de la population émigra.

52. Un pasteur protestant, vêtu de noir.

53. Pour obliger les familles protestantes à se convertir, on installait chez elles des dragons qui commettaient impunément toutes sortes d'exactions (sévices, vols, viols).

54. Jean-Baptiste Lulli (1632-1687), le musicien préféré de

Louis XIV, « étonna par son goût et par sa science » (*Le Siècle de Louis XIV*, chap. XXXIII).

55. Effectivement Guillaume d'Orange, à la date supposée de l'action romanesque, vient de renverser le roi catholique Jacques II et de se faire déclarer roi constitutionnel d'Angleterre (février 1689).

56. Allusion au conflit de la régale qui oppose alors Louis XIV au pape Innocent XI : le roi revendiquait le droit d'administrer un évêché, en cas de décès du titulaire, jusqu'à l'installation de son successeur.

57. Le père de La Chaise, jésuite, était le confesseur de Louis XIV depuis 1675. La phrase suivante fait allusion à l'expulsion des jésuites, en 1764.

58. Louvois, ministre de la Guerre, organisa en effet la persécution des protestants.

59. Ce M. Alexandre fut effectivement premier commis dans les bureaux de Louvois.

60. La vénalité des grades subsiste sous Louis XIV : un grade d'officier s'achète.

61. La Bastille.

62. En 1689, Port-Royal des champs n'a pas encore été détruit. Gordon, avant d'être arrêté deux ans plus tôt, avait été l'un des pieux jansénistes qui vivaient dans la retraite près du monastère des religieuses : les « solitaires ».

63. Ce « vieillard frais et serein » ressemble physiquement au bon quaker de la première *Lettre philosophique*. Il porte un nom anglais : Voltaire se souvient peut-être de Thomas Gordon, le polémiste qu'il a dû rencontrer à Londres. Mais le Gordon français est « un prêtre », comme il l'est dit plus bas.

64. Des gouttes d'Angleterre : un tonique énergique, à base d'ammoniac.

65. La grâce efficace, accordée par Dieu à ceux qu'il a choisis, est un article essentiel de la théologie janséniste.

66. Antoine Arnauld, dit le Grand Arnauld (1612-1694), théologien, prestigieux controversiste, fut considéré comme le chef de la secte janséniste. — Pierre Nicole (1625-1685), « un des meilleurs écrivains de Port-Royal » (*Le Siècle de Louis XIV*), était surtout un moraliste (« ses *Essais de morale* [...] ne périront pas », *ibid.*).

67. Le roi, par une « lettre de cachet », pouvait faire emprisonner n'importe lequel de ses sujets, pour une durée indéterminée, sans aucune action judiciaire.

68. Rohault (1620-1674) avait vulgarisé la physique de Descartes, « erronée presque en tout » selon Voltaire.

69. L'Ingénu, comme Voltaire, admire dans *La Recherche de la vérité* de Malebranche (1674-1678) la théorie de l'erreur, mais reste sceptique sur la métaphysique de la « Vision en Dieu ».

70. Selon la « prémotion physique », Dieu agirait directement, physiquement, sur la volonté de l'homme.

71. Pandore, selon Hésiode, ouvrit une boîte d'où tous les maux se répandirent sur la terre. Selon la religion de Zoroastre, en Perse,

Orosmade, principe du Bien, est combattu par Arimane, principe du Mal. En Égypte, Typhon principe du Mal tue son antagoniste, Osiris. A ces mythes destinés à « expliquer » l'origine du Mal, Voltaire ajoute ici le péché originel.

72. Jansénius (1585-1638) dans son *Augustinus* avait exposé une théologie d'où procéda (après sa mort) le jansénisme. L'abbé de Saint-Cyran (1581-1643), directeur de conscience des religieuses de Port-Royal, diffusa ce jansénisme.

73. Clio, muse de l'histoire, Melpomène, muse de la tragédie.

74. Trois comtés du pays d'Armagnac.

75. C'est la légende que Ronsard développe dans son épopée *La Franciade* : les Français descendraient ainsi des Troyens.

76. Dans l'*Enéide* de Virgile, Énée est le fils du Troyen Anchise et l'ancêtre des fondateurs de Rome.

77. Voltaire a exposé cette conception critique de l'histoire dans ses *Remarques sur l'histoire* (1742) et ses *Nouvelles Considérations sur l'histoire*, à propos de sa première œuvre historique, l'*Histoire de Charles XII*.

78. Ce qui fait allusion à l'affaire récente (février 1767) de *Bélisaire*, roman de Marmontel. Voir ci-dessus notre Introduction, p. 20. Les « apédeutes », ou gens sans éducation, désignent les théologiens de la Sorbonne.

79. Parodie de la formule « catholique, universel et romain » (nous sommes à Constantinople, capitale de l'empire grec byzantin).

80. *Linostoles* : vêtus de lin, c'est-à-dire de l'aube, longue robe blanche que ces théologiens portent quand ils officient à l'église.

81. Les prêtres encore, « porteurs d'objets sacrés ».

82. Donneau de Visé dans *Le Mercure galant* critiqua Racine. L'oratorien Faydit écrivit contre Fénelon une *Télémachomanie* (1700).

83. De La Fontaine, IX, 2.

84. *Rodogune* (1644), tragédie de Corneille dont le dernier acte est particulièrement dramatique. Voltaire attribue à l'Ingénu ses propres jugements sur Corneille et Racine.

85. Dans sa lettre à Lacombe, Voltaire demande d'ajouter ici : « Je suis fâché pourtant, dit-il, que cette brave fille reçoive tous les jours des rouleaux [de pièces d'or ou d'argent] de l'homme qu'elle veut faire assassiner. Je lui dirai volontiers ce que j'ai lu dans *Les Plaideurs* : Eh! rendez donc l'argent! » Aucune édition n'adopta cette édition contestable.

86. Harlay de Champvallon, archevêque de Paris depuis 1671.

87. Voltaire fait allusion aux relations galantes que des rumeurs prêtaient à ces hauts personnages de l'Église. Un petit roman à scandale (1704), *Histoire célèbre des amours du P. de La Chaise*, attribuait au père jésuite une liaison avec une Mlle du Tron. Le bruit avait couru d'un mariage secret de Bossuet avec Mlle de Mauléon (voir *Le Siècle de Louis XIV*, catalogue des écrivains). Mme Guyon, protégée de Fénelon, avait prêché dans la haute société une doctrine du « pur amour ». Quant à Harlay de Champvallon, il fut bien un

concubinaire notoire. Il mourut, semble-t-il, dans les bras de Mme de Lesdiguières.

88. Voir ci-dessus, note 4. Plus loin, il est indiqué que « tous les solliciteurs de bénéfices » s'adressaient au P. de La Chaise, confesseur du roi.

89. Mlle de Saint-Yves fit donc « à cheval » tout le trajet de Saint-Malo à Versailles : un voyage de plusieurs jours (mention du « troisième jour »).

90. Messager à cheval, porteur des dépêches officielles, plus rapide que les voitures publiques qu'ont empruntées l'abbé, le bailli et son fils.

91. Ce titre revient normalement à une éminente personnalité de l'Église « séculière », primat des Gaules, archevêque, ou évêque de premier plan comme Bossuet. L'attribuer à un religieux « régulier », donc hors hiérarchie, comme le P. de La Chaise est une flatterie, d'autant plus étonnante que l'ordre des jésuites était hostile au « gallicanisme » par quoi l'ancienne Église de France entendait maintenir une certaine autonomie par rapport à l'autorité du pape.

92. Autrement dit les ministres craignent qu'en dépit du secret de la confession certaines informations confidentielles ne soient transmises par un confesseur jésuite.

93. Plutôt qu'un nom, un surnom, qui convient bien au personnage.

94. *Officier du gobelet* : employé qui a « l'office » d'approvisionner la table du roi en vins et victuailles.

95. Indication chronologique : l'action ayant commencé le 15 juillet 1689, nous sommes maintenant à l'été de 1690. Près d'un an : ce fut la durée de l'incarcération de Voltaire à la Bastille en 1717-1718. Ce laps de temps assez long a permis à l'Ingénu de se former par la lecture.

96. *Saint-Pouange* : personnage historique, selon le chroniqueur Dangeau « fort bien fait et débauché ». L'autre « âme » de Louvois était sa maîtresse Mme Du Fresnoy : l'édition de Kehl des *Œuvres complètes* rétablit ici son véritable nom.

97. Saint Prosper, théologien du ve siècle, né en Aquitaine, polémiqua contre les « semi-pélagiens » (précurseurs de la théologie « moliniste » des jésuites). Les jansénistes se réclamaient de lui, comme de saint Augustin.

98. La loi anglaise (dite de l'*habeas corpus*) ne permettait pas d'emprisonner quiconque sans jugement.

99. Ouvrage de dévotion du P. Outreman, jésuite. « Nous avons, Dieu merci, cinquante et une éditions de ce livre, dans lequel il n'y a pas une page où l'on trouve une ombre de sens commun », écrit Voltaire (*Dictionnaire philosophique*, « Enfer »).

100. « Citoyen » : mot remarquable, à la place de « sujet ». Un « citoyen » a des droits que le « sujet » du roi n'a pas.

101. « Entendre », au sens de « comprendre ».

102. De l'expression usuelle « le révérend père de La Chaise » est tirée l'expression plus prestigieuse « Sa Révérence », sur le modèle de « Son Éminence », appliquée aux cardinaux.

103. Celle des jésuites.

104. « Une malice de coulpe », expression théologique : un péché mortel.

105. Le P. Tout-à-tous se réfère ici à l'un des artifices de la « morale relâchée » des jésuites, la « direction d'intention », dénoncée notamment par Pascal dans ses *Provinciales* : pécher avec une « intention pure », ce ne serait pas pécher.

106. Voltaire a utilisé cette histoire dans l'un de ses premiers contes, *Cosi sancta*. Il l'a trouvée dans le *Dictionnaire historique et critique* de Bayle, article « Acindynus », où est citée la source : le traité de saint Augustin, *De Sermone Domini in monte*, I, 16 (« Le Sermon du Seigneur sur la montagne »).

107. Selon Bayle, saint Augustin est moins affirmatif : il « n'ose décider si la conduite de cette femme est bonne ou mauvaise, et il penche beaucoup plus à l'approuver qu'à la condamner ».

108. Depuis l'*Augustinus* de Jansénius, saint Augustin est le Père de l'Église dont se réclament les ennemis des jésuites, les jansénistes.

109. Allusion à la devise des jésuites : *Ad majorem Dei gloriam*, « A la plus grande gloire de Dieu ».

110. Depuis son arrivée, Mlle de Saint-Yves est restée à Versailles, siège des ministères.

111. La Bastille. Voltaire cite, en les adaptant, deux vers de son poème épique, *La Henriade*, IV, 456-7.

112. Adversaire de Richelieu, le maréchal de Marillac (1573-1632) fut arrêté et décapité.

113. Un « exempt » : officier de police. Le bâton est l'insigne de ses fonctions.

114. Suit le portrait idéal de Choiseul, effectivement ministre de la Guerre, au moment où Voltaire écrit (bien que Choiseul ne soit pas passé par « tous les grades » : il ne dépassa pas celui de colonel).

115. Le ministre des finances.

116. Développement de la « révolution » dont il a été parlé au début du chapitre.

117. C'était le nom d'un auxiliaire jésuite du P. de La Chaise.

118. Tel était le cérémonial de la cour de Versailles. Les courtisans se pressaient, formant la haie, au passage du roi, espérant être remarqués.

119. Caton, dit d'Utique, ayant pris le parti de Pompée dans la guerre civile contre César, tenta de continuer la résistance en Afrique. Encerclé dans Utique, il se suicida. Voltaire lui a consacré un article du *Dictionnaire philosophique*, ainsi qu'à la question du suicide qui était d'actualité au moment où est rédigé *L'Ingénu*.

120. *Une salle basse* : une salle du rez-de-chaussée.

121. Selon l'usage du temps, le corps mis en bière est exposé sur la rue, à la porte de la maison.

122. « Un bon bénéfice » : à la place ou en supplément de celui qu'ils possèdent déjà. Voir ci-dessus, note 4.

123. Confiseries et ouvrages de dévotion : *Les Méditations ou Retraite spirituelle pour un jour de chaque mois*, du R.P. Croisset (1re

édition 1710, 4 volumes) ; *La Fleur des saints* est une traduction des *Vies des saints* du jésuite espagnol Ribadeneira (Madrid, 1599, 2 volumes in-folio).

124. Le « concours concomitant » est cité par Voltaire dans l'énumération des nombreuses sortes de grâce inventées par les théologiens, article « Grâce » du *Dictionnaire philosophique*. Cette grâce « se joint à la volonté, aux bonnes dispositions humaines pour l'accomplissement du bien » (note de M.-H. Cotoni, édition Mervaud du *Dictionnaire philosophique*, *Œuvres complètes*, t. 30, p. 179, Oxford, 1995).

LA PRINCESSE DE BABYLONE

1. Selon Voltaire, « Babylone était probablement une très ancienne bourgade avant qu'on en eût fait une ville immense et superbe » (*Essai sur les mœurs*, éd. R. Pomeau, I, 36). Il cite Bélus comme l'un des constructeurs possibles (avec Sémiramis) de cette « ville superbe ». Ici Bélus l'aurait seulement « embellie ». Voltaire ajoute cependant : « Il n'y a peut-être jamais eu dans l'Asie ni de femme appelée Sémiramis, ni d'homme appelé Bélus. » Il explique, *ibid.*, le nom de Babylone : « la ville du *Père Bel* ». « Bel est le nom du Seigneur. Les Orientaux ne la connurent jamais que sous le nom de Babel, la ville du Seigneur, la ville de Dieu, ou, selon d'autres, la porte de Dieu. » Bel, ou Baal, est le nom d'un dieu phénicien. Mais l'histoire ne connaît pas de roi Bélus.

2. Un historiographe, chargé d'écrire l'histoire officielle du souverain, ignore évidemment le souci d'objectivité qui est le propre de l'historien.

3. Le parasange, unité de mesure des anciens Perses, équivaut selon les auteurs à 5 220 ou 5 400 mètres.

4. Trois mille pas : près de quatre kilomètres et demi, si le pas vaut 1,481 mètre.

5. Mille six cent vingt mètres, si le pied vaut 0,324 mètre.

6. Le géroflier ou giroflier produit des baies, utilisées comme épices (les « clous de girofle »).

7. Le cannellier ou cannelier : arbuste tropical dont l'écorce fournit la cannelle.

8. Près de deux kilomètres.

9. *Sémiramis* : reine mythique de Babylone. Elle aurait édifié dans sa capitale l'une des Sept Merveilles du monde : les jardins suspendus, auxquels il est fait ici allusion. Voltaire avait donné en 1748 une tragédie, *Sémiramis*, inspirée de ce personnage légendaire.

10. La Vénus callipyge du musée de Naples n'est plus attribuée à Praxitèle. Voltaire tire le nom de Formosante de l'adjectif latin *formosa* : belle.

11. Nembrod ou Nemrod, descendant de Noé, est cité dans la *Genèse*, X, 9-10, comme un « grand chasseur devant l'Éternel ». Babylone était la capitale de son royaume.

12. *Derbent* : port de la Russie sur la mer Caspienne.

13. Le bœuf Apis était vénéré comme un dieu par les anciens Égyptiens. Le *Dictionnaire philosophique* de Voltaire (1764) a un article « Apis ». Ce cortège du roi d'Égypte ressemble à celui d'un autre conte de Voltaire, *Le Taureau blanc* (1774). Des effigies de la déesse Isis, des dieux Osiris et Horus défilent au son du « sistre sacré » (une note de crécelle), accompagnées de quatre mille prêtres : deux mille seulement ici, mais en outre, en nombre égal, des eunuques, des magiciens, des guerriers.

14. Dans l'*Essai sur les mœurs*, éd. citée, I, 77, Voltaire identifie Hermès avec Thaut, dont parle Sanchoniathon. Il est fait mention des « écrits » de cet Hermès-Thaut.

15. Le Veidam, ou le Véda, est l'ensemble des textes sacrés, censés rédigés par le dieu Brahma lui-même (et non par Xaca). Xaca, ou Çakya, est l'un des noms du Bouddha.

16. La licorne de Voltaire doit plus à la tradition iconographique qu'aux relations de certains voyageurs qui désignaient sous ce nom le rhinocéros.

17. Dans la mythologie grecque (« comme on a dit depuis »), Adonis est un dieu d'une grande beauté.

18. Le jeune inconnu ajoute à ses autres qualités le don des langues : le chaldéen parlé à Babylone n'est certainement pas l'idiome des Gangarides. En réalité, le « petit madrigal », en décasyllabes, est purement français, et bien dans la manière de Voltaire.

19. Expression du style biblique, en particulier dans le *Cantique des cantiques*, que Voltaire juge de très mauvais goût.

20. Écho d'un passage des *Actes des apôtres*, VII, 22, où il est dit que Moïse « fut instruit dans toute la sagesse des Égyptiens ».

21. L'Anti-Liban, chaîne de montagnes, parallèle à celle du Liban, vers l'intérieur du continent : pays sauvage d'où peuvent provenir des fauves redoutables comme celui-ci.

22. Plante merveilleuse, d'origine orientale, qui selon les Anciens guérissait en un instant les blessures.

23. *Pyrope* : pierre d'un rouge vif comme le feu, ainsi que l'indique son étymologie.

24. Sur le phénix, animal légendaire, Voltaire s'inspire en particulier de ce que dit l'abbé Guyon, *Histoire des Indes orientales anciennes et modernes*, 1744 : l'ouvrage se trouvait dans sa bibliothèque à Ferney et porte de nombreuses marques de lecture.

25. Quatre cents kilomètres.

26. La parenté de Formosante et d'Aldée s'explique par le chapitre III. Le grand-père de Formosante et celui d'Aldée étaient frères. Les fils ou filles de ceux-ci étaient donc cousins germains (ou cousines germaines). A la génération suivante Formosante et Aldée sont cousines « issues de germain (e) ».

27. Environ cent mètres. Mais qu'est-ce que le diamètre d'une pièce *ovale* ?

28. Comme son maître, le phénix est polyglotte.

29. Dans la religion de Zoroastre, Orosmade est le principe du Bien.

30. Allusion à des animaux qui ont parlé : le serpent à Ève, dans la *Genèse* ; l'ânesse à Balaam (*Nombres*, XXII, 28-30) ; le cheval d'Achille (*Iliade*, IX, 408). Quant aux griffons, ce qui en est dit plus loin (p. 175) indique qu'ils parlent eux aussi.

31. La précession des équinoxes : mouvement très lent de l'axe de rotation terrestre, qui avance l'instant de l'équinoxe de printemps d'une quantité infinitésimale. Le mouvement complet prend 25 760 années.

32. *Genèse*, IX, 9-10, après le déluge, Dieu dit à Noé : « je vais faire alliance avec vous [...] et avec tous les animaux qui sont avec vous ». *Ecclésiaste*, III, 18-19 : les bêtes comme les hommes ont une âme ; les uns et les autres meurent également.

33. *Locman* : personnage légendaire cité dans le *Coran*. On lui attribue des fables qui sont en réalité des traductions arabes des fables d'Esope.

34. Un exacteur : un agent du fisc.

35. Cette évocation du pays des Gangarides idéalise ce que Voltaire disait dans l'*Essai sur les mœurs*, éd. citée, I, 58-59 : « Il n'y a pas de contrée au monde où l'espèce humaine ait sous sa main des aliments plus sains, plus agréables et en plus grande abondance que vers le Gange [...]. Les hommes se seront rassemblés d'eux-mêmes en société dans ce climat heureux. » Les Indiens du Gange seraient donc le peuple le plus ancien. Ils sont végétariens. On notera que le droit de propriété existe chez ces heureux Gangarides : les diamants offerts par Amazan « sont d'une mine qui lui appartient ».

36. Transposition de la purification par les eaux du Gange, pratiquée par les dévots hindouistes. Mais ces ablutions religieuses deviennent ici une cure médicale.

37. La même question était posée par Candide, chapitre XVIII, dans Eldorado. Les deux réponses se ressemblent. Toutefois, il n'existait pas dans Eldorado de perroquets prédicateurs.

38. Selon le *Coran*, LII, 20, les houris, « filles aux grands yeux noirs », s'offriront aux élus, « accoudées sur des lits rangés en ordre », dans le paradis musulman (traduction de Kasimirski).

39. Elle venait de s'éveiller, et l'on avait à peine ouvert les rideaux.

40. *Le petit couvert* : repas sans cérémonie, à la différence du grand repas que préside Bélus.

41. *Tirer au blanc* : tirer sur une cible dont le centre est blanc.

42. *Escarboucles* : nom ancien des pierres de rubis.

43. Selon la légende grecque et l'*Iliade* d'Homère, Hélène, très belle femme (sinon « fort libertine ») avait été enlevée une première fois par Thésée, puis une deuxième fois par le Troyen Pâris. Les Grecs entreprirent le siège de Troie pour la reprendre. Les événements, selon la vraisemblance, s'étendirent sur un certain nombre d'années. Cependant dans l'*Iliade* Hélène demeure toujours jeune, et n'est pas présentée comme « une vieille femme ».

44. *Le mont Immaüs* : la partie occidentale de l'Himalaya.

45. Selon Dom Calmet, *Dictionnaire de la Bible*, l'une des sources majeures de Voltaire (article « Mer »), « la grande mer » est la mer Méditerranée pour les Hébreux, qui ignorent l'existence des océans.

46. Une édition de 1768 donne ici une précision : « à Lampsaque et que les Égyptiens appelèrent Phallum ». Lampsaque, ville d'Asie Mineure sur l'Hellespont, centre d'un culte priapique. Voltaire suggère qu'à Bassora, comme à Lampsaque, les prêtres du temple abusaient des femmes venues en pèlerinage.

47. Bassora est, sur le Golfe, un port commercial, où Voltaire a placé un épisode de *Zadig* (chap. XII).

48. *Couchée* : une étape, où l'on passe la nuit.

49. *Lorgner* : regarder du coin de l'œil, de façon provocante.

50. Vin de la ville de Chiraz, en Perse.

51. Très grossière plaisanterie, appropriée à l'odieux personnage qu'est ce roi d'Égypte (les apothicaires étaient traditionnellement préposés aux clystères).

52. Ici, comme dans *Candide* (chap. XIV), la « grande garde » est postée à la barrière extérieure de la place.

53. Transposition ironique d'expressions et de marques de piété chrétiennes.

54. Itinéraire géographiquement exact. Formosante est sortie du Golfe par le détroit d'Ormus. Elle a longé la côte sud de la péninsule arabique (en Arabie Heureuse, par opposition à l'Arabie désertique au nord de celle-ci). Elle est arrivée à Éden, ou Aden.

55. Étymologiquement le mot paradis, qui vient du persan, signifie « le jardin ». Voltaire suggère un rapprochement entre le paradis terrestre de la *Genèse* et d'autres mythologies, inventées par « les hommes qui parlent toujours sans s'entendre » (se comprendre).

56. Voir note 29.

57. Voltaire a plusieurs fois émis l'hypothèse que l'âme pourrait, après la mort, survivre « attachée à un atome » échappant à la destruction du corps.

58. Dans *Zadig*, chapitre IV, une polémique s'est élevée sur l'existence des griffons, ces animaux fabuleux, qui font l'objet dans le *Deutéronome* d'un interdit alimentaire. Ici leur réalité, pour les besoins du récit, ne fait pas plus de doute que celle du phénix lui-même.

59. Les « petits pains à la reine », petits pains de luxe, devaient leur nom à la reine Marie de Médicis. Des poncires : une variété de citrons.

60. Au XVIIIᵉ siècle, on cultivait encore des vignes sur les coteaux bien exposés des environs de Paris. Le vin ainsi produit, pour la consommation de la capitale, était peu alcoolisé et acide.

61. Les griffons, sortes de génies ailés, ont les allures fort humaines des voituriers, lesquels aux relais ont l'habitude de « boire un coup ».

62. *Du sagou* : une sorte de tapioca.

63. A la manière des Anciens, Grecs et Latins, qui prenaient leurs repas allongés sur des lits de repos.

64. *Haute-contre, basse-contre* : des voix d'homme au-dessus du ténor et des voix dans le grave.

65. *Font l'amour* : sont amoureux et se courtisent.

66. Entre autres avantages, les Gangarides ont donc celui d'une

grande longévité. Voltaire note dans le *Précis du Siècle de Louis XV*, à propos de l'Inde : « Quiconque est sobre dans ces pays jouit d'une vie longue et saine. » (*Œuvres historiques*, Bibliothèque de la Pléiade, p. 1468.)

67. *Cambalu* : nom ancien de Pékin (ou Beijing, selon la transcription actuellement en usage).

68. L'empereur Young-Tchin expulsa les missionnaires jésuites en 1724.

69. En fait ces « paroles » sont de l'invention de Voltaire. Le lecteur de 1768 pensait à l'expulsion récente des jésuites hors de France.

70. *Mandarin de robe, mandarin d'épée* : transposition en Chine de la distinction en France entre noblesse de robe (magistrature) et noblesse d'épée (servant dans les armées).

71. Ces deux mots désignaient le Dieu de l'univers. La querelle entre les missionnaires jésuites et leurs adversaires portait sur la signification de ces mots : les ennemis des jésuites prétendaient qu'ils exprimaient l'univers matériel, et que les Chinois étaient athées. Voltaire pour sa part adopte l'interprétation des jésuites.

72. « Monsieur » : appellation tout à fait étrangère au protocole de l'ancien empire chinois.

73. *Un amant* : un homme qui vous fasse la cour.

74. Dans son *Histoire de Russie sous Pierre le Grand*, Voltaire a identifié les Scythes avec les populations nomades de Kalmoucks et de Mongols, que la Russie tsariste commence à coloniser (ici allusion à l'entreprise de « changer les brutes en hommes ») (*Œuvres historiques*, éd. citée. p. 372).

75. Fourrures en provenance des steppes russes. Catherine II offrit à Voltaire un manteau de zibeline.

76. *L'empire des Cimmériens* : l'empire russe.

77. Moscou : « l'ancienne capitale ». Pierre le Grand avait transféré la capitale de l'empire dans la ville qu'il avait fondée au fond du golfe de Finlande : Saint-Pétersbourg.

78. Allusion au voyage d'inspection que la tsarine Catherine II fit en avril-mai 1767 dans ses provinces de la Volga. Elle en informe Voltaire par ses lettres des 6 avril et 9 juin.

79. Formosante est donc logée au Kremlin, après qu'on eut écarté la foule massée sur la place Rouge (ainsi dénommée déjà à l'époque tsariste).

80. « Un seul homme » : le tsar Pierre le Grand. « Une femme » : la tsarine Catherine II.

81. Allusion à la Pologne. L'occupation par les troupes russes du royaume de Stanislas-Auguste Poniatowski avait pour prétexte de faire respecter en ce pays la tolérance religieuse.

82. Vision très optimiste de la politique de conquête de Catherine II.

83. En Suède, où depuis la mort de Charles XII un régime parlementaire s'est institué. En fait la lutte des deux partis, les « bonnets » et les « chapeaux », paralysait l'assemblée dominante, le Sénat. Le « jeune prince » ici mentionné est le futur Gustave III. Gustave III,

peu après son avènement, opère une révolution établissant un despotisme éclairé (1772).

84. Au Danemark, où règne Christian VII, un souverain absolu.

85. En Pologne, où règne Stanislas-Auguste Poniatowski, « philosophe », aux prises avec les pires difficultés, du fait notamment du *liberum veto* : il suffisait, à la diète, assemblée législative, représentant les nobles, qu'un seul membre opposât son veto pour empêcher toute décision.

86. Les monastères d'hommes et de femmes supprimés par la réforme luthérienne dans l'Allemagne du Nord.

87. Chez les Bataves : en Hollande, pays de grand commerce maritime et colonial, ce qui explique les qualités (liberté, égalité, abondance, tolérance), que Voltaire avait remarquées dès son voyage de 1722.

88. L'Angleterre.

89. Voltaire semble faire allusion à une époque ancienne où le Rhin, par l'Yssel, rejoignait le Zuiderzee vers Kampen, et débouchait sur la partie de la mer du Nord longeant les côtes allemandes.

90. *Nolisa* : affréta.

91. *Ne purent démarrer* : ne purent quitter le quai où ils sont amarrés.

92. Les agents commerciaux.

93. Marc-Michel Rey était alors un célèbre éditeur d'Amsterdam. Il publiait les œuvres de Jean-Jacques Rousseau ainsi que maints ouvrages antichrétiens.

94. Les Ausoniens : nom ancien des Italiens. Les Welches, que Voltaire orthographie Velches, sont les anciens Gaulois. Le mot n'a pas ici la connotation péjorative que lui attribue généralement Voltaire.

95. Certaines éditions de 1768 donnent ici une énumération différente : « dans *La Paysanne parvenue*, ni dans *Tanzaï*, ni dans *Le Sopha*, ni dans *Candide* ».

La Paysanne parvenue (1735-1736) de Mouhy : une suite du *Paysan parvenu* de Marivaux. *Tanzaï* (1734) et *Le Sopha* (1745) : des romans de Crébillon fils. *Les Quatre Facardins* : un conte en vers et en prose de Hamilton (1730). Voltaire a substitué ce titre à *Candide* dans le texte définitif.

96. Les bateaux accostaient à Gravesend, dans l'estuaire de la Tamise. C'est ainsi que Voltaire arriva dans la capitale anglaise en 1726.

97. Scrupule de Voltaire. Il sait que le tabac ne s'est répandu en Europe qu'après la découverte de l'Amérique.

98. Dans l'Angleterre du XVIIIe siècle, l'élevage remplaçant la culture des céréales, la consommation de viande se développe.

99. Trois cautions antiques de la doctrine végétarienne. Pythagore (VIe siècle avant J.-C.), philosophe, mathématicien, fondateur aussi d'une confrérie observant des interdits alimentaires (ne pas manger de fèves, de viande...). Porphyre (233-304) auteur d'un *Traité touchant l'abstinence de la chair des animaux*. Jamblique (v. 250-330) fut un disciple de Pythagore.

100. Ce mot nous reporte à une époque antérieure à la conquête normande de l'Angleterre. Le Wittene-Gemet ou Wite-Nagemoth était un conseil établi auprès des rois saxons. Voltaire a consacré l'une de ses *Lettres philosophiques* (1734) au Parlement d'Angleterre, institution remarquable du régime politique anglais.

101. Des gens envoyés de Rome par le pape.

102. Voltaire, *Essai sur les mœurs*, éd. citée, I, 532, a raconté comment Jean sans Terre, pour échapper à une invasion de l'Angleterre par Philippe-Auguste, fit don de son royaume au pape Innocent III (1213), (le « Vieux des sept montagnes » de Rome, dont il est ici question).

103. Ainsi furent traités, après la défaite du prétendant Stuart Charles Édouard (1746), ses partisans (*Œuvres historiques*, p. 1444).

104. Allusion sous Charles Ier d'Angleterre, au XVIIe siècle, aux guerres civiles entre les puritains (« manteau noir ») et les anglicans (« chemise blanche »).

105. Régime établi par la Révolution d'Angleterre (1688), lorsque Guillaume d'Orange renversa Jacques II, le dernier roi Stuart : le pouvoir est partagé entre la chambre des Lords, celle des Communes et le roi.

106. En France, les sentences des parlements n'étaient pas motivées. La phrase suivante fait allusion aux affaires Calas et La Barre, toutes récentes.

107. Le parti whig et le parti tory.

108. Voltaire pense à Newton et à Locke.

109. L'aristocratie anglaise voyageait volontiers sur le continent européen au XVIIIe siècle. Ce « grand tour » aboutissait normalement à Rome.

110. Évocation d'une Allemagne du XVIIIe siècle, que Voltaire connaît bien, pour y avoir souvent voyagé. Dans des principautés exiguës, des princes et princesses s'efforcent d'avoir une cour. Mais la population est misérable (« des gueux »).

111. Venise, où Voltaire n'est jamais allé.

112. *Un visage* : un masque de carton.

113. Les marais pontins, où sévissait la malaria.

114. Saint-Pierre de Rome, très admiré par Voltaire. Il aurait voulu se rendre en Italie pour visiter ce chef-d'œuvre de l'architecture classique. Les chanteurs sont des castrats.

115. En robes rouges : les cardinaux. En violet : les évêques.

116. « Par saint Martin, quel beau garçon ! Par saint Pancrace, quel bel enfant ! »

117. Les « ardents » : les membres de la congrégation de Saint-Antoine qui soignaient les malades atteints du « feu Saint-Antoine », ou « ardents » (la maladie étant provoquée par des farines contenant de l'ergot de seigle). En dehors des périodes d'épidémie, les membres de la congrégation servaient de guides aux visiteurs étrangers.

118. *Tableaux de deux cents ans* : de la Renaissance italienne. Des statues de plus de vingt siècles datant de l'Antiquité grecque.

119. Les « annates » : à la vacance d'un évêché ou d'un « bénéfice » ecclésiastique, les revenus pendant une année étaient perçus par le pape.

120. Dans la primitive Église, le poisson était le symbole de Jésus-Christ (par anagramme du mot grec signifiant poisson). Les armes pontificales comportent les clés de saint Pierre, ouvrant les portes du paradis.

121. La bulle *Unigenitus* (1713) condamnait cent une propositions jansénistes. Elle fut en réalité sollicitée par Louis XIV et par son confesseur, le père jésuite Le Tellier (le « prêtre normand » mentionné plus loin).

122. Allusion à l'infaillibilité pontificale dont le dogme ne sera proclamé qu'en 1870, au concile du Vatican, mais qui auparavant était déjà affirmé par certains théologiens.

123. Un pourboire.

124. Nouvelle parce que la capitale des Gaules était Lyon, avant que Paris devienne celle des rois de France.

125. Selon la fausse étymologie qui rattache le nom de *Lutetia* à *lutum*, la boue.

126. Autre fausse étymologie expliquant le nom de Paris par celui de la déesse Isis.

127. Les Romains.

128. Allusion à l'invasion franque.

129. A Versailles.

130. Les guerres de religion du XVIᵉ siècle.

131. Un vaudeville, au XVIIIᵉ siècle, était une chanson, moqueuse ou satirique, improvisée sur un air à la mode.

132. Les dévots rigoristes.

133. Les magistrats, membres du parlement.

134. Proportionner les peines aux délits, c'est ce que demandait le jurisconsulte italien Beccaria, dans son livre *Des délits et des peines* (1764, traduction française 1765), qui eut un grand retentissement et que Voltaire appuya par un *Commentaire* (1766).

135. La question, autrement dit la torture, était très légalement appliquée, même aux simples suspects.

136. L'allusion vise le chevalier de La Barre. Voir notre Introduction, p. 15-18.

137. Évocation du « Siècle de Louis XIV ». « De bons écrivains même chez les druides » : Voltaire pense à Bossuet, Fénelon, Bourdaloue, Massillon.

138. Voltaire après 1760, hostile aux nouvelles tendances des lettres et des arts, y voit une « décadence ». Il fut l'un de ceux qui durent « quitter leur patrie » : Ferney était en France, mais exactement à la frontière de la Suisse.

139. Voltaire vise le périodique clandestin des jansénistes, *Les Nouvelles ecclésiastiques*. Ce journal de parti exaltait les prétendus miracles des jansénistes convulsionnaires, réunis souvent dans les greniers pour échapper à la police (les « galetas »).

140. Les « ex-druides » : les jésuites, chassés de France. Des « boucs vêtus de gris » : des prédicateurs populaires, tels les capu-

cins. Des « archi-druides » : l'archevêque de Paris, Christophe de Beaumont, des prélats comme Montillet, évêque d'Auch, Jean-Georges Lefranc de Pompignan, évêque du Puy, auteurs de mandements contre les philosophes.

141. Les contemporains reconnaissaient à ce portrait Mme Geoffrin et son salon, de réputation européenne. En 1766, elle avait fait un voyage triomphal : elle avait été reçue en Pologne par le roi Stanislas-Auguste Poniatowski, et à Vienne par l'impératrice Marie-Thérèse et par son fils Joseph II.

142. Paris était alors entouré d'une enceinte et les portes étaient fermées chaque nuit.

143. Une « farceuse » : une actrice qui joue dans des « farces » — le mot désignant ici les opéras.

144. Allusion à une interprétation janséniste du personnage de Phèdre, dans la tragédie de Racine : l'épouse infidèle de Thésée serait une femme vertueuse, mais à laquelle la grâce divine aurait manqué.

145. Selon une tradition, la maison de la Vierge, la Santa Casa, aurait été transportée dans les airs de Palestine en Dalmatie, et de là à Ancône en Italie.

146. Amazan est au pays basque, du côté français. Même les magistrats et les prêtres (les druides) dansent et le font danser.

147. « Des grains enfilés » : un chapelet.

148. *Silenciaires* : ceux qui dans la Rome antique faisaient observer le silence aux esclaves. Le mot s'appliquait aussi aux religieux, comme les chartreux, voués au silence.

149. Le Guadalquivir : la province est donc l'Andalousie.

150. La grande île Atlantique : l'Atlantide.

151. Des Juifs.

152. Des *rechercheurs* : traduction du mot « inquisiteurs ». *Anthropokaies* : du grec « brûleurs d'hommes ».

153. La mitre de papier et le san-benito dont sont affublés Candide et Pangloss dans l'autodafé de Lisbonne (*Candide*, chap. VI).

154. Les psaumes de David, dans l'Ancien Testament.

155. De même, dans *Candide*, le juif Don Issachar était banquier de la cour.

156. Dans *Candide*, chapitre V, un familier joue le même rôle d'espion dénonciateur.

157. Une lance de douze pieds : près de quatre mètres.

158. Magog, selon la *Genèse*, X, 2, est un fils de Japhet. Selon *Ézéchiel*, XXXVIII-XXXIX, il peupla avec ses descendants le pays des Scythes.

159. Des chapelets.

160. Dans l'ancien costume espagnol, la fraise était une collerette haute, tuyautée, blanche (quand elle était propre).

161. Carlos III, descendant de Louis XIV, par Philippe roi d'Espagne, avait été d'abord roi de Naples. Il devint roi d'Espagne en 1759. Avec son ministre Aranda, l'un des correspondants et visiteurs de Ferney, il réduisit les pouvoirs de l'Inquisition et expulsa les Jésuites en 1767, l'année même où Voltaire rédige *La Princesse de*

Babylone. Né en 1716, il a, au moment où Voltaire écrit, dépassé la cinquantaine : il peut passer, selon les normes du temps, pour « un vieux monarque ».

162. Le carrosse du roi tiré par des mules et attelé « avec des cordes » : signe de la pauvreté de la monarchie espagnole.

163. Le pape.

164. *Les Folies d'Espagne* : air célèbre au XVIIIᵉ siècle.

165. Voltaire a émis l'hypothèse de l'origine indienne de l'humanité dans l'*Essai sur les mœurs*, éd. citée, I, 58.

166. Le phénix exprime ici les idées de Voltaire, réfractaire à toutes les spéculations où se fait jour en son temps l'idée d'évolution.

167. Les Basques.

168. La golille est une sorte de collier ou fraise, portée en Espagne.

169. Selon la légende, Didon, débarquant sur la côte tunisienne, obtint du roi l'étendue du territoire que pourrait couvrir une peau de bœuf. Elle découpa la peau en lanières et entoura la superficie qui devint Carthage. L'un des « professeurs qui ont écrit pour les petits garçons » est Charles Rollin, recteur de l'Université de Paris, dont l'*Histoire ancienne* accueillait trop facilement les récits légendaires.

170. La Byzacène : la côte tunisienne au nord du golfe de Gabès, près de la ville actuelle de Sfax. Les voyageurs longent la côte jusqu'au delta du Nil.

171. Canope, nom à la fois d'un port et d'une étoile, était déjà cité dans *Zadig*, chapitre IX.

172. Itinéraire fantaisiste, Memphis, Héliopolis, Arsinoé : villes d'Égypte. Pétra : entre la mer Rouge et la mer Morte, point de passage des caravanes. Artémite, Sora : villes non identifiées. Apamée : parmi les villes antiques portant ce nom, il peut s'agir ici d'Apamée sur l'Oronte, en Syrie.

173. Parodie dans l'Ancien Testament de *Nombres*, XXI, 14, renvoyant à ce qui « est écrit dans le livre des guerres du Seigneur », ouvrage inconnu.

174. Nous avions perdu de vue la nombreuse suite, désignée par le roi Bélus pour accompagner la princesse dans son pèlerinage à Bassora, et abandonnée lorsque Formosante s'était enfuie déguisée (p. 159, 169).

175. Du moins des poèmes épiques, à l'imitation de l'*Iliade*, de l'*Odyssée*, de l'*Enéide*. La *Henriade* de Voltaire commence par une invocation à la Vérité :

Descends du haut des cieux, auguste Vérité !

176. Le *benedicite* (« bénissez, Seigneur »...) se disait au moment de se mettre à table, les « grâces » (« nous te rendons grâces, Seigneur... »), à la fin.

177. Voltaire vise les suites apocryphes de *Candide*, et peut-être en 1767 *Le Huron ou l'Ingénu*, édition Lacombe (« A Lausanne », en réalité Paris), fautive, mais faite sur le manuscrit qu'il envoya à Marin (voir plus haut, p. 30).

178. Une édition pirate de *La Pucelle*, procédant d'un manuscrit d'un certain abbé de La Clau, parut effectivement à Amsterdam en 1755.

179. L'abbé Coger, professeur de rhétorique au collège Mazarin, était intervenu dans l'affaire du roman de Marmontel, *Bélisaire* (voir plus haut, p. 20). Il s'était avéré un polémiste redoutable, s'attaquant non à Bélisaire et à l'empereur Justinien, mais à Voltaire.

180. Pierre-Henri Larcher (1726-1812), très savant helléniste, avait dans un *Supplément à la Philosophie de l'histoire* relevé un certain nombre d'erreurs de Voltaire. Celui-ci avait réagi avec une extrême vivacité (*La Défense de mon oncle*). La polémique avait porté notamment sur la prostitution sacrée dans la Perse ancienne, sur la pédérastie chez les Anciens, et sur la bestialité dans l'Égypte antique (Mendès est une ville du delta du Nil). Larcher fut en réalité un fort estimable érudit. Sa traduction d'Hérodote fit longtemps autorité. Ami de D'Holbach, il était plutôt favorable aux philosophes.

181. Pour justifier les amours tardives que l'Ancien Testament attribue à Sara épouse d'Abraham, Larcher avait eu la malencontreuse idée d'invoquer le cas de Ninon de Lenclos, laquelle « à l'âge de quatre-vingts ans [...] sut inspirer à l'abbé Gédoin des sentiments qui ne sont faits que pour la jeunesse ou l'âge viril ». Dans *La Défense de mon oncle* (chap. VIII), Voltaire rectifie. L'heureux bénéficiaire fut son parrain l'abbé de Châteauneuf, et Ninon lui fixa ce rendez-vous non à quatre-vingts ans, mais le jour de son soixantième anniversaire.

182. Catherine-Élie Fréron (1718-1776), directeur et principal rédacteur du mensuel *L'Année littéraire*, fut l'un des grands journalistes du XVIII⁰ siècle. Il avait d'abord eu l'intention d'entrer dans la Compagnie de Jésus. Mais il y renonça et fit ses débuts dans le journalisme sous la direction de l'abbé Desfontaines. Il lui arriva d'être incarcéré, comme journaliste, non pas à Bicêtre, prison infamante, mais à la Bastille. Ennemi des philosophes, il avait pris pour cible principale Voltaire. « Maître Aliboron » : surnom de l'âne, que Voltaire applique à Fréron, taxé — bien à tort — d'ignorance.

183. En 1760, Fréron avait été un agent efficace, avec le poète Lefranc de Pompignan et Palissot, auteur de la comédie diffamatoire *Les Philosophes*, de la campagne antiphilosophique. Voltaire avait répliqué par le succès de sa comédie *L'Écossaise*, où un rôle odieux était attribué à un M. Wasp, ou Frelon, c'est-à-dire Fréron. Voir notre Introduction, p. 10-11.

184. L'abbé Bécherand, janséniste convulsionnaire, s'était distingué dans les manifestations scandaleuses dont le cimetière Saint-Médard était le théâtre. Étant boiteux, il dansait chaque jour sur la dalle de la tombe du diacre Pâris, considéré par la secte comme un saint faiseur de miracles. L'abbé prétendait que par cet exercice sa jambe infirme peu à peu s'allongeait.

185. Abraham Chaumeix (1725-1773), autre janséniste, et polémiste antiphilosophe. Il publia huit volumes intitulés *Préjugés légitimes contre l'Encyclopédie* (1758-1759).

186. L'abbé Riballier, supérieur du collège Mazarin et syndic de la Faculté de théologie de la Sorbonne, avait appuyé le projet de censure contre *Bélisaire*.

BIBLIOGRAPHIE

Le texte de *L'Ingénu* et celui de *La Princesse de Babylone* sont ceux de l'édition des *Œuvres complètes*, dite « encadrée », par Cramer et Burdin, 1775, la dernière établie sous le contrôle de Voltaire.

Éditions critiques

On consultera l'édition des *Romans et Contes* de Voltaire, Paris, Bibliothèque de la Pléiade, 1979, introduction générale par Frédéric Deloffre. Pour *L'Ingénu*, notice, note sur le texte, notes et variantes, par Jacques Van den Heuvel. Pour *La Princesse de Babylone*, *idem*, par Frédéric Deloffre et Jacqueline Hellegouarc'h.

William R. Jones a publié une édition critique de *L'Ingénu*, Paris, Droz, 1936, rééd. 1957.

Éditions des romans et contes

Romans et Contes, chronologie, préface et notes par René Pomeau, GF, premier tirage, 1966.

Contes en vers et en prose, Paris, Classiques Garnier, 1992-1993, 2 volumes. Introduction et chronologie, établissement du texte, notices bibliographiques et notes par Sylvain Menant. Cette édition a le mérite de publier avec les contes en prose les contes en vers, à leur place chronologique.

Romans et contes en vers et en prose, Paris, « Classiques Modernes », Le Livre de poche, 1994. Préface, notices et notes d'Édouard Guitton. Cette édition présente l'originalité de donner, outre les contes en vers et en prose, un certain nombre de textes de Voltaire rangés habituellement dans la catégorie des « facéties » : ainsi *Discours aux Welches*, et *Supplément du Discours aux Welches*, à rapprocher de *L'Ingénu* et de *La Princesse de Babylone*.

Études générales sur Voltaire

Lanson G., *Voltaire*, Paris, Hachette, 1906, rééd. 1960.

Pomeau R., *Voltaire*, Le Seuil, « Écrivains de toujours », 1955. Nouvelle édition revue, 1994.

Mason H.T., *Voltaire*, Londres, Hutchinson, 1975 (en anglais).

Mervaud Chr., *Voltaire en toutes lettres*, Paris, Bordas, 1991.

Bijaoui R., *Voltaire avocat, Calas, Sirven et autres affaires*, Paris, Tallandier, 1994.

Collard G., *Voltaire, l'affaire Calas et nous*, Paris, Les Belles Lettres, 1994.

Goldzink J., *Voltaire*, Paris, Hachette, « Portraits littéraires », 1994.

Lepape P., *Voltaire le Conquérant. Naissance des intellectuels au siècle des Lumières*, Paris, Le Seuil, 1994.

Dictionnaire de la pensée de Voltaire par lui-même, par André Versailles, Bruxelles, éditions Complexe, 1994.

Dictionnaire Voltaire, par Raymond Trousson, Jeroom Vercruysse et Jacques Lemaire, Bruxelles, éditions du Centre d'Action laïque, 1994.

La Tolérance au risque de l'histoire, de Voltaire à nos jours, sous la direction de Michel Cornaton, Lyon, Aléas, 1995.

Menant Sylvain, *L'Esthétique de Voltaire*, Paris, SEDES, 1995.

Une nouvelle biographie de Voltaire, remplaçant celle de G. Desnoiresterres, plus que centenaire et dépassée, vient de paraître, par René Pomeau et une équipe de collaborateurs, *Voltaire en son temps*, 5 volumes, Oxford, The Voltaire Foundation, 1985-1994. Une nouvelle édition de *Voltaire en son temps*, en 2 volumes, intégrale et révisée, est publiée par The Voltaire Foundation, Oxford, et Fayard, Paris, 1995. Pour *L'Ingénu* et *La Princesse de Babylone*, on se reportera particulièrement à la quatrième partie (ou tome IV), « Écraser l'Infâme » (1759-1770).

Sur *L'Ingénu*

Castex, *Voltaire, Micromégas, Candide, L'Ingénu*, Paris, Sedes, 1982.

Clouston J.S., *Voltaire's binary masterpiece : L'Ingénu reconsidered*, Francfort-sur-le-Main, Peter Lang, 1986.

Havens G.R., « Voltaire's *L'Ingénu* : composition and publication », *Romanic Review*, 1972, p. 261-271.

Heinen E., « Hercule ou le pessimisme ». Analyse de *L'Ingénu*, *Romanic Review*, 1981, p. 149-165.

Highman D.E., « *L'Ingénu* : flawed masterpiece or masterful innovation ? », *Studies on Voltaire*, vol. 143, Oxford, 1975, p. 71-83.

Levy Z., « *L'Ingénu* ou l'*Anti-Candide* », *Studies on Voltaire*, vol. 183, Oxford, 1980, p. 45-67.

Magnan A., « Voltaire, *L'Ingénu*, VI, 3-65 : le fiasco et l'aporie », *Le Siècle de Voltaire*, t. II, Oxford, The Voltaire Foundation, 1987.

Mason H.T., « The Unity of Voltaire's *L'Ingénu* », *The Age of Enlightenment*, Édimbourg, Londres, 1967.

Masson N., « *L'Ingénu* » de Voltaire et la critique de la société à la veille de la Révolution, Paris, Bordas, 1989.

Mervaud Chr., « Sur l'activité ludique de Voltaire conteur : le problème de *L'Ingénu* », *L'Information littéraire*, 1, 1983, p. 13-17.

Musonda M., « Voltaire's *L'Ingénu* and the "World upside down" », *Studi francesi*, janv.-avril 1988, p. 23-29.

Plagnol-Diéval M.E., « Marmontel adaptateur de *L'Ingénu* », *Revue d'Histoire Littéraire de la France*, 1992, p. 81-92.

Pomeau R., « Un bon sauvage voltairien : L'Ingénu », *Studi di Letteratura francese*, VII, Florence, 1981, p. 58-73.

Pruner F., *Recherches sur la création romanesque dans L'Ingénu*, Paris, Minard, « Archives des Lettres Modernes », 1960.

Rosso C., « *L'Ingénu* de Voltaire et le malaise de la critique », dans *Les Tambours de Santerre*, Pise, 1986.

Starobinski J., « Le fusil à deux coups de Voltaire : L'Ingénu sur la plage », dans *Le Remède dans le mal*, Paris, Gallimard, 1989.

Taylor S.S.B., « Voltaire's *L'Ingénu*, the Huguenots and Choiseul », *The Age of Enlightenment*, Édimbourg, Londres, 1967.

Van den Heuvel J., *Voltaire dans ses contes*, de Micromégas à L'Ingénu, Paris, A. Colin, 1967.

Sur *La Princesse de Babylone*

Cotoni M.H., « Le Merveilleux dans *La Princesse de Babylone* », *Études corses, Études littéraires, Mélanges offerts au doyen Pitti-Ferrandi*, Paris, 1989, p. 332-342.

Legros R., « *L'Orlando furioso* et *La Princesse de Babylone* de Voltaire », *The Modern Language Review*, vol. XXII, 1927, p. 155-161.

Hellegouarc'h J., « Les dénivellations dans un conte de Voltaire », *Cahiers de l'Association internationale des études françaises*, Paris, 1989, p. 41-53.

Mitchell P.C., « An underlying theme in *La Princesse de Babylone, Studies on Voltaire* », t. 137, Oxford, 1975, p. 31-45.

CHRONOLOGIE

1694 : Voltaire, de son nom de famille François-Marie Arouet, naît à Paris.

1704 : Défaite des armées françaises à Hoechstaedt. Voltaire entre au collège des jésuites de Louis-le-Grand.

1713 : Paix d'Utrecht. Voltaire à La Haye comme secrétaire de l'ambassadeur de France.

1715 : Mort de Louis XIV.

1717 : Voltaire est enfermé pour onze mois à la Bastille.

1718 : Il remporte son premier grand succès avec *Œdipe*, tragédie.

1723 : Il publie la première édition de *La Henriade*, poème épique sur les guerres de religion et Henri IV.

1726 : Bâtonné par ordre du chevalier de Rohan, il est emprisonné à la Bastille, puis exilé en Angleterre.

1728 : Il rentre en France.

1731 : Publie l'*Histoire de Charles XII*.

1732 : Succès triomphal de *Zaïre*, tragédie.

1734 : Publie les *Lettres philosophiques*. Menacé d'arrestation, se réfugie à Cirey, en Champagne, chez son amie Mme Du Châtelet.

1736 : Début de la correspondance avec Frédéric, qui deviendra roi de Prusse en 1740.

1737 : *Les Éléments de la philosophie de Newton.*

1739 : Envoie à Frédéric *Le Voyage du baron de Gangan*.

1741 : Guerre de Succession d'Autriche.

1743 : Entrée des frères d'Argenson, amis de Voltaire, au ministère. Il accomplit une mission secrète à Berlin.

1745 : Fontenoy. Mme de Pompadour favorite. Voltaire historiographe du roi : écrit l'*Histoire de la guerre de 1741*.

Publication dans le Mercure de France des chapitres de l'*Essai sur les mœurs* traitant de l'Orient.

1746 : Élu à l'Académie française.

1747 : Juin : *Memnon*, première version de *Zadig*. Octobre : incident du jeu de la reine. Voltaire réfugié à Sceaux lit à la duchesse du Maine des contes dont *Zadig*.

1748 : *Sémiramis*, tragédie. A la cour de Stanislas, à Nancy. Paix d'Aix-la-Chapelle. Montesquieu : *L'Esprit des lois*.

1749 : Mort de Mme Du Châtelet.

1750 : Nommé chambellan de Frédéric II, Voltaire part pour Berlin. Rousseau : *Discours sur les sciences et les arts*.

1751 : *Le Siècle de Louis XIV*. Publication du tome I de l'*Encyclopédie*.

1752 : *Micromégas*. Octobre-novembre : querelle avec Maupertuis, brouille avec Frédéric II.

1753 : Mars : Voltaire quitte la Prusse. Mai : séjour à Gotha chez le duc et la duchesse. Juin : Voltaire retenu de force à Francfort par le résident du roi de Prusse. Août : en Alsace.

1755 : Voltaire aux Délices, près de Genève. Rousseau : *Discours sur l'origine de l'inégalité*. Novembre : tremblement de terre de Lisbonne.

1756 : Début de la guerre de Sept Ans. Intervention de Voltaire en faveur de l'amiral anglais Byng. *Essai sur les mœurs et l'esprit des nations*.

1757 : Désastre français à Rossbach. Scandale de l'article *Genève* de l'*Encyclopédie*. Campagne contre les philosophes.

1758 : Voltaire à Schwetzingen chez l'électeur palatin ; lui lit *Candide*. Octobre-décembre : achète Ferney et Tourney, en territoire français près de Genève. Rousseau : *Lettre sur les spectacles*.

1759 : Janvier-février : publication de *Candide*. Campagne de pamphlets contre les ennemis des philosophes.

1760 : Voltaire recueille Mlle Corneille.

1761 : Rousseau : *La Nouvelle Héloïse*. Début du procès des jésuites au parlement de Paris.

1762 : Début de l'affaire Calas. Rousseau : *Émile* et *Le Contrat social*. Catherine II prend le pouvoir en Russie.

1763 : Fin de la guerre de Sept Ans : la France perd le Canada et l'Inde. Voltaire publie le *Traité sur la tolérance*.

1764 : Publication des *Contes de Guillaume Vadé (le Blanc et le Noir, Jeannot et Colin)*, du *Dictionnaire philosophique*.

1765 : Réhabilitation de Calas. *Pot-pourri*.

1766 : *Le Philosophe ignorant*.

1er juillet[a]. Exécution à Abbeville du chevalier de La Barre. Voltaire est informé le 7. Le 14, il se rend aux eaux de Rolle, sur le Léman, en territoire vaudois. Le 25, il propose aux philosophes d'émigrer à Clèves, possession du roi de Prusse. Échec du projet.

Août. Le 6, Voltaire regagne Ferney. Publication de l'*Examen important de milord Bolingbroke*.

Septembre. Commentaire sur le livre des délits et des peines (de Beccaria). Voltaire commence sa tragédie *Les Scythes* : « opposition perpétuelle des mœurs d'un peuple libre aux mœurs des courtisans ».

Octobre. Voltaire commence la rédaction de *L'Ingénu*. Séjour de Beccaria à Paris. Il ne répond pas à l'invitation de s'arrêter à Ferney, à l'aller ou au retour.

Novembre. La Harpe, accompagné de sa femme, à Ferney. Il travaille à une tragédie.

Décembre. La femme Lejeune est venue à Ferney se pourvoir en livres interdits. Transportés dans le carrosse de Mme Denis, ceux-ci, au retour, sont saisis. Voltaire réussira à étouffer l'affaire.

Janvier 1767. Froid rigoureux. Voltaire souffre d'ophtalmie. Blocus de Genève par les troupes françaises. Le pays de Gex et Ferney pâtissent de l'interruption des communications. Voltaire écrit *La Guerre de Genève*, épopée comique sur les troubles de la République. Publication des *Scythes*.

Mars. Bélisaire, roman de Marmontel, est menacé d'une censure par la Sorbonne. Voltaire : *Anecdote sur Bélisaire*, suivie d'une *Seconde anecdote*.

Le 26, la tragédie de Voltaire *Les Scythes* est créée à la Comédie-Française. Échec : 4 représentations seulement.

Mai-juin. Projet d'établir à Versoix, en territoire français, un port concurrent de Genève.

A la Comédie-Française, représentation de *Hirza ou les Illinois*, par Sauvigny.

La Sorbonne prépare la censure de *Bélisaire* : l'*Indiculus*. Voltaire termine *La Défense de mon oncle*.

Juillet-août. L'Ingénu, imprimé à Genève, se répand dans Paris.

Septembre. Le 3, édition Lacombe de *L'Ingénu*, avec « permission tacite ». Le 17, la « permission tacite » est annulée. Voltaire : *Pièces relatives à Bélisaire*.

a. Nous donnons une chronologie plus détaillée pour les années 1767-1768 où se situent la rédaction et la publication de *L'Ingénu* et de *La Princesse de Babylone*.

Octobre-novembre. Voltaire a lu *L'Ordre naturel et essentiel des sociétés politiques*, par l'économiste Le Mercier de La Rivière. Il commence *L'Homme aux quarante écus*.

Décembre. Bélisaire est censuré par la Sorbonne. Mais l'autorité n'en tient pas compte. Le roman de Marmontel continue à se vendre publiquement.

Janvier 1768. Voltaire imprime la *Relation de la mort du chevalier de La Barre* et *La Princesse de Babylone. Le Dîner du comte de Boulainvilliers* sort des presses de Grasset, à Genève.

Mars. La Princesse de Babylone est diffusée dans Paris. Le 1er du mois, Voltaire chasse de Ferney sa nièce, Mme Denis. Celle-ci vient à Paris, en principe pour s'occuper des intérêts de son oncle. Elle ne reviendra à Ferney, pardonnée, qu'en octobre 1769.

Avril. Le 3, Voltaire fait ses pâques dans *son* église. Sensation à Paris. Réaction de Mgr Biord, évêque d'Annecy, dont dépend Ferney.

Juillet. Expérience de Voltaire sur les « colimaçons ». Il rédige *Les Colimaçons du R.P. L'Escarbotier*.

Août. Le 20, au Théâtre-Italien représentation du *Huron*, adaptation par Marmontel de *L'Ingénu*.

Octobre. Édition pirate par Lejay des *Voyages et aventures d'une princesse babylonienne*. Publication de *L'Homme aux quarante écus*.

1770 : Voltaire commence à publier les *Questions sur l'Encyclopédie* (9 volumes). D'Holbach : *Le Système de la Nature*.

1771 : Suppression des anciens parlements, création des « parlements Maupeou » : approbation de Voltaire. Acquittement définitif de Sirven.

1773 : Février-mars : Voltaire gravement malade.

1774 : Publication du *Taureau blanc*. 10 mai : avènement de Louis XVI ; ministère de Turgot : Voltaire appuie par une campagne de presse les réformes entreprises. Tente, mais en vain, d'obtenir la réhabilitation du jeune d'Étallonde, condamné pour impiété en même temps que le chevalier de La Barre.

1775 : L'éditeur Cramer publie les *Œuvres complètes* : édition dite « encadrée », la dernière parue du vivant de Voltaire et sous son contrôle.

1776 : *La Bible enfin expliquée.*

1778 : Retour de Voltaire à Paris : apothéose et mort (30 mai 1778).

TABLE

DERNIÈRES PARUTIONS

GF - DOSSIER

GF Flammarion

01/10/89871-X-2001 – Impr. MAURY Eurolivres, 45300 Manchecourt.
N° d'édition FG085806. – Septembre 1995. – Printed in France.